北京大學《儒藏》編纂與研究中心 編

《儒藏》精華編選刊

曹月川先生遺書

〔明〕曹端 撰
董平 隋金波 校點

北京大學出版社
PEKING UNIVERSITY PRESS

圖書在版編目(CIP)數據

曹月川先生遺書 /（明）曹端撰；北京大學《儒藏》編纂與研究中心編. --北京：北京大學出版社，2024.8. --（《儒藏》精華編選刊）
.--ISBN 978-7-301-35166-6

Ⅰ. B248.991-53

中國國家版本館CIP數據核字第2024JE3168號

書　　名　曹月川先生遺書
　　　　　CAOYUECHUAN XIANSHENG YISHU
著作責任者　〔明〕曹端 撰
　　　　　董平　隋金波 校點
　　　　　北京大學《儒藏》編纂與研究中心 編
策劃統籌　馬辛民
責任編輯　沈瑩瑩
標準書號　ISBN 978-7-301-35166-6
出版發行　北京大學出版社
地　　址　北京市海淀區成府路205號　100871
網　　址　http://www.pup.cn　新浪微博: @北京大學出版社
電子郵箱　編輯部 dj@pup.cn　總編室 zpup@pup.cn
電　　話　郵購部 010-62752015　發行部 010-62750672
　　　　　編輯部 010-62756449
印 刷 者　三河市北燕印裝有限公司
經 銷 者　新華書店
　　　　　650毫米×980毫米　16開本　22.25印張　247千字
　　　　　2024年8月第1版　2024年8月第1次印刷
定　　價　88.00元

目録

校點説明 …… 一
月川曹夫子太極圖説述解 …… 一
太極圖説述解序 …… 一
月川曹夫子太極圖説述解 …… 四
濂溪先生像贊 …… 六
太極圖 …… 六
太極圖説 …… 一二
太極圖詩 …… 二一
讚太極圖并説 …… 二二
辨戾 …… 二二
西銘述解 …… 二四
橫渠先生像贊 …… 二四
西銘述解 …… 二五
太極圖説述解西銘述解跋 …… 三三
月川曹夫子通書述解 …… 三四
周子通書後記 …… 三四
月川曹夫子通書述解卷之上 …… 三六
誠上第一 …… 三六
誠下第二 …… 三九
誠幾德第三 …… 四一
聖蘊第四 …… 四四
愼動第五 …… 四六
道第六 …… 四七
師第七 …… 四八
幸第八 …… 五二
思第九 …… 五三

志學第十……五五
順化第十一……五八
治第十二……六〇
禮樂第十三……六一
務實第十四……六二
愛敬第十五……六三
動静第十六……六六
樂上第十七……六八
樂中第十八……七三
樂下第十九……七四
聖學第二十……七五
月川曹夫子通書述解卷之下……七七
公明第二十一……七七
理性命第二十二……七九
顔子第二十三……八〇
師友上第二十四……八三
師友下第二十五……八四
過第二十六……八六
勢第二十七……八七
文辭第二十八……八八
聖藴第二十九……九二
精藴第三十……九五
乾損益動第三十一……九六
家人睽復无妄第三十二……九八
富貴第三十三……一〇二
陋第三十四……一〇三
擬議第三十五……一〇五
刑第三十六……一〇六
公第三十七……一〇九
孔子上第三十八……一一〇
孔子下第三十九……一一一
蒙艮第四十……一一二
通書總論……一一五
通書後録……一一八

夜行燭 …… 一二一
夜行燭序 …… 一二一
刻夜行燭序 …… 一二三
夜行燭 …… 一二五
明孝保身第一 …… 一二五
明禮保身第二 …… 一二六
明禮正家第三 …… 一二八
明禮却俗第四 …… 一二九
明倫保家第五 …… 一三七
明哲保身第六 …… 一三八
保身全家第七 …… 一四〇
保親全家第八 …… 一四五
兄弟至親第九 …… 一四六
睦族和鄉第十 …… 一四九
訓戒子孫第十一 …… 一五一
禍福因由第十二 …… 一五三
陰德保後第十三 …… 一五四
善惡分辨第十四 …… 一五七
明道息邪第十五 …… 一五九
刻夜行燭序 …… 一六五
月川曹先生録粹 …… 一六七
月川録粹序 …… 一六七
月川曹先生録粹序 …… 一六八
月川曹先生録粹 …… 一七〇
讀曹月川先生録粹跋語 …… 一八二
月川曹先生録粹跋 …… 一八三
月川曹先生理學證印要覽 …… 一八五
月川曹先生理學證印要覽序 …… 一八五
月川曹先生理學證印要覽敘 …… 一八七
月川曹先生理學證印要覽卷之上 …… 一八九

格言……一八九
月川曹先生理學證印要覽卷之下……二一四
頌言……二一四
月川曹先生理學證印要覽跋……二三八
曹月川先生家規輯略……二四〇
家規輯略序……二四〇
曹月川先生家規輯略……二四一
祠堂第一……二四二
家長第二……二四四
宗子第三……二四六
諸子第四……二四七
諸婦第五……二五一
男女第六……二五三
旦朔第七……二五四
勸懲第八……二五七
習學第九……二六〇
冠笄第十……二六一
婚姻第十一……二六二
喪禮第十二……二六三
推仁第十三……二六四
治蠶第十四……二六六
曹月川先生記……二六七
明理學月川曹先生年譜纂……二六九
月川先生年譜纂序……二六九
明理學月川曹先生年譜纂上……二七〇
明理學月川曹先生年譜纂下……三〇九
月川曹先生年譜纂跋……三四一

校點説明

曹端，字正夫，自號月川子，學者稱爲月川先生，河南澠池人。生於明洪武九年（一三七六），卒於宣德九年（一四三四）。少負奇志，行爲異於常人，父母謂其「儼然老成人一般」（《年譜》），因命名曰端。永樂六年（一四〇八），曹端鄉舉中副榜，次年會試南宫，登乙榜第一。任山西霍州、蒲州學正幾二十年，卒於霍州。

曹端極推崇周敦頤、張載、二程與朱熹之學，爲明代初期理學的代表人物，備受時人及後世的推崇，以爲明代理學之始。如明人彭澤説：「我朝一代文明之盛，經濟之學，莫盛於誠意伯劉公、潛溪宋公。至於道學之傳，則斷自澠池月川曹先生始。」（《頌言》）清代四庫館臣亦以爲「明代醇儒以（曹）端及胡居仁、薛瑄爲最，而端又開二人之先」（《四庫全書總目·太極圖説述解》）。就理學在明代的傳播與發展而言，這一評價是恰當的。

曹端的著作甚夥，然散亡嚴重。清四庫館臣云：「明初理學以端與薛瑄爲最醇。瑄詩文集、《讀書録》等皆傳於世，而端之遺書散佚幾盡，其集亦不復存。」（《四庫全書總目·曹月川集》）所謂「其集亦不復存」者，蓋就彙爲一帙的「文集」言，而非謂其著作在當時皆不可得。今曹端存世的著作，除本書所收各篇，尚有《月川語録》、《四書詳説》（今存明刻本，藏國家圖書館）等。而已經亡佚之著作，可考見其書名的尚有：《孝經述解》、《存疑録》、《儒家宗統譜》、《性理論》等。

曹端著作的刊行，大抵經過由各著作單行進而彙集的過程。今可考見最早的彙集本，當是著録爲「清初」刻本的《曹月川先生遺書》（八册，現藏國家圖書館）。該本題張璟編，收入曹端著作七種及年譜，編次爲：一、《明理學曹月川先生年譜》二卷（明張信民編、明韓養續編、清張璟裁定），二、《曹月川先生家規輯略》一卷（張璟裁定），三、《正學曹月川先生語録》一卷（明趙邦清輯），四、《夜行燭》一卷，五、《太極圖説述解》一卷，六、《西銘述解》一卷，七、《月川曹夫子通書述解》一卷，八、《月川曹先生録粹》一卷（明孟化鯉輯）。是當爲此後「曹月川先生遺書」各本的「母本」。

《四庫全書》所收《曹月川集》，則爲清初張伯行裒輯而成。四庫館臣謂曹端「其集亦不復存」，則或未見張璟所編《曹月川先生遺書》之故。四庫本首以《夜行燭》，次《家規輯略》，次《語録》，次《録粹》，次序七篇，次詩十五首，附以《諸儒評論》及《年譜》，而以《太極圖説述解》、《西銘述解》、《通書述解》單行。

今存内容相對豐富而又比較完整的曹端遺書本，當推清道光十二年（一八三二）的《曹月川先生遺書》（簡稱「道光本」）及咸豐十一年（一八六一）的《曹月川先生遺書》（簡稱「咸豐本」）。道光十二年刻本彙集了曹端除《四書詳説》之外的存世著作，共十卷，附以《年譜》及《從祀録》，咸豐本仍之。今人王秉倫先生校點《曹端集》（中華書局，二〇〇八年），則以咸豐本爲底本，以爲該本「是時至今日最爲完善的集子」（《曹端集・點校説明》），大抵得之。然王秉倫先生以爲「曹端的著作，明代没有刊本流傳下來」，則非也。事实上，我們雖然没有發現明代有「曹月川集」留存下來，但其著述的單行形式，則大多仍有明刻本留存。

此次對曹端著作的整理，即以中國人民大學圖書館藏、著録爲《曹月川先生遺書》的明刻本爲底本。現將各著作的版本情況簡要介紹如下：

一、《太極圖説述解》、《西銘述解》、《通書述解》。三種「述解」實爲曹端最重要的作品，歷來受到人們的重視。今用爲底本的明刻本將《太極圖説述解》與《西銘述解》刻爲同卷。末有蜀黎堯卿正德辛未（一五一一）跋。黎氏謂「余索而讀之，見其可階初學也，乃爲之補綴以梓之」，則最早刻《太極圖説述解》且將《西銘述解》同刻者，恐即爲黎氏。今底本題爲「澠池知縣高平田可久録梓，儒學署教諭事舉人丹徒越應捷、訓導淅川李克光、許昌王習古仝校」。據《山西通志》，田可久爲萬曆十年（一五八二）進士，則其任澠池知縣，當在萬曆十年中進士之後；越應捷者，據《河南通志》，於萬曆二十四年任修武縣知縣。然則該書之刻，當在萬曆十年至二十四年之間。《通書述解》題「澠池縣知縣關西石允珍重梓，儒學署教諭事舉人丹徒越應捷、訓導膠西王夢旭、河陽潘汲仝校」，因二書皆有越應捷參與，且版式、字體均同，二書當刻於同時。

二、《夜行燭》一卷。《夜行燭》撰成於永樂六年（一四〇八）。據宋承殷及方揚之序，該書由澠池縣儒學教諭宋承殷捐俸初刻於萬曆甲戌（二年），至萬曆乙未（二十三年）由潘汲補刻。今所用底本，即爲潘汲補刻本，當爲現存最早的《夜行燭》版本。

三、《月川先生録粹》一卷。今底本題爲「後學新安孟化鯉編著，澠池馬行坤、上官位、鄭國耀、張信民、七世孫曹繼儒校梓」，孟化鯉爲之序，署萬曆庚寅（十八年），前有鄒元標序，署萬曆壬辰（二十年）。然則該書當編成於萬曆十八年，而其刻則在萬曆二十年。

四、《理學印證要覽》上下二卷。今底本題爲「澠池縣儒學署教諭後學盧陵曠驥編輯，署澠池縣事永寧縣儒學訓導壽春鄧琨録梓，澠池縣儒學教諭桐栢楊繼明、訓導淅川李克光、許昌王習古仝校」，知該書爲曠驥所編，而據鄧琨所作序，知其萬曆二十年刊刻於澠池縣署。《理學印證要覽》二卷不見於其他各種「曹月川遺書」，道光本及咸豐本均未收入，王秉倫點校《曹端集》亦未收録。

五、《家規輯略》一卷。爲曹端採擇義門鄭氏家規之尤其切要者又有所增補而成，書成於永樂丙戌(四年)。今底本題「澠池縣知縣關西石允珍重梓,儒學署教諭事舉人黔南越應捷、訓導膠西王夢旭、河陽潘汲、選貢生張信民、庠生李春先等」,則大抵應與前述三種《述解》刻於同時,蓋在萬曆十年至二十四年之間,其書版、字體亦兩相符合。

六、《月川先生年譜纂》二卷。今底本題「後學澠池張信民編次,陝州王以悟訂正,七世孫曹繼儒校録」,王以悟序謂「吾友張有孚氏(信民)既爲《月川先生年譜》,將壽諸梓而問序於悟」,則刊刻年譜者或亦爲張信民。王以悟序撰於萬曆丙午(三十四年),張信民跋亦撰於萬曆丙午。今本最後一條記載爲「萬曆三十九辛亥」,蓋張信民所輯年譜原編至萬曆三十四年,三十九年一條,則爲刻印時臨時增入,然由此亦可知今本年譜之刊刻,必當完成於萬曆三十九年或之後。

需要特别予以説明的是,此藏於中國人民大學圖書館的明刻本,乃是將以上諸書彙爲一帙而成。然詳考各書,其字體、版式均有明顯差異,所題編輯、校梓者各别,無法考見其總校梓人,而各書刊刻年代之不一時,則顯然可見,且亦無總書名。據此可以比較確切地肯定,這不是一部統一校梓的書,而係將原刻於不同時、出於不同人之手的各書彙於一帙而已。

關於曹端的著作,還有一點需要説明:王秉倫先生《曹端集·點校説明》曾提到「無名氏」編「七種九卷」的「清初順治年間刻本」《曹月川集》，今檢各圖書館藏目録，均未見著録，我們自然亦無緣得見。但王先生認爲該本「不是善本」，其理由是：「正如《四庫全書總目提要》所説，順治本《曹月川集》『刊板頗拙惡，排纂亦無體例，每句皆以正文與注連書，字畫大小相等，但以方框界正文每句之首尾，以爲識别，殊混淆難讀』。可見，此本不是善本。」必須指出的是，四庫館臣的這一版本描述，完全不是針對所謂「順治本《曹月川集》」而言，而是針對《太極圖説述解》、《通書述解》、《西銘述解》而言，四庫館臣之説，見《子部·儒家類二·太極圖説述解一卷通書述解一卷西銘述解一卷》的提要。王先生這一説法，給人們造成了很大的混淆。事實上，四庫館臣的這一版本描述，正符合我們這次整理用爲底本的明刻本《太極圖説述解》、《通書述解》、《西銘述解》的版本實際。

我們此次校點整理，各書仍保持其各自的原貌，仍冠以《曹月川先生遺書》之總名，重新編製了目録。校點過程中，以道光本并文淵閣《四庫全書》本（簡稱「四庫本」）《曹月川集》、《太極圖説述解》、《西銘述解》、《通書述解》以及民國二十九年（一九四〇）復性書院《儒林典要》所收《太極圖説述解》、《西銘述解》、《通書述解》（簡稱「復性書院本」）爲主要參校本，亦參考了今人王秉倫校點本《曹端集》的有關成果。

校點的具體工作，先由中國計量學院隋金波博士進行校點，董平則對校點稿予以通讀、審校。

校點者學識有限，書中錯誤在所難免，懇請各位專家、讀者不吝賜教！

校點者

董平

隋金波

月川曹夫子太極圖説述解

太極圖説述解序

太極，理之别名耳。天道之立，實理所爲；理學之源，實天所出。是故河出《圖》，天之所以授羲也；洛出《書》，天之所以錫禹也。羲則《圖》而作《易》，八卦畫焉；禹則《書》而明《範》，九疇敘焉。聖心，一天理而已；聖作，一天爲而已。且以羲《易》言之，八卦及六十四卦次序方位之圖曰先天者，以太極爲本而生出運用無窮，雖欲紹天明，[1]前民用，然實理學之一初焉。厥後文王繫卦辭，周公繫爻辭，其義始明且備，命曰《周易》。及孔子十翼之作，發明羲畫、周經之旨，大明悉備，而理學之傳有宗焉。

其曰「易有太極，是生兩儀，兩儀生四象，四象生八卦」，羲《易》説也。太極者，象數未形而其理已具之稱，形器已具而其理無朕之目。是生兩儀，則太極固太極。兩儀生四象，則兩儀爲太極。四象生八卦，則四象爲太極。推而至於六十四卦，生之者皆太極焉。然則羲《易》未有文字，而爲文字

[1] 「天」，原作「大」，今據道光本及本書《月川曹先生理學證印要覽》所引改。

之祖，不言理學，而爲理學之宗。噫！ 自木鐸聲消，儒者所傳周經、孔傳之文，而羲圖無傳，遂爲異流竊之而用於他術焉。至宋，邵康節始克收舊物而新其説，以闡其微。及朱子出，而爲《易圖説》、《啓蒙》之書，則羲《易》有傳矣。不惟羲《易》千載之一明，而實世道人心之萬幸也。伊川程子、康節之同遊，傳《易》而弗之及，果偶未之見耶？ 抑不信邵之傳耶？ 若夫濂溪周子，二程師也，其於羲圖，想亦偶未之見焉。然而心會太極體用之全，妙太極動静之機，雖不踐羲迹而直入羲室矣。於是手《太極圖》而口其説，以示二程，則又爲理學之一初焉。何也？ 蓋孔子而後，論太極者皆以氣言。老子「道生一」而後乃生二；莊子師之，曰道在太極之先。曰一，曰太極，皆指作天、地、人三者氣形已具而混淪未判之名。道爲一之母，在太極之先，而不知道即太極，太極即道。以通行而言則曰道，以極致而言則曰極，以不雜而言則曰一。夫豈有二耶？《列子》混淪之云，《漢志》含三爲一之説，所指皆同。微周子啓千載不傳之秘，則孰知太極之爲理而非氣也哉？ 且理，語不能顯，默不能隱，固非圖之可形，説之可狀，只心會之何如耳。二程得周子之《圖》之《説》，而終身不以示人，非秘之，無可傳之人也。是後有增周説首句，曰「自無極而爲太極」，則亦老、莊之流。有謂「太極」上不當加「無極」二字者，則又不知周子理不離乎陰陽、不雜乎陰陽之旨矣。亦惟朱子克究厥旨，遂尊以爲經而註解之，真至當歸一説也。❶ 至於《語録》，或出講究未定之前，或出應答倉卒之際，百

❶ 「一」下，本書《月川曹先生理學證印要覽》所引有「之」字。

得之中不無一失，非朱子之成書也。近世儒者多不之講，間有講焉，非舍朱説而用他説，則信《語録》而疑註解，所謂「棄良玉而取頑石，掇碎鐵而擲成器」，良可惜也。

端成童業農，弱而學儒，漸脱流俗，放異端，然尚縻於科舉之學者二十餘年。自强而後，因故所學而潛心玩理，❶幾十年之間，僅有一髮之見，❷而竊患爲成書病者，❸如前所云，乃敢於講授之際，大書周説而分布朱解，倘朱解之中有未易曉者，輒以所聞釋之，名曰《述解》，用便初學者之講貫而已，非敢瀆高明之觀聽也。

端前爲序，冗中舉概，而但辨《語録》「太極不自會動静」一段之戾。邇因頭目風眩，坐卧密室，良久默思，不滿意，乃口此，❹命子琇筆而易之，仍取《辯戾》及《詩贊》附卷末，尚就有道而正焉。

宣德戊申三月庚子，霍州學正澠池曹端序。

---

❶「故」，復性書院本作「改」。

❷「僅」，四庫本、復性書院本作「稍」，本書《月川曹先生理學證印要覽》所引作「似」。

❸「成」，復性書院本作「此」。

❹「口」下，復性書院本有「授」字。

月川曹夫子太極圖説述解❶

澠池縣知縣高平田可久録梓
儒學署教諭事舉人丹徒越應捷
訓導浙川李克光
許昌王習古仝校
選貢生張信民
庠生張宗淵
李極純
王一楓
衛　内
王道大
馬行坤

❶「説述」二字，原無，今據前序及道光本補。

李春先

上官亨

茹進賢

胡來進

李能華

戴　至

戴　照

仝一理

濂溪先生像贊

道喪千載，聖遠言湮，不有先覺，孰開我人。書不盡言，圖不盡意，風月無邊，庭草交翠。

太極圖

《太極圖》者，濂溪周先生之所作也。先生學由天授，道得心傳，而力行尤篤，其妙具於太極一圖，是心造化之妙，手造化之真，而《通書》之言，亦口此圖之藴者。程先生兄弟之語性命，亦未嘗不因其説。潘清逸誌先生之墓，而敘所著之書，特以作《太極圖》爲稱首，然則太極一圖，其道學之本源乎？噫！有志道學者，宜致思焉！

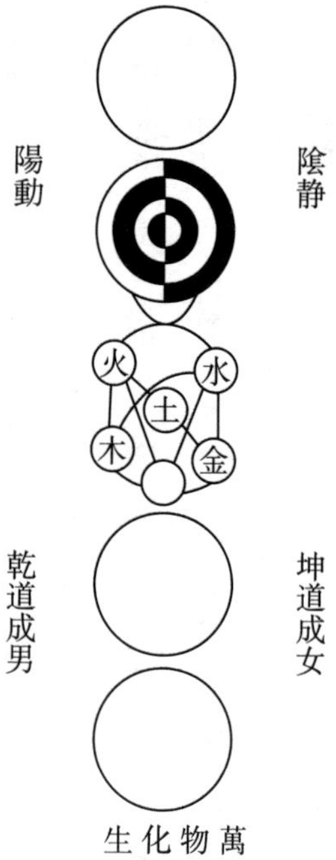

○太極。此所謂無極而太極也，無，謂無形象，無聲氣，無方所。極，謂至極，理之別名也。太者，大無以加之謂。凡天地間之有形象、聲氣、方所者，皆不甚大。如此極雖無聲氣，而有形象、方所焉。惟理則無形象之可見，無聲氣之可聞，無方所之可指，而實充塞天地，貫徹古今。周子有見於此，故曰「無極而太極也」。所以動而陽、靜而陰之本體也。然非有以離乎陰陽也。太極，理也。陰陽，氣也。有理則有氣，氣之所在，理之所在也。理豈離乎氣哉？即陰陽而指其本體，太極，是就陰陽之動靜，而指爲是動靜之本體言也。不雜乎陰陽而爲言耳。理雖在氣中，却不與氣混雜，此周子既圖之於陽動陰靜之中，而又特揭於上，❶以著理氣之不相雜也。◎陰靜，陽動。此○太極。之動而陽、靜而陰也。陰陽。中○太極。者，其本體也。◐陽

❶「揭」，原作「挑」，今據道光本改。

動。者，陽之動也，○太極。之用，所以行也；◑陰静。者，陰之静也，○太極。之體，所以立也。太極以静而立其體，以動而行其用，則天下萬事之體用由之，序《易》者有曰「體用一原」，一原，即太極也。◑陰中之陽。者，◐陽動。之根也。◐陽中之陰。者，◑陰静。之根也。

陽變陰合水、火、木、金、土者。

此陽變陰合而生水、火、木、金、土也。⺄陽變。者，陽之變也。陽變而陰，而生水金。~陰合。者，陰之合也。陰合而陽，而生火、木，土則生於變合之中而陰陽具，故中和焉。㊌陰盛，故居右；右，陰位也。㊋陽盛，故居左；左，陽位也。㊍陽穉，故次火；少陽次于老陽之下。㊎陰穉，故次水；少陰次于老陰之下。㊏冲氣，故居中；冲氣者，中和之氣也，故居四者之中。而水火之)(變合。交系乎上，水居右，而左系于上之陽動。火居左，而右系于上之陰静。陰根陽，陽根陰也；水陰，而根于陽動。火陽，而根于陰静。故水内明則陰中有陽矣，火内暗則陽中有陰矣。水而木，水生木。木而火，木生火。火而土，火生土。土而金，土生金。金而復水，金又生水。如環無端。這便似圓環之轉，而無端倪之可舉。五氣布，四時行也。木氣布而爲春，萬物以生。火氣布而爲夏，萬物以長。金氣布而爲秋，萬物以斂。水氣布而爲冬，萬物以藏。土氣則寄於四序之間，而四時行矣。○太極。◎陰静，陽動。

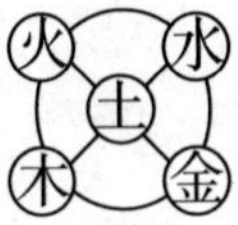

五行。五行一陰陽，自五行而反，説歸陽動陰静。

五殊二實，其質則有水、火、木、金、土五者之殊，其氣則不外乎陰陽二者之實。無餘欠也。二氣之在五行，既無有餘，又無不足。陰陽一太極，自二氣而反，説歸太極。精粗本末，曰精曰本以理言。曰粗曰末以氣言。無彼此也。氣以理而生，理以氣而寓，無彼此之間也。太極本無極，理之所以爲太，無以加者，以其無形象、聲氣、方所而無不在焉。上天之載，無聲臭也。「載」字，《詩》本以事言，《中庸》引之，則斷章取義，以理言。朱子舉理無聲氣，則無形象、方所，亦可知矣。五行之生，各一其性，性即理也，指太極而言，且水、火、木、金、土之生。氣殊質異，氣既有温熱、涼寒之不同，而質亦有太剛、太柔、少剛、少柔之不同也。各一其○，太極。

五行各具一太極，故曰「各一其性」。如所謂「水曰潤下，火曰炎上，木曰曲直，金曰從革」之類。無假借也。隨在各足，不相假借。真精妙合。此無極、二五，所以妙合而無間也。周子説：「無極之真，二五之精，妙合而凝。」真以理言，精以氣言，理與氣妙合凝聚而無間斷，所以爲造化生生之道也。○乾道成男，坤道成女。乾男坤女，陽而健者成男，則父道也。陰而順者成女，則母道也。以氣化者言也。此言厥初生人物，只是陰陽二氣變化出來，不曾有種，故曰氣化。各一其性，乾健坤順，男剛女柔，其性不同。而男女一太極也。周子於乾男、坤女之中畫一太極，所以明男女一理耳。○萬物化生。萬物化生，凡天地間飛潛動植之物，既有形矣，而造化之氣寓焉，於是形交氣感，而自相生於無窮。以形化者言也。此言人物既生之後，則人自生人，

物自生物，故曰形化。各一其性，飛潛動植，各具一性。❶ 而萬物一太極也。周子於萬物化生之上畫一太極，所以明萬物同一理耳。大抵一理散而爲萬物，萬物合而爲一理，造化以此而已，聖人亦以此而已。故子思子曰：「天地之道，可一言而盡也。」夫子曰：「吾道一以貫之。」又曰：「予一以貫之。」造化、聖人，豈有二道也哉？○此以上，引《説》解剥《圖》體。此以下，據《圖》推盡《説》意。唯人也得其秀而最靈，天地間只有生而爲人者稟得陰陽五行之氣之秀者，故其心爲最靈，而有以不失其性之全，所以天地之性人爲貴也。則所謂人○極。者，於是乎在矣。則凡所言人之極者，於此而在，蓋人心即太極也。然形，陰靜。之爲也；周子言「形既生矣」之形，是人之形質，則指凝合一定者，乃陰靜之所爲也。神，陽動。之發也。周子言「神發知矣」之神，是人之精神，則指運行不息者，乃陽動之發達也。五性，

五行。之德也，五常之性，即稟五行之德，木德曰仁，金德曰義，火德曰禮，水德曰智，土德曰信，以在天之五行爲在人之五常，是則人一天耳。善惡，男女之分也，人性本善，而感動則有中節、不中節之分，其中節者爲善，不中節者爲惡。善惡而曰男女之分者，男陽而女陰，陽善而陰惡也。萬事，萬物之象也，事之萬變，是萬物形著之象也。此天下之動所以紛綸交錯，此天下萬事之變動所以有不勝之亂雜焉。而吉凶悔吝所由以生也。吉者，動之善。凶者，吉之反。悔者，吉之未成。吝者，凶之未成。四者自此而生。惟聖人者又得夫秀之精一，只有生知安行之聖人，則又獨得陰陽五行

---

❶「各具一性」，四庫本，復性書院本作「各一其性」。

之秀之精粹純一之至。而有以全乎◯太極。之體用者也。且太極以靜而立其體，以動而行其用，而聖人則有以全之於一身之間。是以一動一靜，各臻其極，此所以或動或靜，無不到至善之地。而天下之故，常感通乎寂然不動之中，則凡天下大小事務，常感而通之於此心寂凝不動之中。❶蓋中也仁也，感也，中爲禮，曰仁則屬春，曰禮則屬夏，是造化流行發育之象，乃感之事也。所謂◎陽動。也，◯太極。之用所以行也；動者爲用，即太極之用行。正也義也，寂也，正爲智，曰義則屬秋，曰智則屬冬，是造化收斂歸藏之時，乃寂然之事也。所謂◎陰靜。也，◯太極。之體所以立也。靜者爲體，即太極之體立。中正仁義，渾然全體，中正仁義之德，乃聖人渾然全具之體也。而靜者常爲主焉，靜者謂無私欲也。則人◯極。於是乎立，則天下之人極，由聖人而立矣。而◯太極。◎陰陽。

五行。天地、日月、四時、鬼神有所不能違矣。凡造化之成象成形，❷有幽有明，或動或靜，舉不能違乎此。君子之戒謹恐懼，❸所以脩此而吉也。君子戒謹乎其所不睹，❹恐懼乎其所不聞者，所以能脩此極而吉，吉則以得福言。小人之放僻邪侈，所以悖此而凶

❶「凝」，道光本作「然」。
❷「成象成形」，復性書院本作「或象或形」。
❸「謹」，道光本作「慎」。
❹「謹」，復性書院本作「慎」。

也。小人則放縱、非僻、淫邪、驕侈，無所不爲，所以悖此極而凶，❶凶則以取禍言。天地人之道，各一○太極。也。天有所以爲天之理，地有所以爲地之理，人有所以爲人之理。陽也，立天之道的陽。剛也，立地之道的剛。仁也，立人之道的仁。所謂◎陽動。也，物之始也。萬物所資以爲始者，此說原始而知所以生也。陰也，立天之道的陰。柔也，立地之道的柔。義也，立人之道的義。所謂◑陰静。也，物之終也。萬物所資以爲終者，此說反終而知所以死也。此所謂易也，凡圖中所有造化、人事、動静、始終，皆易之道也。而三極之道立焉，而天、地、人三才之道賴此以立。實則一○太極。也，三才之分雖殊，實則一理而已。故曰「易有太極」，贊《易》聖人所以言變易之中有至極之理。◎陰陽。之謂也。陰陽之中，指出本體，而曰太極焉耳。○陰陽以氣言，剛柔以質言，仁義以理言。

太極圖說

無極而太極。無極而太極，只是說無形而有理。所謂太極者，只二氣五行之理，非別有物爲太極也。

無，謂無形象、無聲氣、無方所。極，謂至極，理之別名也。太者，大無以加之稱。天地間凡有形象、聲氣、方所者，皆不甚大。如此極者，雖無聲氣，而有形象、方所焉。惟理則無形象之可

❶「極」，道光本作「吉」。

見，無聲氣之可聞，無方所之可指，而實充塞天地，貫徹古今，大孰加焉！自孟子而後，真知灼見，唯一周子耳。故其言曰：「無極而太極。」而朱子釋之曰：「上天之載，無聲無臭，『載』字，《詩》本以事言，《中庸》引之而斷章取義，則以理言。此則本《中庸》之義而言理無聲氣。而爲造化之樞紐，品彙之根柢也。故曰『無極而太極』，非太極之外復有無極也。」太極者，本然之妙，而有動靜焉。動靜者，所乘之機也，而無止息焉。且太極之有動靜，是天命之流行也，所謂「一陰一陽之謂道」。誠者，聖人之本，物之終始，而命之道也。

太極動而生陽，

其動也，誠之通也，是「繼之者善」，屬陽，故曰「生陽」，而萬物之所以資始也。

動極而靜，

極者，終也。動不常動，故動之終則有靜焉。

靜而生陰，

其靜也，誠之復也，是「成之者性」，屬陰，故曰「生陰」，而萬物各正其性命也。

靜極復動，

靜不常靜，故靜之終則又動焉。

一動一靜，互爲其根，

太極之動，不生於動而生於靜，是靜爲動之根。太極之靜，不生於靜而生於動，是動爲靜之根。

分陰分陽，兩儀立焉。

靜則太極之體立，而陰以分；動則太極之用行，而陽以分。於是天地定位，而兩儀立矣。其曰「動極而靜，靜極復動，一動一靜，互爲其根」，是命之所以流行而不已也。其曰「動而生陽」、「靜而生陰」、「分陰分陽，兩儀立焉」，是分之一定而不移也。蓋太極，形而上之道也；陰陽，形而下之器也。是以自其著者而觀之，則動靜不同時，陰陽不同位，而太極無所不在焉。自其微者而觀之，則沖漠無朕，而動靜陰陽之理已悉具於其中矣。雖然，推之於前而不見其始之合，引之於後而不見其終之離也，故程子曰：「動靜無端，陰陽無始，非知道者，孰能識之？」

陽變陰合，而生水、火、木、金、土。

陽變而陰，而生水與金。陰合而陽，而生火與木。❶土則生於變合之中而陰陽具。

五氣順布，四時行焉。

自是以來，木氣布而爲春，萬物以生。火氣布而爲夏，萬物以長。金氣布而爲秋，萬物以斂。水氣布而爲冬，萬物以藏。土氣則寄於四序之間，而四時行矣。大抵有太極，則一動一靜而兩儀分；有陰陽，則一變一合而五行具。然五行者，質具於地，而氣行於天者也。以質而語其生之序，則曰水、火、木、金、土，而水、木，陽也，以其同出乎陽動之變也。火、金，陰也。以其同出乎陰

---

❶「木」，原作「水」，今據道光本改。

靜之合也。以氣而語其行之序，則曰木、火、土、金、水，而木、火，陽也，以其同居乎陽位也。金、水，陰也。以其同居乎陰位也。又統而言之，則氣陽而質陰也。五行之成氣而行於天者，皆曰陽。五行之成形而行於地者，皆曰陰。又錯而言之，則動陽而靜陰也。水、火，動而陽者也。木、金，靜而陰者也。蓋五行之變至於不可窮，然無適而非陰陽之道，至其所以爲陰陽者，則又無適而非太極之本然也，夫豈有所虧欠間隔哉？

五行，一陰陽也。

五行異質，四時異氣，而皆不能外陰陽，是五行只一陰陽而已。

陰陽，一太極也，

陰陽異位，動靜異時，而皆不能離乎太極，是陰陽只一太極而已。

太極，本無極也。

至於所以爲太極者，又初無聲氣之可言，無形象之可見，無方所之可指，是性之本體然也，天下豈有性外之物哉？

五行之生也，各一其性。

性即太極也。然五行之生，隨其氣質而所稟不同，如水曰潤下，火曰炎上，木曰曲直，金曰從革，所謂各一其性也。各一其性，則渾然太極之全體無不各具於一物之中，而性無所不在，又可見矣。蓋五行具，則造化發育之具無不備焉。故又即此而推本之，以明其渾然一體，莫非無極之妙，亦未嘗不各具於一物之中也。

無極之真，

真以理言，無妄之謂也。

二五之精，

二，陰陽也；五，五行也。精以氣言，不二之名也。

妙合而凝。

妙合者，理氣渾融而無間也。凝者，聚也。氣聚而成形，蓋性爲之主，而陰陽、五行爲之經緯錯綜，一直一横曰經緯，往來上下曰錯綜。又各以類聚而成形，則天下無性外之物，而性無不在焉。

乾道成男，

乾者，陽之氣而性之健也。陽而健者成男，則父之道也。

坤道成女，

坤者，陰之氣而性之順也。陰而順者成女，則母之道也。

二氣交感，化生萬物。

於是陰陽二氣自相交感，則陽施陰受而化生萬類之物，是人物之始，以氣化而生者也。

萬物生生，而變化無窮焉。

二五之氣，聚而成形，則人有男女，物有牝牡，合而成偶，則形交氣感，遂以形化，而人物生生而變化無窮矣。自男女而觀之，則男女各一其性，是分而言之。而男女一太極也。是合而言之。自萬物而觀之，則萬物各一其性，是分而言之。而萬物一太極也。是合而言之。蓋合而言之，萬物統體一太極也。分而言之，一物各具一太極也。所謂「天下無性外之物，而性無不在」者，於此尤可見其全矣。子思子曰：「君子語大，天下莫能載焉；是言其大無外。語小，天下莫能破焉。」是言其小無內。此之謂也。

惟人也得其秀而最靈。

雖曰人物之生，莫不有太極之道焉，然陰陽五行氣質交運，而人之所稟獨得其秀，故其心爲最靈，而有以不失其性之全，所謂天地之心而人之極也。

形既生矣，

然人之形質，既生於陰靜。

神發知矣，

則人之精神必發於陽動。

五性感動，而善惡分，

於是五常之性感物而動，而陽善陰惡又以類分。

萬事出矣。

而五性之殊，散爲萬事。蓋二氣、五行化生萬物，其在衆人，雖曰具動静之理，而常失之於動者又如此。自非聖人全體太極有以定之，則欲動情勝，利害相攻，人極不立，而違禽獸不遠矣。

聖人定之以中正仁義，而主靜立人極焉。

此言聖人全動靜之德，而常本之於靜也。蓋人稟陰陽五行之秀氣以生，而聖人之生又得其秀之秀者，是以其行之也中，其處之也正，其發之也仁，其裁之也義。蓋一動一靜，莫不有以全夫太極之道，而無所虧焉，則所謂欲動情勝、利害相攻者，於此乎定矣。然靜者，誠之復而性之貞，苟非此心寂然無欲而靜，則又何以酬酢事物之變，而一天下之動哉？故聖人中正仁義，動靜周流，而其動也必主乎靜，是主正義以行中仁。而立人極焉。

故聖人與天地合其德，

此聖人所以成位乎天地之中。以言其德，則合乎天地之德焉。

日月合其明，

以言其明，則合乎日月之明焉。

四時合其序，

以言其序，則合乎四時之序焉。

鬼神合其吉凶。

以言其吉凶，則合乎鬼神之吉凶焉。是聖人所爲一於理，而天地、日月、四時、鬼神有所不能違也。蓋必體立而後用有以行。若程子論乾坤動靜，而曰「不專一則不能直遂，不翕聚則不能發散」，亦此意爾。聖人，太極之全體，一動一静，無適而非中正仁義之極，蓋不假脩爲而自然也。

君子脩之吉，

未至中正仁義之極而脩之，則君子之所以吉也。

小人悖之凶。

不知中正仁義之極而悖之，則小人之所以凶也。脩之悖之，亦在乎敬肆之間而已矣。敬則欲寡而理明，寡之又寡，以至於無，則静虚動直而聖可學矣。

故曰：

繫《易》聖人有言。

「立天之道，曰陰與陽。

陰陽成象，天道之所以立也。

立地之道，曰柔與剛。

剛柔成質，地道之所以立也。

立人之道，曰仁與義。」

仁義成德，人道之所以立也。夫道一而已，隨事著見，故有三才之别，而於其中又各有體用之分焉。以天道言，則陰體而陽用。以地道言，則柔體而剛用。以人道言，則義體而仁用。其實則一太極也。

又曰：

繫《易》聖人又言。

「原始反終，故知死生之説。」

陽也，立天之道的陽。剛也，立地之道的剛。仁也，立人之道的仁。物之始也。是陽動，萬物之所資以爲始也。陰也，立天之道的陰。柔也，立地之道的柔。義也，立人之道的義。物之終也。是陰静，萬物之所資以爲終也。人而於此，能原始而知所以生，則反終而知所以死矣。此天地之間綱紀造化、流行古今，不言之妙。聖人作《易》，伏羲畫卦，文王繫辭，周公明爻，孔子作傳。其大意蓋不出此，故周子引之以證其説。

大哉《易》也！斯其至矣。

大哉，歎美之辭。易，《易》書也。斯，此《圖》也。周子《圖説》之末，歎美《易》之爲書，廣大悉備，然語其至極，則此《圖》盡之，其旨豈不深哉！抑嘗聞之：程子昆弟之學於周子也，周子手是《圖》以授之。程子之言性與天道，多出於此，然卒未嘗明以此《圖》示人，是則必有微意焉。所謂微意，蓋欲待中人以上可以語上者語之。然學者亦不可以不知也。

太極圖詩四首[1]

端因《太極圖説》中有氣化、形化、死生之説，乃述其意，而作詩以自喻。

氣　化

太一分兮作兩儀，陰陽變合化工施。生人生物都無種，此是乾坤氣化時。

形　化

乾坤氣化已成形，男女雌雄牝牡名。自是生生有形化，其中氣化自流行。

死　生

陰陽二氣聚時生，到底陰陽散時死。生死陰陽聚散爲，古今造化只如此。

[1] 標題，原無，爲校點者所加。

輪　回

空家不解死生由，妄説輪回亂大猷。不有天民先覺老，孰開我後繼前脩。

讚太極圖并説

濂溪夫子，卓乎先覺。上承洙泗，下開河洛，建圖立説，理明辭約。示我廣居，抽關啓鑰，有綱有條，有本有末。斂歸一心，放彌六合，月白風清，鳶飛魚躍。舜禹得之，崇高卑若；孔顔得之，困極而樂。舍此而爲，異端俗學。造端之初，胡不思度？毫釐之差，千里之錯。

辨　戾❶

先賢之解《太極圖説》，固將以發明周子之微奥，用釋後生之疑惑矣。然而有人各一説者焉，有一人之説而自相齟齬者焉。且周子謂「太極動而生陽，静而生陰」，則陰陽之生，由乎太極之動静。而朱子之解極明備矣。其曰「有太極則一動一静而兩儀分，有陰陽則一變一合而五行具」，尤不異

❶「辨戾」下，四庫本有「序」字。

焉。❶及觀《語録》，却謂「太極不自會動静，乘陰陽之動静而動静耳」，遂謂「理之乘氣，猶人之乘馬，馬之一出一入，而人亦與之一出一入」，以喻氣之一動一静，而理亦與之一動一静。若然，則人爲死人，而不足以爲萬物之靈；理爲死理，而不足以爲萬化之原。理何足尚而人何足貴哉？今使活人乘馬，則其出入、行止、疾徐，一由乎人馭之何如耳，活理亦然。不之察者，信此則疑彼矣，信彼則疑此矣。經年累歲，無所折衷，故爲《辨戾》，以告夫同志君子云。

❶「尤」，復性書院本作「亦」。

西銘述解

橫渠先生像贊

蚤悦孫吴，晚逃佛老，勇撤臯比，一變至道。

精思力踐，妙契疾書，《訂頑》之訓，示我廣居。

西銘述解[1]

西銘。大意明理一而分殊。文公註之，明且備矣。然初學者或未得其說。端爲分經布註以解之，或者便之而請書焉，[2]辭不獲已，於是乎書。

乾稱父，

乾，天也。天，陽也，至健而位乎上，父道也。然不曰天而曰乾者，天其形體也，乾其性情也。乾者，健而無息之謂，萬物所資以始者也。是乃天之所以爲天而父乎萬物者，故指而言之曰「乾稱父」。

坤稱母。

坤，地也。地，陰也，至順而位乎下，母道也。然不曰地而曰坤者，地其形體也，坤其性情也。坤者，順而有常之謂，萬物所資以生者也。是乃地之所以爲地而母乎萬物者，故指而言之曰「坤稱母」。

---

[1] 標題原無，今據道光本補。

[2] 「便」，原作「使」，今據四庫本《西銘述解》改。

予兹藐焉，乃混然中處。

予，亦人也。藐，微小貌。混然中處，言混合無間。蓋人稟氣於天，賦形於地，此身便是從天地來。今以藐然微小之身，乃與天地混合無間而位乎中，子道也。

故天地之塞，吾其體；

乾陽坤陰，此天地之氣塞乎兩間，而人物之所資以爲體者也。故曰「天地之塞，吾其體」。

天地之帥，吾其性。

乾健坤順，此天地之志爲氣之帥，而人物之所得以爲性者也。故曰「天地之帥，吾其性」。深察乎此，則父乾母坤、混然中處之實，可見矣。且人物並生於天地之間，其所資以爲體者，皆天地之塞；其所得以爲性者，皆天地之帥也。然體有偏正之殊，故其於性也，不無明暗之異。

民，吾同胞；

民，即人也。吾，謂我也。言惟人也得其形氣之正，是以其心最靈，而有以通乎性命之全體。於並生之中，又爲我之同類而最貴焉，故曰「同胞」。則其視之也，皆如己之兄弟矣。惟同胞也，故以天下爲一家，中國爲一人，如下文之云爾。

物，吾與也。

與，即黨與之與也。言物則得夫形氣之偏，而不能通乎性命之全，故與我不同類而不若人之貴，然原其體性之所自，皆以本之天地而未嘗不同也，故曰「吾與」。則其視之也，亦如己之儕輩矣。惟吾與也，故凡有形於天地之間者，若動若植，有情無情，莫不有以若其性、遂其宜焉。此儒者之道，所以必至於參天地、贊化育，然後爲功用之全，而非有以强於外也。

大君者，吾父母宗子；

且乾父坤母，而人生其中，則凡天下之人，皆天地之子矣。然繼承天地，統理人物，則大君而已，故爲父母之宗子。

其大臣，宗子之家相也。

輔相大君，綱紀衆事，則大臣而已，故爲宗子之家相。

尊高年，所以長其長；

天下之老一也，故凡尊天下之高年者，乃所以長吾之長，

慈孤弱，所以幼其幼。

天下之幼一也，故凡慈天下之孤弱者，乃所以幼吾之幼。

聖，其合德；

聖人與天地合其德，是兄弟之合德於父母者也。

賢，其秀也。

賢者才德過於常人，是兄弟之秀出乎等夷者也。

凡天下疲癃殘疾、惸獨鰥寡，皆吾兄弟之顛連而無告者也。

疲癃，謂罷病者。殘疾，謂傷害者。惸，謂無兄弟者。獨，謂老而無子者。鰥，謂老而無妻者。寡，謂老而無夫者。顛連，言其老急困苦之甚也。是皆以天地之子言之，則凡天下之疲癃殘疾、惸獨鰥寡，非吾兄弟困苦無告者而何哉？君子之爲政，先必施仁於此一等人。❶

于時保之，子之翼也。

翼，敬也。畏天以自保者，猶其敬親之至也。

樂且不憂，純乎孝者也。

樂天而不憂者，猶其愛親之純也。

違曰悖德，

不循天理而狥人欲者，不愛其親而愛他人也，故謂之「悖德」。

害仁曰賊，

戕滅天理、自絶本根者，賊殺其親，大逆無道也，故謂之「賊」。

濟惡者不才，

長惡不悛、不可教訓者，世濟其凶，增其惡名也，故謂之「不才」。

其踐形，惟肖者也。

❶「施仁於此一等人」，原作「施此這一等人」，今據復性書院本改。

此即「形色天性也，唯聖人然後可以踐形」之意，非若上文悖賊不才者矣。若夫盡人之性，而有以充人之形，則與天地相似而不違矣，故謂之「肖」。

知化則善述其事，

且孝子，善述人之事者也。聖人知變化之道，則所行者無非天地之事矣。

窮神則善繼其志。

孝子，善繼其志者也。聖人通神明之德，則所存者無非天地之心矣。此二者皆樂天踐形之事也。朱子曰：「聖人之於天地，如孝子之於父母。化者，天地之用，一過而無迹者也。知之，則天地之用在我，如子之述父事也。神者，天地之心，常存而不測者也。窮之，則天地之心在我，如子之繼父志也。得其心而後可以語其用，故曰『窮神知化。』而《中庸》曰『致中和，天地位焉，萬物育焉』，亦此之謂歟。」

不愧屋漏爲無忝，

屋漏，室西北隅也。忝，辱也。《孝經》引《詩》曰「無忝爾所生」，故事天者仰不愧，俯不怍，則不忝乎天地矣。

存心養性爲匪懈。

又曰：「夙夜匪懈。」故事天者存其心，養其性，則不懈乎事天矣。此二者，畏天之事，而君子所以求踐夫形者也。

惡旨酒，崇伯子之顧養；

崇，國名。伯，爵也。子，指禹也。好飲酒而不顧父母之養者，不孝也。故遏人欲如禹之惡旨酒，則所以顧天之養者至矣。

育英才，潁封人之錫類。

潁封人，潁考叔也。隱元年，鄭伯克段於鄢，遂置莊姜於城潁，誓之曰：「不及黄泉，無相見也。」❶考叔聞之，求獻於公。賜之食，啜羹而舍肉。公問之，曰：「母在，請以遺之。」公曰：「尔有母，我獨無。」考叔問之，公語之故，且告之悔。對曰：「君何患？若闕地及泉，隧而相見，其誰曰不然。」公從之，母子如初。《詩》曰：「孝子不匱，永錫尔類。」其是之謂乎！性者，萬物之一源，非有我之得私也。故育英才，如潁考叔之及莊公，則所以「永錫爾類」者廣矣。

不弛勞而底豫，舜其功也；

底，致也。豫，悦樂也。舜盡事親之道，而瞽叟底豫，其功大矣。故事天者，盡事天之道，而天心豫焉，則亦天之舜也。

無所逃而待烹，申生其恭也。

申生，晋太子也，遭驪姬之讒而死。申生無所逃而待烹，其恭至矣。故事天者，夭壽不貳，而脩身以俟之，則亦天之申生也。

❶「無」，底本作「不」，今據《左傳・隱公元年》改。

體其受而歸全者，參乎！

曾參，哲之子，事孔子而傳道者也。孔子曰：「父母全而生之，子全而歸之，可謂孝矣。」若曾子之啓手啓足，則體其所受乎親者，而歸其全也。況天之所以付與我者，無一善之不備，亦全而生之也。故事天者，能體其所受於天者而歸全之，則亦天之曾子矣。

勇於從而順令者，伯奇也。

伯奇，尹吉甫之子。吉甫惑後妻之讒，逐伯奇。伯奇清朝履霜，採芰荷爲衣，自傷見逐，作《履霜操》而死。❶《履霜操》：「履朝霜兮凌晨寒，考不明其心兮聽讒言，❷孤恩別離兮摧肺肝，❸何辜皇天兮遭斯愆？痛没不同兮息有偏，誰説顧兮知我冤！」❹見《琴操》。❺且子於父母，東西南北唯令之從，若伯奇之履霜中野，則勇於從而順令也。況天之所以命我者，吉凶禍福，非人欲之私，故事天者能勇於從而順受其正，則亦天之伯奇矣。

富貴福澤，將厚吾之生也；

❶「逐伯奇伯奇清朝履霜」九字，及「自傷見逐」四字，原脱，今據復性書院本補。
❷「考」，原作「兮」，今據道光本改。
❸「孤」，原作「狐」，今據道光本改。
❹「説顧」，四庫本《古詩紀》、《古樂苑》、《古詩鏡》作「流顧」。
❺「見琴操」三字，原脱，今據復性書院本補。

富貴福澤，所以大奉於我，而使吾之爲善也輕。即父母愛之而恩育以加之也。

貧賤憂戚，庸玉女於成也。

貧賤憂戚，所以拂亂於我，而使吾之爲志也篤。即父母惡之而懲戒以加之也。天地之於人，父母之於子，其設心豈有異哉？故君子之事天也，以周公之富而不至於驕，以顏子之貧而不改其樂。其事親也，愛之則喜而弗忘，惡之則懼而無怨，其心亦一而已矣。

存，吾順事；

孝子之身存，則其事親者不違其志而已。仁人之身存，則其事天者不逆其理而已。

没，吾寧也。

孝子之身没，則安而無所愧於親也。仁人之身没，則安而無所愧於天也。蓋所謂「朝聞夕死」，吾得正而斃焉者，故張子之《銘》，以是終焉。

太極圖説述解西銘述解跋[1]

《太極》，濂溪圖也，微妙無窮，讀之使人見理精到。《西銘》，横渠作也，規模廣大，讀之使人眼界空闊。雖然，横議坌起，不有考亭力辯而争之，抑孰從而窺其際邪？澠池曹氏子，以先民緒論多涉簡奥，乃復條分縷析，思以發其所未發。余索而讀之，見其可階初學也，及爲之補綴以梓之。噫！有志者自此尋向上去，庶乎三子旨趣，了了目睫矣。

正德辛未長至書。蜀忠黎堯卿。

---

[1] 標題原無，今據文體補。

月川曹夫子通書述解

周子通書後記❶

《通書》者，濂溪夫子之所作也。夫子姓周氏，名惇頤，字茂叔。自少即以學行有聞於世，而莫或知其師傳之所自。獨以河南兩程夫子嘗受學焉，而得孔、孟不傳之正統，則其淵源因可概見。然所以指夫仲尼、顔子之樂，而發其吟風弄月之趣者，亦不可得而悉聞矣。所著之書，又多散失，獨此一篇，本號《易通》，與《太極圖説》並出程氏，以傳於世。而其爲説，實相表裏，大抵推一理、二氣、五行之分合，以紀綱道體之精微，決道義、文辭、利禄之取舍，以振起俗學之卑陋。至論所以入德之方、經世之具，又皆親切簡要，不爲空言。顧其宏綱大用，既非秦漢以來諸儒所及，而其條理之密、意味之深，又非今世學者所能驟而窺也。是以程氏既没，而傳者鮮焉。其知之者，不過以爲用意高遠而已。熹自蚤歲即幸得其遺編，而伏讀之初，蓋茫然不知其所謂，而甚或不能以句。壯歲獲遊延

❶「周子通書後記」，原作「通書」，今據《晦庵集》卷八一改。

平先生之門，然後始得聞其説之一二。比年以來，潛玩既久，乃若粗有得焉。雖其宏綱大用所不敢知，然於其章句文字之間，則有以實見其條理之愈密、意味之愈深而不我欺也。顧自始學以至於今，歲月幾何，倏焉三紀。慨前哲之益遠，懼妙旨之無傳，竊不自量，輒爲注釋，雖知凡近不足以發夫子之精蘊，然創通大義，以俟後之君子，則萬一其庶幾焉。

淳熙丁未九月甲辰後學朱熹謹記。

月川曹夫子通書述解卷之上

澠池縣知縣關西石允珍重梓
儒學署教諭事舉人丹徒越應捷
訓導膠西王夢旭
河陽潘汲仝校

誠上第一

○此明太極爲實理而有體用之分也。

誠者，聖人之本。

誠者，實理而無妄之謂，天所賦、物所受之正理也。人皆有之，然氣稟拘之，物欲蔽之，習俗誘之，而不能全此者衆。聖人之所以爲聖人者，無他焉，以其獨能全此而已。本謂本領之本，不待作爲而然耳。此書與《太極》相表裏。誠，即所謂太極也。

「大哉乾元，萬物資始」，

此二句引《易》以明之。大哉，贊之辭也。乾者，純陽之卦，其義爲健，乃天德之別名也。元，始也。資，取也。言乾道之元，萬物所取以爲始者。

誠之源也。

是乃實理流出，以賦於人之本，如水之有源，即《圖》之陽動而太極之用所以行也。

「乾道變化，各正性命」，

此二句亦《易》文。變者，化之漸。化者，變之成。天所賦爲命，物所受爲性。言乾道變化，而萬物各得受其所賦之正理，如云「五行之生，各一其性」。

誠斯立焉。

則實理於是乎立，而各爲一物之主矣。如鳶之飛，魚之躍，火之上，水之下，皆一定而不可易，即《圖》之陰静而太極之體所以立者也。

純粹至善者也。

純，不雜也。粹，無疵也。此言天之所賦，物之所受，皆實理之本然，無不善之雜也。

故曰：

復引《易》文以證之。

「一陰一陽之謂道，

陰、陽，氣也，形而下者也。所以一陰一陽者，理也，形而上者也。道即理之謂也。此句還證「誠之源」、「誠斯立焉」二節。

繼之者善也，

繼之者，氣之方出而未有所成之謂也。善則理之方行而未有所立之名也，陽之屬也，誠之源也。此句又證「誠之源」一節。

成之者性也。」

成則物之已成，如在天成象，在地成形。性則理之已立者也，陰之屬也，誠之立也。此句又證「誠斯立焉」一節。然而「繼」、「成」字，與「陰」、「陽」字相應，指氣而言。「善」、「性」字與「道」字相應，指理而言。此夫子所謂善，是就一物未生之前造化原頭處說，善乃重字，爲實物。若孟子所謂性善，則就「成之者性」說，是生以後事，善乃輕字，此性之純粹至善耳。其實由造化原頭處有是「繼之者善」，然後「成之者性」時，方能如此之善。孟子之所謂性善，實淵源於夫子之所謂善，而非有二本也。其下復即乾之四德以明繼善成性之説。

元、亨，誠之通；

元，始。亨，通。而通云者，實理方出而賦於物，善之繼也。

利、貞，誠之復。

利，遂。貞，正。而復，云萬物各得而藏於已，性之成也。此於《圖》已爲五行之性矣。何也？

蓋四德則陰陽各二，而誠無不貫，安得不謂五行之性乎？

大哉易也，性命之源乎！

易者，交錯代换之名。凡天地間之陰陽交錯，而實理流行，一賦一受於其中，乃天地自然之易，而爲性命所出之源也。作《易》聖人得之於仰觀俯察之間，則卦爻之立，由是而已。故羲《易》以交易爲體，而往此來彼焉；以變易爲用，而時静時動焉。及周文王彖卦，周公明爻，而命曰《周易》。復得孔子作傳而發揮之，則性命之微彰矣。周子之書本之，其旨深哉！

誠下第二 一〇此言太極之在人者，所謂「思誠者，人之道也」。

聖，誠而已矣。

聖人之所以聖，不過全此實理而已，即所謂太極也。聖人時静，而太極之體立；時動，而太極之用行。則聖人一太極焉。

誠，五常之本，百行之源也。

五常，仁、義、禮、智、信，五行之性也。百行，孝、弟、忠、順之屬，萬物之象也。實理全則五常不虧，而百行修矣。是則五常、百行之本之源，一誠而已。

静無而動有，

方静而陰，誠固未嘗無也，以其未形而謂之無也。及其動而陽，誠非至此而後有也，以其可見而謂之有耳。

至正而明達也。

靜無，則至正而已；動有，然後明與達者可見也。朱子又曰：「某近看《中庸》『鬼神』一章，正是發明顯微無間只是一理處。且如鬼神，有甚形迹？然人却自然有畏敬之心，以承祭祀，便如真有一物在上下左右。此理亦有甚形迹？然人却自然有秉彝之性，才存主著，這裏便自見得許多道理。參前倚衡，雖欲頃刻離而遁之而不可得，只爲至誠貫徹，實有是理，無端無方，無二無雜。方其未感，寂然不動。及其既感，無所不通。濂溪翁所謂『靜無而動有，至正而明達』者，於此亦可以見之。」

五常百行非誠，非也，

非，蓋無之意。非誠，則五常百行皆無其實，所謂「不誠無物」者也。

邪暗，塞也。

誠苟不存，則靜而不正，故邪動而不明不達，故暗且塞也。是故學聖希賢，惟在存誠，則五常、百行皆自然無一不備也。

故誠則無事矣。

事與「事斯語」之事同，謂用功也。言誠則衆理自然無一不備，不待思勉而從容中道矣。

至易而行難，

實理自然故易，人僞奪之故難。

果而確，無難焉。

果者，陽之決。確者，陰之守。決之勇，守之固，則人僞不能奪之矣。此是一事而首尾相應，果而不確即無所守，確而不果則無所決，二者不可偏廢，猶陰陽不可相無也。朱子又因論良心與私欲交戰，須立定根脚戰退他，因舉濂溪説：「果而確，無難焉。須是果敢勝得私欲，方確然守得這道理不遷變。」

故曰：

故孔子答顏子問爲仁之語有曰。

「一日克己復禮，天下歸仁焉。」

克，勝也。己，身之私欲也。復，反也。禮者，天理之節文也。歸，猶與也。且克去己私，復由天理，天下之至難也。然其機可一日而決，其效至於天下歸仁。果確之，無難如此。○孟子曰：「誠者，天之道也；思誠者，人之道也。」固本於孔子所謂「誠者，天之道；誠之者，人之道」，而周子此書上章，即孔、孟上句之意，而下章則下句之意也。謂周子上接孔、孟之傳，良有以夫！

誠幾德第三○此明太極二五之在人而有體用之分，及夫人品之不同也。

誠，無爲；

誠則實理自然，何爲之有？即太極也。

幾，善惡。

幾者，動之微，善惡之所由分也。蓋動於人心之微，則天理固當發見，而人欲亦已萌乎其間矣。此陰陽之象也。或問「誠無爲，幾善惡」，朱子曰：「此明人心未發之體，而指其未發之端。蓋欲學者致察於萌動之微，知所決擇而去取之，以不失乎本心之體而已。或疑以爲有類於胡子『同體異用』之云，遂妄以意揣量。爲圖如後：

此明周子之意。

此證胡子之失。

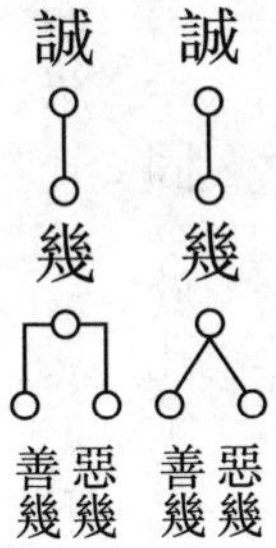

善惡雖相對，當分賓主。天理人欲雖分派，必省宗孽。自誠之動而之善，則如木之自本而幹，自幹而末，上下相達，則道心之發見，天理之流行，此心之本主，而誠之正宗也。其或旁榮側秀，若寄生疣贅者，此雖亦誠之動，而人心之發見，私欲之流行，所謂惡也。非心之固有，蓋客寓也；非誠之正宗，蓋庶孽也。苟變之不早，❶擇之不精，則客或乘主，孽或代宗矣。學者能於萌動幾微之間，而察其所發之向背，凡直出者爲天理，旁出者爲人欲；直出者爲善，旁出者爲

❶「變」，四庫本《通書述解》作「辨」。

惡；直出者固有，旁出者横生；直出者有本，旁出者無源；直出者順，旁出者逆；直出者正，旁出者邪。而吾於直出者利導之，❶旁出者遏絶之，功力既至，則此心之發，自然出於一途，而保有天命矣。於此可以見發之前有善無惡。而程子所謂『不是性中原有此兩物相對而生』，❷又云『凡言善惡，皆先善而後惡』，蓋謂此也。若以善惡爲東西相對，彼此角立，則天理人欲同出一源，未發之前已具此兩端，所謂天命之性，亦甚汙雜矣。此胡氏『同體異用』之意也。」曰：「此説得之。」

德愛曰仁，宜曰義，理曰禮，通曰智，守曰信。

道之得於心者，謂之德。德則有體焉，有用焉。何謂體？仁、義、禮、智、信是也。何謂用？愛、宜、理、通、守是也。惟其别有是五者之用，而因以名其體焉，即五行之性也。且幾善惡，便是心之所發處有箇善、有箇惡了。德便只是善底，爲聖爲賢，只是這材料做。

性焉，安焉，之謂聖。

性者，獨得於天。安者，本全於己。聖者，大而化之之稱。此不待學問勉强，而誠無不立，幾無不明，德無不備者也。

❶「導」，底本作「遵」，今據《晦庵集》卷五九《答趙致道》改。
❷「物」，底本作「件」，今據《晦篇集》卷五九《答趙致道》改。

復焉，執焉，之謂賢。

復者，反而至之。執者，保而持之。賢者，才德過人之稱。此思誠研幾以成其德，而有以守之也。

發微不可見，充周不可窮，之謂神。

發之微妙而不可見，充之周徧而不可窮，則聖人之妙用而不可知也，非聖人之上復有所謂神人也。○此三句，就人所到地位而言，即盡夫上三句之理，而所到有淺深也。「性焉，安焉，之謂聖」，就聖人性分上説。「發微不可見，充周不可窮，之謂神」，是他人見其不可測耳。○勉齋黄氏曰：「誠幾德一段，文理粲然。只把『體用』兩箇字來講他，便見誠是體，幾是用。仁、義、禮、智、信是體，愛、宜、理、通、守是用。誠幾只是德擘來做，在誠爲仁，則在幾爲愛；在誠爲義，則在幾爲宜。性焉，復焉，發微不可見是體；安焉，執焉，充周不可窮是用。性如堯、舜，性之也。復如湯、武，反之也。是既失了，却再復得，安而行之，不恁地辛苦。執，則是擇善而固執，須恁地把捉。發是源頭底，充是流出底，其發也微而不可見，其充也周而不可窮。是謂神，指聖而不可知者也。」

聖蘊第四❶

○此承上章而言聖人之所以聖者，誠神幾也。

寂然不動者，誠也。

❶「蘊」，通行本周子《通書》無此字。

本然而未發者，實理之體，即太極之静而陰也。

感而遂通者，神也。

善應而不測者，實理之用，即太極之動而陽也。

動而未形有無之間者，幾也。

動静、體用之間，介然有頃之際，則實理發見之端，而衆事吉凶之兆也。且《太極圖》中只説「動而生陽，静而生陰」，此又説箇「幾」，此是動静之間又有此一項，似有而未有之時，在人識之耳。

誠精故明，

誠則清明在躬，志氣如神，精而明也。

神應故妙，

神則不疾而速，不行而至，應而妙也。

幾微故幽。

幾則理雖已萌，而事則未著，微而幽也。

誠神幾，曰聖人。

惟性焉安焉之謂聖人者，則精明應妙，而有以動其幽微矣。〇節齋蔡氏曰：「誠者，寂也，静也，而具動静之理。神，感也，動也，而妙動静之用。蓋誠爲神本，神爲誠用。本不動而用動，故誠則静意多，神則動意多。要其實，則各兼動静陰陽也。幾誠發，而爲神之始也，在静無而動有之間，雖動而微，亦未可見，實爲神之端也。」

慎動第五

〇此明幾之意而見動之邪正爲身之吉凶，則不容於不謹也。

動而正曰道。

動之所以正，以其合乎衆所共由之道也。

用而和曰德。

用之所以和，以其得道於身，而無所待於外也。

匪仁、匪義、匪禮、匪智、匪信，悉邪也。

所謂道者，仁、義、禮、智、信之五常而已，非此，則其動也邪矣。

邪動，辱也。

不正而動，如同流合污，則身之辱也。

甚焉，害也。

又甚焉，小則殞身滅性，大則覆宗絶祀，以其動之無得於道，則其用不和而效若是焉。

故君子慎動。

故君子必謹其所動，動必以正，則和在其中矣。○節齋蔡氏曰：❶「道即太極流行之道，德即五性之德。動而正，即前所謂幾也；用而和，即後所謂中節也。」

道第六

○此明聖人之道，而見動之慎、幾之明也。

聖人之道，仁義中正而已矣。

聖人即伏羲、神農、黄帝、堯、舜、禹、湯、文、武、周公、孔子也。道則得于天而全於己，而同於人者也。中即禮，正即智。仁、義、禮、智之道，乃其性分之所固有，日用之所常行，固非淺陋固執之可倫，亦非虚無寂滅之可擬。而已矣者，無他之辭也。

守之貴，

守仁、義、禮、智，則天德在我，何貴如之。

行之利，

行仁、義、禮、智，則順理而行，何往不利。

廓之配天地。

❶ 「蔡氏」，原作「黄氏」，道光本有「案語」曰：「黄氏疑作蔡氏。」今據改。節齋蔡氏，蔡元定長子蔡淵，號節齋。

廓，充也。配，合也。人而充其仁、義、禮、智之道，則與天地合其德，非有待於外也。故曰充其本然並立之全體而已矣。

豈不易簡，

道體本然，故易簡。易者，不雜之謂。簡者，不煩之謂。

豈爲難知？

人所固有，故易知。

不守，不行，不廓耳。

但世之人不肯守此道，不肯行此道，不肯充此道耳。言爲之則是，而嘆學者自失其幾也。

師　第　七〇此明師道爲天下善也。

或問曰：「曷爲天下善？」

或人問於周子曰：「曷者可以善天下之人心，善天下之治道乎？」

曰：「師。」

周子答曰：惟師道可以爲天下善。

曰：「何謂也？」

或人復問：「如何說？」

曰：「性者，剛、柔、善、惡、中而已矣。」

此所謂性，以氣稟而言也。太極之數，自一而二，剛、柔也。自一而四，剛善、剛惡、柔善、柔惡也。遂加其一中也，以爲五行。濂溪説性，只是此五者。他又自有説仁、義、禮、智底性時。若論氣稟之性，則不出五者。然氣稟底性，只是那四端底性，非别有一種性也。所謂剛、柔、善、惡之中者，天下之性固不出此五者，然細推之，極多般樣，千般百種，不可窮究。但不離此五者爾。○性只是理，然無那天氣地質，則此理没安頓處。但得氣之清明，則不蔽固，此理順發出來。蔽固少者，發出來天理勝；蔽固多者，則私欲勝。便見得本原之性無有不善，只被氣質昏濁則隔了。學以反之，則天地之性存矣。故説性須兼氣質方備。○此性便是言氣質之性，四者之中去却剛惡、柔惡，却於剛、柔二善之中擇其中而主焉。

不達。

或人不達其旨。

曰：

周子復與之言剛、柔、善、惡、中之意。

「剛善，爲義，爲直，爲斷，爲嚴毅，爲幹固；

陽剛之善有此五者。

惡，爲猛，爲隘，爲强梁。❶

柔善，爲慈，爲順，爲巽；

陰柔之善有此三者。

惡，爲懦弱，爲無斷，爲邪佞。❷

蓋剛柔固陰陽之大分，而其中又各有陰陽以爲善惡之分焉。惡者固爲非正，而善者亦未必皆得乎中也。

惟中也者，和也。

周子五性之中，只箇中最好底性，故以和爲中。

中節也，

以其所發皆中乎節也。

天下之達道也，

這便是天下衆人所共由之道也。

聖人之事也。

---

❶「惡」至「强梁」八字，原脱，今據道光本及四庫本《通書述解》補。

❷「惡」至「邪佞」十字，原脱，今據道光本及四庫本《通書述解》補。

這便是伏羲以來列聖所共行之事。此以得性之正而言也。聖人之事，豈出性分之外哉！然其以和爲中，與《中庸》不合，蓋就已發無過不及者言之耳。如《書》所謂「允執厥中」者也。○北溪陳氏曰：「中有二義，有已發之中，有未發之中。未發是就性上説，已發是就事上説。已發之中，當喜而喜，當怒而怒，那恰好處無過不及，便是中。此中即所謂和也。所以周子亦曰：『中也者，和也。』是指已發之中而言。」

故聖人立教，

故聰明睿智能盡其性之聖人，出爲億兆之君師而脩道立教焉。

俾人自易其惡，

而使天下之人，各自變易其惡，則剛柔皆善，有嚴毅慈順之德，而無强梁、懦弱之病矣。

自至其中而止矣。

自至其中，則其或爲嚴毅，或爲慈順也，又皆中節而無大過不及之偏矣。○張子云：「爲學大益，在自求變化氣質。」程子曰：「學至氣質變，方是有功。」皆此意也。

故先覺覺後覺，闇者求於明，而師道立矣。

故心上先覺悟之人，而又覺悟那後覺悟之人；心上昏闇之人，而又求那心上通明之人。一以傳道爲心，一以求道爲心，則師道立焉。師者，所以攻人之惡，正人之不正而止矣。

師道立，則善人多；

師道既立，則善人多。

善人多，則朝廷正，而天下治矣。」

善人既多，則朝廷之上，人皆正人，事皆正事，而普天之下一歸于治而已。此師道所以爲天下善也。○此章所言剛柔，即《易》之兩儀；各加善惡，即《易》之四象。又加倍以八卦。而此《書》及《圖》則止于四象，以爲火、水、金、木，而即其中以爲土。蓋道體則一，而人之所見詳略不同，但于本體不差，則並行而不悖矣。

幸第八

○此明人以聞過爲幸，而有耻又爲幸之大者也。

人之生不幸，不聞過；

不聞過，人不告也。且人受天地之中以生，無有不善，故皆可以爲堯、舜，而參天地以贊化育焉。則孰不可立于無過之地乎？然而不能無過者，或氣稟之偏，或私欲之誘，或習俗之染。得人告之而聞焉，則將變化消釋以復其初，幸何如哉！不然，則過不改，行同飛走，不足爲萬物之靈矣，非不幸而何？

大不幸，無耻。

無耻，我不仁也。且仁者，天地生物之心，而人所受以生者，所以爲一心之全德，萬善之總名，而爲參天地、贊化育之本體焉。人而不仁，則生理息矣，人道滅矣。而不以爲耻，則尤不足爲萬物之靈也，非大不幸而何？

必有耻，則可教；

有耻，則能憤發而受教。

聞過，則可賢。

聞過，則知所改而爲賢。然不可教，則雖聞過而未必能改矣。以此見無耻之不幸爲大也。

思第九

〇此言學聖之事，而見其主于心也。

《洪範》曰：

《洪範》，《周書》篇名，而有言曰。

「思曰睿。

思，心之官也。睿，通也。人而能思則通矣。

睿作聖。」

睿而進焉，則自然無不通而爲聖人也。

無思，本也。

無思，誠也。誠者，聖人之本。

思通，用也。

思通，神也。神者，聖人之用。

幾動於彼，

事之幾，感于外者不一。

誠動於此，

心之誠，應于中者惟一。

無思而無不通，爲聖人。

不待有所思而無所不通，是聖人，所謂「誠、神、幾，曰聖人」也。

不思，則不能通微。

通微，睿也。不思索，則不能通乎幾微。

不睿，則不能無不通。

無不通，聖也。不通微，則不能造乎聖人。

是則無不通生于通微，

謂聖生于睿。

通微生于思。

睿生于思也。

故思者，聖功之本而吉凶之幾也。

思之至，可以作聖而無不通，其次亦可以見幾通微，而不陷于凶咎。幾是事之端緒，有端緒方有討頭處，這方是用得思。

《易》曰：「君子見幾而作，不俟終日。」

幾者，吉凶之先見者也。❶作，猶行也，謂避禍也。不待終日，去之速也。言明哲之君子，見幾明而避禍速也，❷即可以速則速之，時耳。周子引此以證睿也。

又曰：「知幾其神乎！」

知幾，比之見幾則又神妙不測，非他人所可知耳。引之以證聖也。

志學第十

〇此言所志所學之正，而見聖賢之心也。

聖希天，

希，望也，字本作睎，大而化之之謂。聖人不敢自以爲足，而望同于天，則法天而行。《書》曰：「明王奉若天道，無非法天者。大事大法天，小事小法天，則聖人一動一静，即太極之動静焉。」

賢希聖，

---

❶ 「先」，原脱，今據四庫本《通書述解》補。

❷ 「禍」，原作「衬」，今據道光本及四庫本《通書述解》改。

才德出衆之賢人，不敢自以爲勝，而望同于聖人，則又法聖人而行焉。孟子曰：「乃所願，則學孔子。」又曰：「法先王而過者，未之有也。」

士希賢。

士，學者之稱也。學者見賢而思齊焉。

伊尹、顔淵，大賢也。

伊尹，湯之學焉而後臣之者也。顔淵，孔子弟子也。二人，學之大者也。

伊尹耻其君不爲堯、舜，

堯，唐帝名。舜，虞帝名。二帝乃五帝之盛帝，百聖之至聖，爲人倫之至，爲君道之極焉。故伊尹欲其君爲堯、舜而不得，則其心媿耻。

一夫不得其所，若撻于市。

撻于市，耻之甚也。且堯、舜君民，一民饑，曰我饑之；一民寒，曰我寒之；一民失所，曰時予之辜。伊尹以一夫不得其所而媿耻之甚者，以己不能左右厥辟，宅師其心，亦堯、舜之心也。

顔淵不遷怒，

遷，移也。怒于甲者不移于乙。

不貳過，

貳，復也。過于前者不復于後。顔子克己之功至于如此。

三月不違仁。

三月，天道小變之節，言其久也。仁者心之德，心不違仁，則無私欲而有其德也。二人所爲，皆賢人之事也。

志伊尹之所志，

伊尹之志，致君澤民，是公天下之心。士希賢而志伊尹之所志，則亦不志于私矣。

學顔子之所學。

顔子之學，克己復禮，傳聖人之道。士希賢而學顔子之所學，則又豈自小之學哉。

過則聖，

志學伊、顔而過之，則爲聖人。

及則賢，

志學伊、顔而及之，則爲賢。

不及則亦不失於令名。

志此志，學此學，而雖不到伊、顔地位，則亦不失於善名。三者，隨其所用之淺深以爲所至之近遠。不失令名，以其有爲善之實也。○胡氏曰：「周子患人以發策決科、榮身肥家、希世取寵爲事也，故曰『志伊尹之所志』；患人以廣聞見、工文詞、矜智能、慕空寂爲事也，故曰『學顔子之所學』。人能志此志而學此事，則知此書之包括至大而無窮矣。」○或問：「伊尹之志，顔子之學，固如此矣，而却不知伊尹之學，顔子之志如何？」端曰：「伊尹之志，固是在于行道，然道非學無以明，不明何以行耶？ 大抵古人之學，本欲行道。 伊尹耕于有莘之野，而樂堯、舜之道，凡所以治國、平天下者，無不理會，但方處畎畝之時，不敢言必於大用耳。 及三聘幡然，便一向如此做去。 其自言曰：『予天民之先覺也，予將以斯道覺斯民也。』此便是堯、舜事業。 看二典之書，堯、舜所以卷舒作用直如此熟，若雖志于行道，而自家所學元未有本領，如何便能舉而措之天下乎？ 若夫顔子之學，固欲明道，然而又未嘗不欲其道之行也。 觀其問爲邦，而夫子告以四代之禮樂，及放鄭聲、遠佞人。 其言志，一則曰『願無伐善，無施勞』，二則曰『願得明王聖主輔相之，敷其五教，導之以禮樂，使民室家無離曠之思，千載無戰鬭之患，而勇辦者無所施用焉。』然則顔子之志，又豈非堯、舜君民而公天下之心哉？」

順化第十一〇此明天地聖人同一道而已也。

天以陽生萬物，
天以陽氣生萬物，觀春夏之生長可見矣。
以陰成萬物。
天以陰氣成萬物，觀秋冬之收成可見矣。
生，仁也。

天之生物之道，便是仁。

成，義也。

天之成物之道，便是義。蓋陰陽無二氣，仁義無二道，道氣無二機，只是一箇消長而已耳。

故聖人在上，

故聖人在君師之位，而參天地以贊化育。

以仁育萬物，

則以所得天地生物之心而曰仁者，養萬物而使之無不遂其生。

以義正萬民。

以所得天地成物之心而曰義者，正萬民而使之無不得其正，所謂定之以仁義。

天道行而萬物順，

天道之仁義行而萬物順者，榮悴開落之不違時也。

聖德脩而萬民化，

聖德之仁義脩而萬民化者，語默行止之各得其正也。

大順大化，不見其迹，

天地之大順，聖人之大化，不待徵于色、發于聲，故不見其迹。

莫知其然之謂神。

人莫知其所以然之妙，故謂之神焉。此言天地聖人，其道一也。

故天下之衆，本在一人，

天下之本在君，而君正莫不正也。

道豈遠乎哉？

君之道在心，則至近也。

術豈多乎哉？

心之術在仁義，則至簡也。

治第十二

〇此明治道之要，在乎君心之一而已也。

十室之邑，人人提耳而教且不及，

十室，小邑也。十室之小邑，人至少，而宰之者欲逐箇人提耳而教誨之，尚且不能及。

況天下之廣，兆民之衆哉？

何況君天下之至多者，可逐箇人親自教誨之而使同歸于善哉？

曰：純其心而已矣。

純者，不雜之謂。心，謂人君之心。言君天下而欲兆民一于善，只在純一人之心而止矣。

仁、義、禮、智四者，動静、言、貌、視、听無違之謂純。

仁、義、禮、智，五行之德也；動静，陰陽之用；而言貌、視听，五行之事也。德不言信、事不言思者，欲其不違，則固以思爲主，而必求是四者之實矣。

心純則賢才輔，

君心純一，則賢而有德，才而有能，自輔相之。何也？蓋君取人以身，臣道合而從也。

賢才輔則天下治。

衆賢各任其職，則不待人人提耳而教，而自無不歸于善，天下之治平爲何如哉！

純心要矣，

心不純，則不能用賢，故君以純心爲要道。

用賢急焉。

不用賢則不能宣化，故君以用賢爲急務。

禮樂第十三

〇此論禮樂而見定之以中正仁義而主静之意也。

禮，理也。

禮，陰也，故理焉。

樂，和也。

樂，陽也，故和焉。

陰陽理而後和，

合而言之，則陰陽各得其理而後二氣和也。

君君、臣臣、父父、子子、兄兄、弟弟、夫夫、婦婦，

人倫之間，各盡其道，各安其分，無不理且和焉。

萬物各得其理然後和。

天高地下，萬物散殊，而無不各得其理，然後流而不息，合同而化，而無不和也。

故禮先而樂後。

以其先理而後和，所以不曰樂禮，而曰禮樂云。程子論敬，則自然和樂，亦此理也。學者不知

持敬，而務爲和樂，鮮不流于慢者。

務實第十四〇此言學當務實而不可有近名之意也。

實勝，善也。

學者實勝于名，則善矣。

名勝，耻也。

若名勝于實，則可耻之甚。

故君子進德脩業，孳孳不息，務實勝也。

故君子之學，進己之德，脩己之業，勤勉而不止，所以務實之勝而已。

德業有未著，則恐恐然畏人知，遠耻也。

若己之德業有未進，則其心常恐怕有善名聞于人，所以遠耻辱也。

小人則僞而已。

小人則無進德脩業之實，而有沽名釣譽之僞焉耳。

故君子日休，

休，美也。 君子則實脩而無名勝之耻，故休。

小人日憂。

小人則名勝而無實勝之善，故憂。《書》曰：「作德心逸，日休；作僞心勞，日拙。」亦此意也。

愛敬第十五〇此言君子克致愛敬之道也。

「有善不及？」

設問：「人或有善，而我不能及，則如之何？」

曰：「不及，則學焉。」

答言：「人有善而我不能及，則當學其善而已。」

問曰：「有不善？」

問：「人有不善，則何以處之？」

曰：「不善則告之不善。

答言：「人有不善，則告之以不善。」

且勸曰：『庶幾有改乎！』

而且勸其改之可也。蓋告之者，恐其不知此事之爲不善也。勸之者，恐其不知不善之可改而

爲善也。

斯爲君子。

此爲君子之用心也。

有善一，不善二，則學其一，而勸其二。」

亦答詞也。言善則心一，不善則心二。人有善惡之雜，則我當學其善，而勸其惡。

有語曰：

又答言：「有人告之言。」

「斯人有是之不善，非大惡也。」

此人有此過，不係大惡者。

則曰：「孰無過？

聞人有過，雖不得見而告勸之，亦當答言：「人孰無過乎？」

焉知其不能改？

焉，何也。言何以知此人之不能改過耶？

改則爲君子矣，

若能改過，則便是君子，此則冀其或聞而自改也。

不改爲惡。

有心悖理謂之惡，無心失理謂之過。人不待别爲不善方爲之惡，只如過而不改，是有心，便謂之惡。

惡者，天惡之，彼豈無畏耶？烏知其不能改？」❶

故君子悉有衆善。

善無不學，故悉有衆善。

無弗愛且敬焉。

惡無不勸，故不棄一人于惡。惟不棄一人于惡，則無不用其愛敬矣。且君子非欲使人愛敬而後爲此，亦盡吾當然之道而已，而人之愛敬不期而至焉。

---

❶「惡者」至「能改」十六字，原脱，今據四庫本《通書述解》補。

動静第十六〇此明《太極圖》之意而見造化之妙也。

動而無静，静而無動，物也。

物謂萬物，而人在其中也。惟其有形，則滯于一偏，是謂形而下之器也。形而下者，則不能通，故方其動時則無了那静，方其静時則無了那動，如水只是水，火只是火。以人言之，語則不默，默則不語。以物言之，飛則不植，植則不飛是也。

動而無動，静而無静，神也。

神則即此理耳，所謂形而上之道也，則不離于形，而不囿于形，故神而莫測。方其動時，未嘗不静，故曰無動。方其静時，未嘗不動，故曰無静。

動而無動，

則動中有静焉。

静而無静，

則静中有動焉。

非不動不静也。

謂不是静而不動，動而不静也。蓋静而能動，則陰中有陽焉；動而能静，則陽中有陰焉。錯綜無窮是也。

物則不通，

上所謂物，則滯于一形之偏而不能通。

神妙萬物。

上所謂神，則妙于萬物之中而無不通。此兩句又結上文，起下意。

水陰根陽，火陽根陰。

水，陰也。以《河圖》言而生于一，以太極言則陽變而生水，則本乎陽也。火，陽也，而生于二。以太極言則陰合而生火，則本乎陰也。且水陰物、火陽物也，形而下者也，所以根陰、根陽，理也，形而上者也。所謂「神妙萬物」者如此。

五行陰陽，陰陽太極。

此即《太極圖説》所謂「五行一陰陽，陰陽一太極」者，以神妙萬物之體而言也。

四時運行，萬物終始，

此即《太極圖説》所謂「五氣順布，四時行焉。無極之真，二五之精，妙合而凝」者，以神妙萬物之用而言也。

混兮闢兮，其無窮兮。

體本則一，故曰混。用散而殊，故曰闢。一動一静，其運如環之無窮，此兼舉其體用而言也。

○混言太極，闢言爲陰陽、五行以後，故末句曰「其無窮兮」。言既闢之後爲陰陽，五行以後爲萬物無窮盡也。〇此章發明《圖》意，更宜參考。〇或問：「周子之語言合，胡不自萬而一？言開，胡不自一而萬？」勉齋黄氏曰：「周子之言造化，至五行處是一關隔。自五行而上屬乎造化，自五行而下屬乎人物，所以太極説到四時行焉却説轉，從五行説太極，又從五行之生説各一其性，説出至變化無窮。蓋天地造化，分陰分陽，至五行而止。五行既具，則由是而人物也。有太極便有陰陽，有陰陽便有五行，三者初無斷際。至此若不説合，却恐將作三件物事認了。所以合而謂之妙合，非昔開而今合，莫之合而合也。至于五行既凝而後有男女，男女既交而後生萬物，此却是有次第，故有五行而下，節節開説。然其理氣未嘗有異，則恐未嘗不合也。」

樂上第十七〇此論古今之樂而見治亂之迹也。

古者聖王制禮法，

古者聖王，謂伏羲、神農、黄帝、舜、禹、湯、文、武之聖人而王天下者。心天地之心，道天地之道，而爲人倫之至，建中和之極，所以制爲禮儀法度。

脩教化，

脩明德教道化。

三綱正，

綱，綱上大繩也。三綱者，夫爲妻綱、父爲子綱、君爲臣綱也。由是三綱正焉。

九疇敘，

疇，類也。九疇者，一五行，二五事，三八政，四五紀，五皇極，六三德，七稽疑，❶八庶徵，九福極也。由是九疇敘焉。

百姓太和，

由是民無不和焉。

萬物咸若。

若，順也。由是而物無不順焉。此所謂理而後和也。

乃作樂，

乃者，繼事之詞。樂謂金、石、絲、竹、匏、土、革、木八音之樂也。言聖王于天下理而和之後，乃作樂焉。

以宣八風之氣，

八風者，八方之風。東北方曰條風，東方曰明庶風，東南方曰清明風，南方曰景風，西南方曰凉風，西方曰閶闔風，西北方曰不周風，北方曰廣莫風。聖王作八音之樂，以宣八方之風。宣，所

---

❶ 「疑」，原作「凝」，今據《尚書·洪範》改。

以達其理之分。

以平天下之情。

人情最易流也，而聖王作樂，以平天下之人情。平，所以節其和之流。

故樂聲淡而不傷，

聖王之樂聲，平淡之中自然而和，故不傷。謂不害于和也。

和而不淫，

聖王之樂聲，和樂之中自然而正，故不淫，謂不失其正也。

入其耳，感其心，莫不淡且和焉。

聖王之樂聲，入乎人之耳，感乎人之心，則莫不淡而和也。淡者，理之發；和者，和之爲。先淡後和，亦主静之意也。

淡則欲心平，

所發者淡，則私欲之心自平定。

和則躁心釋。

所爲者和，則躁急之心自消釋。然古聖賢之論樂，曰和而已，此所謂淡，蓋以今樂之妖艶形之，而後見其本于莊正齊肅之意，故希簡而寂寥耳。

優柔平中，德之盛也；

欲心平，故平中；躁心釋，故優柔。則民德之盛可知。

天下化中，治之至也；

溥天之下，皆化于中道，則治道之至也可見。言聖人作樂，功化之盛如此。或曰「化中」當作「化成」，本《易》「聖人久于其道，而天下化成」之意也。

是謂道配天地，古之極也。

此言聖人道配天地，而爲古之至極也。

後世禮法不修，

後世，則三代之末及秦漢而下，禮法教化則不修明。

刑政苛紊，

政事刑法，則又煩亂。

縱欲敗度，

上則縱欲以敗度，所謂流連荒亡，無不爲也。

下民困苦，

則下民之困苦，有不聊生者矣。

謂古樂不足聽也。

乃言古聖王之樂不足聽。

代變新聲，

　而代變爲新聲之樂。

妖淫愁怨，

　廢禮敗度，故其聲不淡而妖淫；政苛民困，故其聲不和而愁怨。

導欲增悲，不能自止。

　惟其聲之妖淫也，故足以導人之欲焉；惟其聲之愁怨也，故足以增人之悲焉。二者使人肆情

　縱欲，而不能自止。

故有賊君棄父、輕生敗倫，不可禁者矣。

　導欲不止，而至于輕生敗倫之不可禁焉；增悲不止，而至于賊君棄父之不可禁焉。

嗚呼！

　周子復嘆息而言。

樂者，古以平心，今以助欲，

　古樂用之平人之心，而今樂用之助人之欲而已。

古以宣化，今以長怨。

　古樂用之宣其化，而今樂用之長其怨而已。蓋樂有古今之異，淡與不淡、和與不和而已。

不復古禮，不變今樂，而欲至治者，遠矣。

復古禮，然後可以變今樂，所謂禮而後和也。苟不復古禮，則禮非其禮矣；不變今樂，則樂非其樂矣。❶ 無禮樂之化，而欲天下至治者，不其遠哉！

樂中第十八○此明古樂之功效而見治道之至也。

樂者，本乎政也。

聖人所作之樂，本乎聖人所行之政也。聖人爲政以德，德惟善政，政在養民。

政善民安，則天下之心和。

政善則民無不安，民安則心無不和。

故聖人作樂，以宣暢其和心，

故聖人因之而作樂，以宣暢民之和心。

達于天地，

以天下之和心通達于天地。

天地之氣感而太和焉。

且人爲天地之心，心和則氣和。此天地之氣所以感而自然無不和也。

---

❶「其」，原脱，今據四庫本《通書述解》補。

天地和則萬物順，

天地之氣既和，則萬物自無物不順。

故神祇格，

格，至也。幽足以感神，而神祇來格。

鳥獸馴。

微足以感物，而鳥獸馴致，是則聖人之作樂，既非無因而强作，而其制作之妙，又能真得其聲氣之元。謂黃鍾一宫定，故其志氣天人交相感動，而其效如此。

樂下第十九〇此復論古今之樂而見治亂之由也。

樂聲淡，則聽心平；

淡，則希簡寂寥之聲，而有莊正齊肅之意。樂聲如此，則聽者之心自然平定。

樂辭善，則歌者慕。

善者，典雅簡古之詞，而有深潛醲飫之味。樂辭如此，則歌者之心自然愛慕。

故風移而俗易矣。

此先王之樂所以能移易天下之風俗，而使之淳且美焉。

妖聲豔辭之化也亦然。

若夫後世妖淫之聲、美豔之辭之化民也，效亦如此。但能導欲增悲，而至于輕生敗倫、賊君棄父，則天理滅而人倫息矣。哀哉！

聖學第二十〇此明聖人可學而至，而要不外乎一心也。

「聖可學乎？」

設問：「聖人可學而至乎？」

曰：「可。」

答言：「可。」

曰：「有要乎？」

又設問：「學聖人有要乎？」

曰：「有。」

答言：「有。」

「請聞焉！」

設問：「請聞其要。」

曰：「一爲要。」

答言：「一之一字，爲聖學之要。」一即太極，是純一不雜之謂也。

一者，無欲也。

只是純然是箇天理，無一點私欲。且無欲便覺自在。人只爲有欲，此心便千頭萬緒，做事便有始無終。小事尚不能成，況可學聖人耶？然周子只説「一者，無欲也」，這話頭高，卒急難湊泊，常人如何便得無欲？故伊川只説一箇「敬」字，教人只就敬上睚去，庶幾執捉得定，有箇下手處。

無欲，則静虚動直。

静虚即陰静，是心之體。動直即陽動，是心之用。

静虚則明，明則通。

心纔虚便明，明則見道理透徹，故通。通者，明之極也。

動直則公，公則溥。

心纔直便公，公則自無物我之間，故溥。溥者，公之極也。

明通公溥，庶矣乎。」

明而至于通，則静而動焉。公而至于溥，則動而静焉。況明配木、仁、元，通配火、禮、亨，公配金、義、利，溥配水、智、貞。如此，陰陽合德，而聖人其庶矣乎！○此章之旨，最爲要切，然其辭義明白，不煩訓解，學者能深玩而力行之，則有以知無極之真，兩儀、四象之本，皆不外乎此心，而日用間自無别用力處矣。

月川曹夫子通書述解卷之下

澠池縣知縣關西石允珍重梓

儒學署教諭事舉人丹徒越應捷

訓導膠西王夢旭

河陽潘汲仝校

公明第二十一〇此言公明之義而見其各有爲而發也。

公於己者公於人，

人能無私，方能率人以無私，所謂有善于己而後可以責人之善，無惡于己而後可以正人之惡也。

未有不公於己而能公於人也。

未有有私于己而能率人以無私者焉，所謂未有己不正而能正人者也，❶此爲不勝己私而欲任

---

❶ 「未有」二字，原脱，今據復性書院本補。

法以裁物者發。

明不至，則疑生，

凡人明有未至，則疑心生。

明，無疑也。

若能明，則自無疑心矣。

謂能疑，爲明何啻千里？

啻，止也。且明則無疑，疑則不明，明之與疑正相南北，何止千里之不相及乎！言其所争者甚遠也。此爲不能先覺，而欲以逆詐、億不信者發。○朱子曰：「人有詐不信者，吾之明足以知之，是之謂先覺。彼未必詐，未必不信，而逆以詐不信待之，此則不可。周子云：『明則不疑。』凡事之多疑，皆生于不明。如以察爲明，皆主暗也，❶唐德宗之流是也。❷如放齊稱胤子朱啓明，而堯知其嚚訟。堯之明有以知之，是先覺也。」

❶「主」，《朱子語類》卷四四作「至」。
❷「德宗」，《朱子語類》卷四四作「高宗」。

理性命第二十二○此亦明太極之意。

厥彰厥微，匪靈弗瑩。

此言理也。彰言道之顯，陽之明也。微言道之隱，陰之晦也。瑩，明也。言道之陽明陰暗，非人心太極之至靈，孰能明之？

剛善剛惡，柔亦如之，中焉止矣。

此言性也。剛善，爲義、爲直、爲斷、爲嚴毅、爲幹固；剛惡，爲猛、爲隘、爲强梁。柔善，爲慈、爲順、爲巽；柔惡，爲懦弱、爲無斷、爲邪佞。惟中也者，和也，中節也，言無過不及之中焉。曰剛、柔、善、惡、中，即五行之理也。

二氣五行，化生萬物。

此下言命也。二氣五行，天之所以付受萬物而生之者也。

五殊二實，

自其末以緣本，則五行之異，本二氣之實。

二本則一。

二氣之實，又本一理之極。

是萬爲一，

是合萬物而言之，爲一太極而已。

一實萬分，

自其本而之末，則一理之實，而萬物分之以爲體。然而謂之分，不是割成片去，只如月映萬川相似。

萬一各正，小大有定。

故萬物之中各有一太極，而小大之物莫不各有一定之分也。○《中庸》曰：「如天之無不覆幬，如地之無不持載。」此是一箇大底包在中間，又有四時錯行，日月代明，自有細小去處。「道並行而不相悖，萬物並育而不相害」，並行並育，便是那天地之覆載底；不相悖、不相害，便是那錯行代明底。「小德川流」，是説那細小底；「大德敦化」，是説那大底。大底包小底，小底分大底。千五百年間，不知人如何讀書，這都似不理會這道理。○一實萬分，萬一各正，便是理一分殊處。○周子此章，其首二句言理，次三句言性，次八句言命。故其章内無此三字，而特以三字名其章以表之，則章内之言，固已各有所屬矣。蓋其所謂靈，所謂一者，乃爲太極。而所謂中，乃氣稟之得中，與剛善、剛惡、柔善、柔惡爲五性而屬乎五行，初未嘗以是爲太極也。

顔子第二十三○此言顔子之樂，而見内外輕重之分也。

顔子一簞食，一瓢飲，在陋巷，

顔子，孔子弟子，名回，字子淵。簞，竹器。食，飯也。瓢，瓠也。陋巷，隘陋之巷也。顔子食則一簞之飯，飲則一瓢之漿，居則隘陋之巷，貧窶之甚也。人不堪其憂，而不改其樂。

人，他人也。堪，勝也。在他人視之，則見顏子之困極而有不勝之憂，而顏子處之，則其心泰然，❶不改所樂焉。

夫富貴，人所愛也。

夫金玉之富，軒冕之貴，衆人之所愛而求者也。

顏子不愛不求，而樂乎貧者，獨何心哉？

顏子之心，則不愛富貴，不求富貴，而樂于貧窶者，獨何如哉？設問以發其端。

天地間有至貴至富、可愛可求，而異乎彼者，

天地間至富至貴、可愛可求者，仁而已。仁者，天地生物之心，而人所受以生者，爲一心之全德，萬善之總名。體即天地之體，用即天地之用，存之則道充，居之則身安。故孟子既以天之尊爵目之，復以人之安宅名之，所以爲天地間之至貴至富、可愛可求者也，豈軒冕金玉之貴之富可同日而語哉！朱子曰：「所謂至貴至富可愛可求，即周子之教程子，每令尋仲尼、顏子樂處，所樂何事者也。然學者當深思而實體之，不可但以言語解會而已。」今端竊謂孔、顏之樂

❶「泰」，原作「太」，今據道光本及四庫本《通書述解》改。

者，仁也。非是樂這仁，仁中自有其樂耳。且孔子安仁而樂在其中，顏子不違仁而不改其樂。安仁者，天然自有之仁；而樂在其中者，天然自有之樂也。不違仁者，守之之仁；而不改其樂者，守之之樂也。《語》曰「仁者不憂」，不憂，非樂而何？周、程、朱子不直説破，欲學者自得之。愚見學者鮮自得之，是爲來學説破。

見其大而忘其小焉爾。

大謂天付人受之理，小謂富貴貧賤之事。且顏子三月不違仁，則無私欲而有其德也。是以動靜語默日用之間，絕無人欲之間隔，只有天理之流行。謂之見其大，是見天人之一體；謂之忘其小，是必貧富之兩忘。

見其大則心泰。

既見天人一體之大，則其心若曰「吾之動靜，一天地之動靜焉；吾之卷舒，一天地之卷舒焉」，則心之舒泰自若也。

心泰則無不足。

心常泰，❶則無時而不自足焉。無不足，則富貴貧賤，處之一也。

---

❶「泰」，原無，今據四庫本補。

心常自足，則處富貴而不加焉，處貧賤而不損焉。

處之一，則能化而齊。

齊字，意與一復字同，❶恐或有誤。或曰：「化，大而化也。齊，齊于聖也。」言人能于富貴貧賤處之一般，則大而化之，齊於聖人矣。

故顏子亞聖。

亞則將齊而未至之稱。想來顏子已到那將化未化之地，若化則便是仲尼。

師友上第二十四〇此略承上章之意，而見師友之有益於人也。

天地間至尊者道，

道一也。語上則極乎高明，語下則涉乎形器，語大則至於無外，語小則入於無内，而其大要則曰中，而大目則曰三綱五常焉。得之則參于天地，並于鬼神，是兩間之至尊者也。

至貴者德而已矣。

至難得者人，

德者，得也，行道而有得于心之謂也，有是德則貴孰加焉！

---

❶「同」下，咸豐本有「案語」曰：「『復』字疑衍。」

《記》曰：「人者，天地之德，陰陽之會，鬼神之交，五行之秀氣也。」《書》曰：「惟人萬物之靈。」《孝經》云：「天地之性，人爲貴。」非天地間之至難得者乎？

人而至難者，道德有於身而已矣。

人固難得矣，然而苟不有人之實而曰道德焉者，則將同於飛走草木之物而已，夫何靈貴之有？故唯道德之有於身者，又爲人中之至難得者焉。其理雖明，然人心蔽于物欲，鮮克知之，故周子每言之詳焉。

求人至難得者有於身，

欲求道德之尊之貴而有於身。

非師友則不可得也已。

苟非性之，而不有明師以教導之，益友以輔責之，則不可得矣，是以君子必隆師而取友。

師友下第二十五〇大意同上。

道義者，身有之則貴且尊。

道義者，兼舉體用而言也。道則窮天地，亘古今，只是一箇道。義隨時隨事而處之得宜，所謂天地之常經，古今之通義也。人而身有道義，則貴且尊焉。周子于此一義而屢言之，非復出也，其丁寧之意切矣。

人生而蒙，

人固有生而知之者，生而無知則蒙矣。

長無師友則愚，

彼生而蒙者，及其長也，有明師以開導之，有益友以輔責之，則可以啓其蒙而進於明，道義亦爲身之所有而尊貴焉。不然，則終愚昧無知而已。

是道義由師友有之。

是則人之道義，多由師友開導輔責之功，而有之於身焉。

由師友而得貴且尊，

人非生知，而由師友之功而得道義有於身之貴且尊，則吾之尊貴，實師友與之耳。

其義不亦重乎？

其，指師友也。不，猶豈不也。且君臣之義爲五倫之一，至重也。今也師友之義，道義資焉，豈不亦重矣乎？

其聚不亦樂乎？

又五倫之中，若父子、兄弟、夫婦之三親者，離則憂，聚則樂，天性也。今也師友之聚，尊貴係焉，豈不亦樂矣乎？　此重此樂，人亦少知之者。

過第二十六〇此明喜聞過與不喜聞過之得失也。

仲由喜聞過，

仲由，❶孔子弟子，字子路。聞過，是聞人告之以有過，是規之也。子路人告之以有過則喜，其得聞而改之，其勇於自修如此。

令名無窮焉。

令，善也。則善之有於身而稱于人者，既無間於内外，又無間于古今，將與天地同其始終焉。

今人有過，不喜人規，

如今人不敬其身，陷于有過，又不喜人規戒。

如護疾而忌醫，

恰如人有疾病，反救護之而不使人醫治之。

寧滅其身而無悟也。

且過之與疾，皆身之死生存亡所係，至不輕也。護疾之人，寧死不悟。諱過之人，亦寧死不悟，愚之甚也。

---

❶「由」，原作「尼」，今據文義改。

噫！

此周子語終而繼之以痛傷之聲也。何也？蓋天之所生，地之所養，惟人爲大，而自輕之如此，則是自絕于天地矣！周子之傷痛，蓋爲天地而惜同類焉，是心亦天地之心也。

勢第二十七〇此論天下之勢有輕重之分也。

天下，勢而已矣。

天下之去就，在乎勢焉而止爾。

勢，輕重也。

一輕一重，則勢必趨于重，而輕愈輕，重愈重矣。《詩》云：「至于太王，實始翦商。」要之，周自日前積累以來，其勢日大，又當商家無道之時，天下趨周，其勢愈重。此重則彼自輕，勢也。

極重不可反。

是説天下之勢到那極重時，便難復了。如周至文王，而大邦畏其力，小邦懷其德。至武王舉兵于孟津，八百諸侯不期而會合，戰于商郊，紂師前徒倒戈而擊。時不伐紂，得乎？又如秦至始皇强大，六國便不可敵。東漢之末，宦官權重，便不可除。宋紹興初，只斬陳東少陽，便成江左之勢，非極重則反之難乎？

識其重而亟反之，可也。

重未極，而識其重之機而亟速反之，則猶可也。

反之，力也。

反之在于人力之强也。

識不早，力不易也。

而力之難易，又在識之早晚。識之早則力易，識之晚則力難。

力而不兢，天也。

兢，强也。有人力而不能强，則天爲也。

不識不力，人也。

不識則不知用力，不力則雖識無補，二者乃人之爲也。

天乎？

乎者，疑而未定之辭。問勢之不可反者，果天之所爲乎？

人也何尤？

也者，決詞。尤，罪自外至者也。若非天而出于人之所爲，則亦無所歸罪矣。

文辭第二十八〇此明文以載道爲貴也。

文所以載道也。

文，謂文字。道，謂道理。而載，取車之義。文所以載道，❶猶車所以載物。文之與車，皆世之不可無者，且無車則物無以載，而無文則道何以載乎？

輪轅飾而人弗庸，徒飾也。

輪，車輪。轅，車轅。飾，謂粧飾之美也。弗，不也。庸，用也。徒，虚也。故爲車者必飾其輪轅，爲文者必善其詞説，皆欲人之愛而用之。然我飾之而人不用，則猶爲虚飾而無益于實。載物之車，載道之文，而美其飾，人尚輕視如此。

況虚車乎？

況不載物之車，不載道之文，雖美其飾，亦何爲乎？

文辭，藝也。

藝，才藝也。

道德者，實也。

道德者，文辭之實，則文辭者，道德之華也。

篤其實，而藝者書之。

篤，厚也。務厚道德之實于身，則和順積中，英華發外，而才藝之能者書寫其實，則文爲載道之文也。

---

❶「道」，原缺，今據道光本補。

美則愛，
　載道之文而美其飾，則人必愛之。
愛則傳焉。
　人既愛之，則或筆録，或板行，以傳之永久焉。
賢者得以學而至之，是爲教。
　其全秉彝好德之良心者，見其文之載道而美其飾也，故力學而到其家焉，是載道之文而美其飾者，所以爲教然也。
故曰：言之無文，則行之不遠。
　故古人云，凡言人道德而不成文理之美者，則人不愛而不傳，所以行之不遠也。　此猶車載物而輪轅飾也。
然不賢者，
　文固載道，而美其飾，則遊惰荒嬉之喪其良心者，
雖父兄臨之，
　雖其父兄之尊長而臨蒞之，
師保勉之，
　雖師保之賢明而勉勵之，

不學也，

亦不肯學也。

强之，不從也。

父兄師保又從而强之，亦不從也，此猶車已飾而人不用也。

不知務道德，而第以文辭爲能者，藝焉而已。

第，猶但也。若人不知務厚道德之本于身，而但以工文辭爲能者，是才藝之末務而止矣。此猶車不載物而徒美其飾也。

噫！

周子語之將畢，而繼之以傷痛之聲者，深爲世道人心惜也。

弊也久矣。

弊，壞也。自聖學不明而人心壞，人心一壞則風俗從而壞焉。風俗既壞，而人心益壞，斯弊之從來也，亦久遠矣。蓋自七篇絶筆，而載道之文不作，若漢董《天人三策》，唐韓《原道》一篇，僅可衛道而已，謂之載道則未也，亦未免爲虚車焉。他無足道也。○或疑有德者必有言，則不待藝而後其文可傳矣。周子此章，似猶别以文辭爲一事而用力焉，何也？朱子曰：「人之才德，偏有長短，其或意中了了而言不足以發之，則亦不能以傳于遠矣。故孔子曰『辭達而已矣』，程子亦言『《西銘》吾得其意，但無子厚筆力，不能作耳』，正謂此也。然言或可少，而德不可無。

有德而有言者常多，有德而不能言者常少，學者先務，亦勉于德而已矣。」〇孔門游、夏稱文學，亦何嘗秉筆爲詞章也！且如「觀乎天文，以察時變；觀乎人文，以化成天下」，此豈詞章之文也？故吕與叔有詩曰：「學如元凱方成癖，文似相如始類俳。獨立孔門無一事，只輸顏子得心齋。」〇端亦偶成曰：「作文不必巧，載道則爲寶。不載道之文，臧文棁上藻。」❶言無味而意有在焉！

聖藴第二十九〇此言孔子之藴，以其教不輕發而道自顯，又得顏子以發聖人藴者，正以深厚之極而警夫淺薄之尤也。

不憤不啓，

憤者，心求通而未得之意。啓，謂開其意。聖人之教，必待學者有心求通而未得之意，方爲開其意，而使之通焉。

不悱不發，

悱者，口欲言而未能之貌。發，謂達其辭。雖爲之開其意，然又必待其口欲言而未能之時，方爲之達其辭焉。

❶「棁」，原作「梲」，今據《論語·公冶長》改。

舉一隅不以三隅反，則不復也。

物之有四隅者，舉一可知其三。反者，還以相證之意。復，再告也。是自得矣。雖爲之達其辭，然又必待其自得乃復告爾，無非欲學者勉于用力，以爲受教之地也。此言聖人之教，必當其可而不輕發也。

子曰：「予欲無言。

予，我也。孔子言我欲不言，而道自傳焉。何也？聖門學者，多以言語觀聖人，而不察其天理流行之實有不待言而著者，是以徒得其言而不得其所以言，故發此以警之。

天何言哉？

天道之造化，何必自言而後顯哉？

四時行焉，

天不言，而春、夏、秋、冬之四時自然流行，無古今之異也。

百物生焉。」

天不言，而聲色貌象之百物自然生成，無古今之殊也。蓋四時行，百物生，莫非天理發見流行之實，不待言而可見。聖人一動一静，莫非妙道精義之發，亦天而已，豈待言而顯哉？此言聖人之道有不待言而顯者，故其言如此。

然則聖人之蘊，微顏子殆不可見。

蘊，中所畜之名也。微，無也。殆，將也。承上文而言，如此則聖人中之所畜，不有顏子將不可見。

發聖人之蘊，教萬世無窮者，顏子也。

仲尼無迹，顏子微有迹，故孔子之教既不輕發，又未嘗自言其道之蘊，而學者惟顏子爲得其全。故因其進修之迹，如博約克復，不遷怒貳過，見其進而不退，省其私而足發，而後孔子之蘊可見。

聖同天，不亦深乎！

上天之載，無聲無臭。維天之命，於穆不已，則天蘊固深矣。而孔子「淵淵其淵，浩浩其天」，則其蘊豈不亦深乎？所以猶天不言而四時行、百物生也。〇朱子又曰：「夫子之道如天，惟顏子得之。夫子許多大意思，盡在顏子身上發見。譬如天地生一瑞物，即此物上盡可以見天地和粹之氣。謂之發者，乃亦足以發之發，不必待顏子言而後謂之發也。」顏子所以發聖人之蘊，恐不可以一事而言。蓋聖人全體大用，無不一一于顏子身上發見也。

常人有一聞知，恐人不速知其有也。

若夫凡常之人，纔有一聞知，便恐怕人不速知己之有也。

急人知而名也，

既急欲人知己而求其名。

薄亦甚矣！

則其淺薄尤甚矣。蓋聖凡異品，高下懸絶，有不待校而明者。其言此者，正以深厚之極，警夫淺薄之尤耳。然于聖人，言深而不言厚；常人，言薄而不言淺。深則厚，淺則薄。上言首，下言尾，互文以明之也。

精藴第三十〇此言伏羲之精藴無所不包，而因作《易》以發之也。

聖人之精，畫卦以示。

聖人，謂伏羲也。精者，精微之意。畫前之《易》，至約之理也。伏羲畫卦，專以明此而已。

聖人之藴，因卦以發。

藴，中所畜之名。凡卦中之所有，如吉、凶之理，進退、存亡之道，至廣之業也，有卦則因以形矣。

卦不畫，聖人之精不可得而見。

卦若不畫，則聖人精微之意不可得而見焉。

微卦，聖人之藴殆不可悉得而聞。

微，無也。殆，將也。悉，詳盡也。若無卦，則聖人胸中之畜將不可盡得而聞焉。

《易》何止五經之源，

《易》，《易》書也。五經者，《書》、《詩》、《禮》、《樂》、《春秋》也。陰陽有自然之變，卦畫有自然之體，此《易》之爲書，所以爲文字之祖、義理之宗也，然不止此。

其天地鬼神之奥乎！❶

蓋凡管于陰陽者，雖天地之大、鬼神之幽，其理莫不具于卦畫之中焉。此聖人之精藴，所以必于此而寄之也。○愚按：《太極圖説》以「精」字對「真」字，則「真」，理也；「精」，氣也。此章以「精」字對「藴」字，則「精」者，至約之理也；「藴」者，至廣之業也。上章聖人之藴，則以道言理也。先輩用之，豈苟云乎哉！

乾損益動第三十一○此論《易》而明聖人之藴也。

君子乾乾，不息於誠。

此句《乾卦》爻辭。乾乾不息于誠，便是脩德底事。

然必懲忿窒慾，遷善改過而後至。

懲忿窒慾，是《損卦》大象。遷善改過，是《益卦》大象。懲忿如摧山，窒慾如填壑。遷善當如風之速，改過當如電之決。修德者必須如此，而後能至于成德。

乾之用，其善是。

---

❶「鬼神」，原作「神鬼」，今據四庫本《通書》乙正。

莫善于去惡進善焉。「其」字疑是「莫」字。❶是，此也，指去惡進善而言也。且乾之體，固自健而不息，而其用則莫善于去惡進善焉。

損益之大莫過是，

損、益二卦之大義，亦莫過于去惡進善也。

聖人之旨深哉！

聖人作《易》之旨意深矣哉！周子以此而發明思誠之方。蓋乾乾不息者體也，去惡進善者用也。無體則用無以行，無用則體無所措，故以三卦合而言之。

吉凶悔吝生乎動，

動者，卦之兆，實人事之符也。吉則善之應、福之占也。凶、悔、吝，惡之應，禍之占也。而吉凶悔吝之占，由是而生焉。

噫！

噫者，傷痛之聲。蓋悼昏憫愚之意也。

吉，一而已，

四者一善而三惡，故人之所值，福常少而禍常多。

---

❶「疑」，原作「亦」，今據道光本改。

動可不慎乎！

戒占者之動，不可不謹也。○此章論《易》，所謂聖人之蘊。

家人睽復无妄第三十二○此亦論《易》而明聖人之蘊也。

治天下有本，身之謂也。

身，謂君身。君仁莫不仁，君義莫不義，君正莫不正。是則治天下之本，在乎君身之脩而已。故曰：「君子之守，脩其身而天下平。」

治天下有則，家之謂也。

則，謂物之可視以爲法者，猶俗言則例則樣也。家，亦君之家也。君能惇敘九族，則家道理而和焉，天下之家視以爲法也。

本必端。

身必正。

端本，誠心而已矣。

正身之道，在誠其心而止爾。心不誠，則身不可正焉。

則必善。

家必齊。

善，則和親而已矣。

齊家之道，在和其親而止爾，親不和則家不可齊焉。

家難而天下易，

治家難，而治天下易。何也？

家親而天下疏也。

親者難處，疏者易裁。然不先其難，亦未有能其易者。

家人離，必起於婦人，

一家之人，雖同氣同枝，而亦離心離德、相仇相隙者，必起于婦人之離間也。

故睽次家人。

睽次家人，《易》卦之序。

以「二女同居，而志不同行」也。

二女以下，《睽・彖傳》文。二女，謂睽卦兑下離上。兑，少女；離，中女也。陰柔之性，外和悦而内猜嫌，故同居而異志焉。

堯所以釐降二女于嬀汭，舜可禪乎？吾兹試矣。

釐，理也。降，下也。二女，娥皇、女英也。嬀，水名。汭，水北，舜所居也。禪，傳與也。兹，此也。試，驗可否也。堯理治，下嫁二女于舜，將以試舜而授之天下也。

是治天下觀於家，

此所以治天下者，必觀其治家也。

治家，觀身而已矣。

治家者，觀其脩身而止爾。

身端，心誠之謂也。

身之所以正者，以其心之無不誠也。

誠心，復其不善之動而已矣。

所以誠心者，不善之動息于外，則善心之生于内者，無不實矣。

不善之動，妄也。

妄者，人爲之僞。

妄復，則无妄矣。

妄去，則自无妄。

无妄則誠矣。

程子曰：「无妄則謂誠。誠者，天理之真也。」

故无妄次復，

无妄次復，亦卦之序。

而曰「先王以茂對時，育萬物」，

先王以下引无妄卦《大象》，以明對時育物，惟至誠者能之。

深哉！

而贊其旨之深也。○此章發明四卦：家人、睽、復、无妄，亦皆所謂聖人之藴。○西山真氏曰：「心不誠，則私意邪念紛紛交作，欲身之脩，得乎？親不和，則閨門乖戾，情意隔絶，欲家之正，得乎？夫治家之難，所以深于治國者，門内尚恩，易于揜義。世之人固有勉于治外者矣，至其處家，則或狃于妻妾之私，或牽于骨肉之愛，鮮克以正自檢者，而人君尤甚焉。漢高帝能誅秦滅項，而不能割戚姬、如意之寵。唐太宗能取孤隋，攘群盜，而閨門慚德顧不免焉。蓋疏則公道易行，親則私情易溺，此其所以難也。不先其難，未有能其易者。漢、唐之君，立本作則既已如此，何怪其治天下不及三代哉？夫女子，陰柔之性，鮮不妬忌而險詖者，故二女同居，則情間易生。堯欲試舜，必降以二女者，能處二女，則能處天下矣。舜之身正而刑家如此，故堯禪以天下而不疑也。身之所以正者，由其身之誠。誠者无他，不善之萌動于中，則亟反之而已。誠者，天理之真；妄者，人爲之僞。妄去則誠存矣。誠存則身正，身正則家治。推之天下，猶運之掌也。」

富貴第三十三〇此亦明内外輕重之分也，與《顏子》、《師友》上下二章大意同。

君子以道充爲貴，

君子，聖賢之通稱。道，一也，語上則極乎高明，語下則涉乎形器，語大則至于無外，語小則入于無内，而其大要則曰中，而大目則曰三綱五常焉，充之則貴莫加焉。

身安爲富，

身外無道，道外無身，身安則足以任道，富孰加焉？

故常泰無不足。

道充于己，則動同于天，所以心廣體胖，無所不足。

而銖視軒冕，塵視金玉，

其視世間軒冕之貴，則不過一銖之輕；金玉之富，不過一塵之微而已。

其重無加焉爾。

其，指道充身安而言也。是則道充身安之重，天下無加焉。此理易明，而屢言之，欲人有以知道義之重，而不爲外物所移也。〇朱子曰：「周先生言道至貴者，不一而足，蓋是見世間愚輩爲外物所摇動，如墮在火坑中，不忍見他，故如是説不一。世間人心不在殼子裏面，如發狂相似，只是自不覺也。」

陋第三十四〇此亦明道德之重，而見文辭之不足取也。

聖人之道，

宇宙之間，一理而已。天得之而爲天，地得之而爲地，人物得之而爲人物，鬼神得之而爲鬼神。吾聖人之道，則合高厚而爲一，通幽明而無間。語其目之大者，則曰三綱五常，而其大要，不曰中則曰敬，不曰仁則曰誠，言不同而理則一。

入乎耳，

斯道也，入乎吾之耳。

存乎心，

存乎吾之心。

蘊之爲德行，

畜之于中，則爲吾之德行焉。

行之爲事業，

發之于外，則爲吾之事業焉。

彼以文辭而已者，陋矣！

彼不務道德，而專以工文辭爲事者，鄙陋之甚也。意同上章，欲人真知道德之重，而不溺于文辭之陋也。〇程子曰：「聖賢之言，不得已也。蓋有是言則是理明，無是言則天下之理有闕焉。如彼耒耜陶冶之器，一不制，則生人之道有不足矣。聖賢之言雖欲已，得乎？然其包涵盡天下之理，亦甚約也。後之人始執卷，則以文章爲先，而其所爲，則動多于聖人。然有之無所補，無之無所闕，乃無用之贅言也。不止贅而已，既不得其要，則離真失正，反害于道心矣。」〇朱子曰：「古之聖賢，其文可謂盛矣！然初豈有意學爲如是之文哉？有是實于中，則必有是文于外。如天有是氣，則必有日月星辰之光耀；地有是形，則必有山川草木之行列。聖賢之心，既有是精明純粹之實，以磅礴充塞乎其內，則其著見于外者，亦必自然條理分明，光輝發越而不可掩。蓋不必托于言語，著于簡册，而後謂之文，但自一身接于萬事，凡其語默，人所可得而見者，無適而非文也。姑舉其最而言，則《易》之卦畫，《書》之記言，《詩》之詠歌，《春秋》之述事，與夫《禮》之威儀，《樂》之節奏，皆已列于六經而垂萬世，其文之盛，後世固莫能及。然其所以盛而不可及者，豈無所自來，而世亦莫之識也。」〇又嘗答學者曰：「諸説固佳，但此等亦是枉費工夫，不切自己底事。莫論爲學，治己治人，有多少事在，如天文地理、禮樂制度、軍旅刑法，皆是著實有用事業，無非自己本分内事。古人六藝之教，所以游其心者，正在于此。其與空言以較工拙于篇牘之間者，其損益相萬矣。」〇黄氏巖孫曰：「此章當與《文辭》章參觀。」

擬議第三十五○此章合《中庸》、《易大傳》而言之義疑也。❶

至誠則動，

惟至誠在己，則可以動人，動是方感動他。

動則變，

既感動他，則可以使之變，變則已改其舊俗，然尚有痕瑕在。

變則化。

直到那化時，則都消化盡了，無復痕迹矣。此上《中庸》説也。

故曰：

故孔子《易大傳》有言。

「擬之而後言，

凡一言之發，必即《易》擬之而後言，則言無不謹矣。

議之而後動，

凡一行之動，必即《易》以議之而後動，則動無不謹矣。

❶「也」下，道光本原校：「案：『義疑』二字疑誤。」

擬議以成其變化。」

一言一動，必即《易》而後爲之，❶此所以成其變化也。這變化是就人動作處説，與《中庸》之變化不同。今合而言之，未詳其義。或曰：「至誠者，實理之自然；擬議者，所以誠之之事也。」

刑第三十六〇此明聖人之刑所以爲仁政之輔也。

天以春生萬物，

天，至仁也，以春之陽和之氣發生萬物。

止之以秋。

然發生之不止，則無以節之，故必止之以秋之肅殺之氣焉。

物之生也既成矣，

且萬物之發生，至此既成實矣。

不止則過焉，

若不收殺住，則過了，亦不得成。

故得秋以成。

---

❶「後」，原無，今據道光本補。

故必得秋之肅殺之氣以成之也。

聖人之法天，

聖人中天下而立，定四海之民，則必法天而行。

以政養萬民。

乃以仁政養天下之民。觀其即康功而天下之民得其安，即田功而天下之民得其養。

肅之以刑。

然苟不肅之以刑，則亦不可得而齊焉。何也？

民之盛也，

民既庶且富焉。

欲動情動，

外則欲動而不可遏，内則情動而不可約。

利害相攻，

於是民以利害交相攻伐。

不止，則賊滅無倫焉。

若不以刑禁止之，則民相賊滅，而人倫何有哉？

故得刑以治。

故天下之民，必得聖人之刑而後治焉。大抵聖人之心，真與天地同德，品物或自逆于理，以干天誅，則夫輕重取舍之間，亦自有決然不易之理。如天地四時之運，寒涼肅殺常居其中，❶而涵育發生之心未嘗不流行乎其間。〇意與十一章略同。

情僞微曖，其變千狀，

情，真也。僞，假也。微，隱微不顯。曖，則掩曖不明。民之詞訟，一真一假，不顯不明，而變態至不一也。

苟非中正、明達、果斷者，不能治也。

中正，本也；明達、果斷，用也。然非明達則果斷無以施，非果斷則明達無所用，二者又自有先後也。言理詞訟者，苟不得中正之德、明斷之才，則不能理矣。

《訟》卦曰：

《易・訟》卦，《彖傳》有言。

「利見大人，以剛得中也。」

訟者，求辨其是非，則必利見大德之人。訟之大人，九五是也。九五以剛得中，故訟者利見之也。

《噬嗑》曰：

❶「中」，復性書院本作「半」。

《易·噬嗑》卦《彖傳》有言。「利用獄，以動而明也。」

噬嗑爲卦，震下動也，離上明也。卦之所以宜用獄者，以其動而明故也。且訟之中兼乎正，噬嗑之明兼乎達，訟之剛，噬嗑之動，即果斷之謂也。○南軒張氏曰：「夫中正者，仁之所存。而明達者知之所行果斷者，又勇之所施也。以是詳刑，本末具矣。」

嗚呼！

復嘆息而結之曰。

天下之廣，

普天之下，民至廣也。

主刑者，民之司命也。

凡主典刑憲者，民之死生係焉，故爲民之司命也。

任用可不慎乎！

得其人，則刑清而當焉；不得其人，則刑濫而酷焉。故君天下而任用主刑之官，不可不謹也！

公第三十七○此明聖人之道即天地之道也。

聖人之道，至公而已矣。

聖人之道，用至不一，而一于至公。觀其或語或默，或出或處，或舍或取，或奪或予，或錯或舉，或留或去，或好或惡，或喜或怒，無往而非至公也。

或曰：「何謂也？」

設問：聖人之道所以至公者，何以言之？

曰：「天地，至公而已矣。」

答言：天地之道至公而止矣。聖人與天地合其德，則聖人之至公，一天地之至公也。始佛氏自私之厭，老氏自私之巧，則自戾于天地矣。其與吾堯、舜、周、孔之道，豈可同日而語哉！

孔子上第三十八〇此明聖人作《春秋》之大旨也。

《春秋》，正王道，明大法也，

《春秋》，魯史耳，仲尼脩之爲經，以正天下一王之道，明皇帝王相傳治天下綱常之大法。

孔子爲後世王者而脩也。

聖人之脩《春秋》，乃爲後世受天命王天下者脩之，俾知所以治天下之道焉，不特此也。

亂臣賊子，誅死者於前，

又將國之亂臣、家之賊子已死者，誅戮于前，既不能逃其彌天之罪。

所以懼生者於後也。

所以使後之生者惧之而不敢爲。故曰：「孔子成《春秋》而亂臣賊子惧。」國無亂臣，家無賊子，則天經地義，民彝物則，一于正而已。聖人爲天地立心，爲生民立命，爲往聖繼絶學，爲來世開太平者，何其至哉！

宜乎萬世無窮，王祀夫子，

宜乎君天下者，萬世無窮，以王禮祀夫子。

報德報功之無盡焉。

報夫子之德，報夫子之功之無盡焉。

孔子下第三十九〇此贊聖人道德之極、教化之至也。

道德高厚，

道極高而德極厚。

教化無窮，

垂教化于無窮。

實與天地參而四時同，

道高如天，德厚如地，則與天地參。教化無窮如四時，則與四時同。❶

❶「與」，原脱，今據復性書院本補。

其惟孔子乎！

自生民以來，其獨孔子一人而已焉。蓋道高如天者，陽也；德厚如地者，陰也；教化無窮如四時者，五行也。孔子其太極乎！

蒙艮第四十〇此亦論《易》而明聖人之蘊，以見主静之意也。

童蒙求我，

童，稚也。蒙，昧也。我，謂師也。言童蒙之人來求于我，以發其蒙。

我正果行，

而我以正道果決彼之所行。

如筮焉。筮，叩神也，

筮，揲蓍以決吉凶也。言學者求教于師，如筮者叩神以決疑，而神告之吉凶，以果決其所行也。

再三則瀆矣，

叩神求師，專一則明，如初筮則告，二三則惑，謂不信也。

瀆則不告矣。

筮者不信，故神不告以吉凶。學者不信，師亦不當決其所行也。

「山下出泉」，静而清也，

「山下出泉」，《蒙·大象》文，山静泉清，有以全其未發之善，故其行可果。

汩則亂，

汩，再三也。亂，瀆也。蓋汩則不静，亂則不清。

亂，不決也。

不決，不告也。彼既不能保其未發之善，則告之不足以果其所行，而反滋其惑，❶不如不告之爲愈也。

慎哉！

師之施教，不可不謹。

其惟時中乎！

「時中」者，《彖傳》文，教當其可之謂也。初則告，瀆則不告，静而清則決之，汩而亂則不決，皆時中也。此上三節，雜引蒙卦《彖》、《象》而什其義，❷而此下一節引艮卦之《象》而什之。

艮其背，

艮，止也。背，所當止也。艮其背，只是止于其所當止之地也。

❶「惑」，原作「或」，今據道光本改。

❷道光本原校：「案：什字疑誤，下句『而什之』同。」

背非見也。

非見，不是説目無所見，只如非禮勿視，則心自静。

静則止，

静，不動也，不動便自止矣。

止，非爲也。

止便是不作爲。

爲，不止矣。

若爲，則便不是止焉。此朱子之意。注用程子解，以爲背非有見之地，艮其背者，止于不見之地也。止于不見之地則静，静則止而無爲，一有爲之之心，則非止之道，而復謂恐如此説費力，此愚説所以用朱子之意也。

其道也深也。

是《易》道之深也。〇此章發明二卦，皆所謂聖人之藴，而主静之意矣。

通書總論

五峰胡氏曰：「《通書》四十章，周子之所述也。粤若稽古，孔子述三五之道，立百王繼世之法。孟軻氏闢楊、墨，推明孔子之澤，以爲萬世不斷，人謂孟子功不在禹下。今周子啓程氏兄弟以千古不傳之妙，其功蓋在孔、孟之間矣。人見其書之約也，而不知其道之大也；見其文之質也，而不知其義之精也；見其言之淡也，而不知其味之長也。」〇此書皆發端以示人者，度越諸子，直與《易》、《書》、《詩》、《春秋》、《語》、《孟》同流行乎天下。

朱子曰：「《通書》文雖高簡，而體實淵慤，且其所論，不出乎脩己治人之事，未嘗劇談無極之先、文字之外也。」

問：「《通書》便可以接《語》、《孟》？」曰：「比《語》、《孟》較分曉精深，結構得密。《語》、《孟》較説得濶。」

「周子《通書》，此近世道之源也，而其言簡質如此，與世之指天畫地、喝風駡雨者，氣象不侔。」

「《河圖》出而八卦畫，《洛書》出而九疇敘。孔子于斯文興喪未嘗不推之于天，若濂溪先生者，其天之所界而得乎斯道之傳者與！不由師傳，默契道體，建圖屬書，根極要領。當時見而知之，有程氏者，遂擴大而推明之，使天理之微，人情之著，事物之衆，鬼神之幽，莫不洞然畢貫于一，而周公、孔子、孟子之傳，焕然復明于世。

「先生之言，高極乎無極太極之妙，而其實不離乎日用之間；幽探乎陰陽、五行之賾，而其實不離乎仁、義、禮、智、剛、柔、善、惡之際。其體用之一原，顯微之無間，秦、漢以來，誠未有臻斯理者，而其實則不外乎六經、《論語》、《中庸》、《大學》七篇之所傳也。」

「先生奮乎百世之下，深探聖賢之奥，疏觀造化之源，而獨心得之。立象著書，闡發幽秘，辭義雖約，而天人性命之微，脩己治人之要，莫不畢舉。」

「濂溪之《圖》與《書》，雖其簡古，淵源未易究測，然其大指，則不過語諸學者講學致思，以窮天地萬物之理，而勝其私以復焉。其施則善始于家而達之天下，其具則復古禮，變今樂，政以養民，而刑以肅之也。是乃所謂伊尹之志、顔子之學，而程子傳之以覺斯人者，亦豈有以外乎日用之間哉？」

西山真氏曰：「自《湯誥》論降衷，詩人賦物，則人知性之出于天，而未知其爲善也。繼善成性，見于係《易》，性無不善，述于七篇，人知性之善而未知其所以善也。周子因群聖之已言而推其所未言者，于《圖》發無極、二五之妙，于《書》闡誠源、誠立之指。昔也太極自爲太極，今知吾身自有太極矣；昔也乾元自爲乾元，今知吾心即乾元矣。有一性則有五常，有五常則有百善，循源而流，不假人力。道之全體煥然復明者，周子之功也。」

黄氏瑞節曰：「周子二書，真所謂吐辭爲經者。朱子之解是書也，亦如解經然。蓋朱子之追事周子也，猶周子之追事吾孔、孟也，無一字不服膺焉耳。嘗徧求其《易説》而不可得，僅令門人度正訪周子之友傅耆之子孫，求所寄《姤説》、《同人説》，亦已不可見矣。世之相去百有餘年，而其書散逸難合如此哉！或謂『無極』二字出于老、列，或謂《圖》得之穆脩。或謂當時畫以示二程，而未嘗有所爲書。或謂二程言語文字至多，未嘗一及『無極』字，疑非周子所爲。或謂周子，陸詵婿也，説見司馬温公《涑水記聞》，亦篤實長厚人也，安知無所傳授？或謂周子與胡文定公同師鶴林寺壽涯。是皆强求其所自出，而于二書未知深信者。朱子一言以斷之曰：『不由師傳，默契道體。』于是周子上承孔、孟之説遂定，而二書與《語》、《孟》並行矣。」

通書後録

先生名張宗範之亭曰「養心」，而爲之説曰：「孟子曰：『養心莫善於寡欲。其爲人也寡欲，雖有不存焉者寡矣。其爲人也多欲，雖有存焉者寡矣。』予謂養心不止于寡而存爾，蓋寡焉以至於無，無則誠立明通。誠立則實本安固，明通則實用流行。立如三十而立之立，明則不惑，知命而鄉乎耳順矣。誠立，賢也。明通，聖也。是聖賢非性生，必養心而至之。養心之善有大焉如此，存乎其人而已。」

荀子曰：「養心莫善於誠。」先生曰：「荀子元不識誠。」

明道先生曰：「既誠矣，又安用養耶？」

明道先生曰：「昔受學于周茂叔，每令尋仲尼、顔子樂處，所樂何事？」

明道先生曰：「自再見周茂叔後，吟風弄月以歸，有『吾與點也』之意。」

明道先生曰：「吾年十六七時，好田獵，既見茂叔，則自謂已無此好矣。茂叔曰：『何言之易也？但此心潛隱未發，一日萌動，復如初矣。』後十二年，復見獵者，不覺有喜心，乃知果未也。」

明道先生曰：「周茂叔窗前草不除去。問之，云：『與自家意思一般。』子厚觀驢鳴，亦謂如此。」

伊川程先生見康節邵先生，伊川指食卓而問曰：「此卓安在地上，不知天地安在何處？」康節爲之極論其理，以至六合之外。伊川嘆曰：「平生唯見周茂叔論至此。」

此康節之子伯温所記，但云極論而不言其所論者云何。今按康節之書有曰：「『天何依？』曰：『依乎地。』曰：『地何附？』曰：『附乎天。』曰：『天地何所依附？』曰：『自相依附。天依形，地附氣，形謂天。其形也有涯，其氣也無涯。』」竊恐當時康節所論與伊川所聞于周先生者，亦當如此，因附見之云。

太史黄公庭堅曰：「春陵周茂叔，人品甚高，胸中灑落，如光風霽月。」○延平先生每誦此言，以爲善形容有道者氣象。

明道先生識其子端慤之壙曰：「夫動静者，陰陽之本。況五氣交運，則益參錯不齊矣。賦生之類，宜其雜糅者衆，而精一者間或值焉。以其間值之難，則其數或不能長，亦宜矣。」○自此以下四節，全用《太極圖》及《通書》中意，故以附之。

明道先生銘其友李仲通之墓曰：「二氣交運兮五行順施，剛柔雜糅兮美惡不齊，稟生之類兮偏駁其宜。有鍾粹美兮會元之期，聖雖學作兮所貴者資，便儇皎厲兮去道遠而。」

明道先生作《顔子所好何學論》，❶曰：「天地儲精，得五行之粹者爲人。其本也貞而静，其未發

❶「明道」，據《二程集》、《河南程氏文集》卷第八，當爲「伊川」。

也五性具焉，曰仁、義、禮、智、信。形既生矣，外物觸其形而動于中矣。其中動而七情出焉，曰喜、怒、哀、懼、愛、惡、欲。情既熾而益蕩，其性鑿矣。故覺者約其情使合于中，正其心，養其性而已。然必明諸心，知所往，然後力行以求至焉。若顔子之非禮勿視、听、言、動，不遷怒貳過，則好之之篤，學之之道也。」〇黄氏瑞節曰：「此論乃程夫子十八歲所作。」

程先生曰：「二氣五行，剛柔萬殊。聖人所由惟一理，人須要復其初。」

夜行燭

夜行燭序

「美質易得，至道難聞」，古人有是言矣。伏惟我家嚴，九歲失其怙恃，自恨歉於讀書，然天性仁厚，資質聰敏，見善勇於必行，知過勇於必改。嘗曰：「祖宗積德以遺我，使我子孫既衆且賢矣，享此團圓之福。我受其榮，豈忍積惡於身，上玷祖宗之德，下遺子孫之禍哉？」若爲流俗所移，於是以崇奉鬼神，尊事佛、老爲善。洎端讀書於邑庠，幸聞師友之談，頗知聖賢之道，乃告家嚴曰：「《易》云：『受兹介福，惟以中正。』《詩》云：『思無邪，思馬斯徂。』是則福在正道，不在邪術矣。況聖門之教，『敬鬼神而遠之』，彼佛、老以清浄而廢天地生生之理，致令絶祀覆宗，禍且不免，福何有焉！」家嚴悔恨，因執端手而諭之曰：「我不讀書，爲流俗所惑，昏迷至此，可勝痛哉！今而後，由你引我上去，我便隨着你行。」端拜曰：「古之孝子，先意承志，諭父母於道，端既奉命，敢不拜教！」於是取聖經賢傳之格言、扶正抑邪之確論，朝夕諷誦左右。又將《文公家禮》及《鄭氏家規》勸而行之。既而家嚴喜曰：「昔我愚冥如夜行，然自端開明之後，雖未到高明遠見地步，然常如有明燭照引於前者。」端因述前言往行之經告於家嚴者，纂集成書，命名曰《夜行燭》。藏之篋笥，以備觀覽而已，固不敢爲讀書知古者設也。然是燭也，照之於上下，則上下無不明；照之於前後，則前後無不明；照之於左右，則左右無不明。以之而引導於父母，則父母之正道得，而治家垂訓之理明；以之而引導於兄弟，則兄弟之正道得，而成家立計之義明；以之而引導於子姪，則子姪之正道得，而繼志述事之孝明。用之則家道安和，舍之則家道廢墜矣。古語云：「從善如登，從惡如崩。」可不慎所從哉！

永樂戊子春三月甲寅曹端謹書序。

曹月川先生《夜行燭》，西京宋均已捐俸金入梓矣。然偶遺原序，殊失作者之旨。今歲夏，余分教澠庠，因出所藏善本，捐貲補刻而歸其板於曹生繼儒，以成先生之全書，用以識其歲月云。

萬曆乙未夏仲後學河陽潘汲謹識。

刻夜行燭序

鄒孟氏有言曰：「賢者以其昭昭，使人昭昭。」夫所謂「昭昭」者，豈非吾人之真體哉？是真體也，不以古有，不以今無，不以聖豐，不以愚嗇。然而不免古今聖愚之異者，非他也，物有以蔽之也。鑑本空也，而塵或翳之；泉本清也，而滓或淆之；真體本昭昭也，而私智或撓之。若是則號於人，曰有不然，其果不然耶？語曰：「指窮於爲薪，火傳也，不知其盡也。」夫火之明也，而或窮於薪，薪窮則火亦窮矣。將以稱曰火不明，此果火之咎乎哉？然則真體之昭昭也，何以異於是？是故君子有所以自體之功焉，有所以體人之道焉。自體以昭昭也，體人以其昭昭也，以昭昭則微而彰矣，以其昭昭則罕譬而喻矣。此謂格物，此謂明明德於天下。曰：「茲學也，何學也？」曰：「茲，往所稱大人之學也。」宋儒而後，統之不絶也，蓋如綫矣。天啓皇明，二祖實以聖學理天下，一時真儒輩出。而所謂月川曹先生者，實生澠池崤陵之間。今觀其書，大都崇信六籍，雅志典禮，旁説曲喻，而一稟於正經。至稱其先人，質行嗜學，卓然有聞，實自是編伊始。則先生之教，由身而家，可謂得其大者。區區立言垂訓，特其餘緒土苴，顧足以重先生哉！雖然，先生之志見於名書，倘所謂以其昭昭使人昭昭者，非耶？夫燭之明也，薪之屬也，至其所以明者，火之傳也。薪有時而窮，燭有時而跋，而火之真體，則無時而不傳。然則先生之道，與其不可見者，將歷一世千世而猶存，而豈獨繫於書哉？若是，則先生之書可以無傳乎？」曰：「非然也。火傳於爲燭，道傳於爲書，存書所以存道也。泥其籍而不求諸道焉，先生之志荒矣，大人之學幾幾乎墜矣！」

是刻也，澠池博宋君實爲之。宋君，好古士也。刻既成，請序於余，余因推先生之意以告焉。若夫先生之歷履行概，則年譜具矣，奚俟余言。

萬曆乙亥春三月上浣賜進士第知河南府陝州事後學新都方揚敘。

夜行燭

韶陽曹端纂集
新安李銘校正

明孝保身第一 孝乃百行之原，萬善之首，上足以感天，下足以感地，明足以感人，幽足以感鬼神。所以古之君子，自生至死，頃步而不敢忘孝焉。今我家嚴，行在孝道，常患不及，故端略述聖賢明孝之格言以告之。

孔子曰：「天地之性，人爲貴。人之行莫大於孝，孝莫大於嚴父。故親生之膝下，以養父母，日嚴。」「孝子之事親也，居則致其敬，養則致其樂，病則致其憂，喪則致其哀，祭則致其嚴。」「夫孝，天之經也，地之義也，民之行也，天地之經而民是則之。」「夫孝，德之本也，教之所由生也。身體髮膚，受之父母，不敢毁傷，孝之始也。立身行道，揚名於後世，以顯父母，孝之終也。」「夫孝，始於事親，中於事君，終於立身。」「天之所生，地之所養，惟人爲大。父母全而生之，子全而歸之，可謂孝矣。故君子頃步而不敢忘孝也。」○《曲禮》曰：「孝子不服闇、不登危，懼辱親也。」○《中庸》

曰：「夫孝者，善繼人之志，善述人之事者也。踐其位，行其禮，奏其樂，敬其所尊，愛其所親，事死如事生，事亡如事存，孝之至也。」○孟子稱舜之至孝，其略曰：「天下之士悦之，人之所欲也，而不足以解憂。好色，人之所欲也，妻帝之二女，而不足以解憂。富，人之所欲也，富有天下，而不足以解憂。貴，人之所欲也，貴爲天子，而不足以解憂。惟順於父母，可以解憂。大孝，終身慕父母，五十而慕者，予於大舜見之矣。」○楊子曰：「事父母自知不足者，其舜乎！不可得而久者，事親之謂也，孝子愛日。」○《明孝》曰：「夫孝，冬温夏凊，晨省昏定，飲食供奉，潔净節之。父母有命善正，速行毋怠。命乖於禮法，則哀告再三。父母已成之業毋消，父母運蹇，家業未成，則當竭力以爲之。事君以忠，夫婦有别，長幼有序，朋友有信。居處端莊，涖官以敬，戰陣勇敢，不犯國法，不損肌膚。閑中不致人駡詈，朝出則告往某方，暮歸則告事已成、未成。」愚謂此獨十條，照引其行孝道者。

明禮保身第二禮者，天理之節文，人事之儀則。守之則爲聖賢，棄之則爲禽獸，脩之則致福慶，敗之則取禍殃。所以古之君子，非禮勿視，非禮勿聽，非禮勿言，非禮勿動。今我家嚴有志欲明禮以保其身，故端略述古昔聖賢明禮之格言以告之。

孔子曰：「民之所以生者，禮爲大。非禮則無以節事天地之神也，非禮則無以辨君臣、上下、長幼之位也，非禮則無以别男女、父子、兄弟、婚姻、親族、疏數之交也。是故君子此之爲尊敬然。」○「夫禮，先王以承天之道，以治人之情。故失之者死，得之者生。《詩》曰：『相鼠有體，人而無禮；人而無禮，胡不遄死。』」○劉康公曰：「吾聞民受天地之中以生，所謂命也。是以有動作禮儀之則以定命也。能者養之以取福，不能者敗之以取禍。」○《曲禮》曰：「道德仁義，非禮不成。教訓正俗，非禮不備。分争辨訟，非禮不決。君臣上下、父子兄弟，非禮不定。宦學事師，非禮不親。班朝治軍，涖官行法，非禮威嚴不行。禱祠祭祀，供給鬼神，非禮不誠不莊。是以君子恭敬撙節退讓以明禮。」「鸚鵡能言，不離飛鳥。猩猩能言，不離禽獸。今人而無禮，雖能言，不亦禽獸之心乎！故父子聚麀。是故聖人作爲禮以教人，使人以有禮，知自别於禽獸。」○司馬温公曰：「禮之爲物，大矣！用之於身，則動静有法，而百行備焉；用之於家，則内外有别，而九族睦焉；用之於鄉，則長幼有倫，而俗化美焉；用之於國，則君臣有序，而政治成焉；用之於天下，則諸侯順服，而紀綱正焉。豈但几席之上、户庭之間，得之而不亂哉！」○胡氏曰：「夫自脩身以至於爲天下，不可一日而無禮。天敘天秩，人所共由，禮之本也。」○朱子曰：「三綱五常，禮之大體。三代相繼，皆因之而不能變。」「禮以恭敬辭讓爲本，而有節文度數之詳，可以固人肌膚之會，筋骸之束。」○范氏曰：「經禮三百，曲禮三千，一言以蔽之，曰『毋不敬』。」愚謂此燭十條，照引其循禮而行者。

明禮正家第三男女有別，乃人倫之大體，正家之大經，禮之尤重者也。若或男女無別，則與禽獸無異。所以古之君子，必嚴内外之分以謹男女之别。故自七歲以上至六十以下，不同席，不共食，其嚴如此。

今我家嚴，志欲明禮以正家，故端略述聖賢明男女有别之格言以告之。

《易》曰：「家人，女正位乎内，男正位乎外。男女正，天地之大義也。」○《左傳》曰：「女有家，男有室，無相瀆也，謂之有禮。易此必敗。」○《曲禮》曰：「男女不雜坐，不同施枷，不同巾櫛，不親授。嫂叔不通問，諸母不漱裳，外言不入於梱，内言不出於梱。」○「女子許嫁纓，非有大故，不入其門。❶姑姊妹女子，已嫁而返，兄弟弗與同席而坐，弗與同器而食。」○《内則》曰：「男不言内，女不言外，非祭非喪，不相授器。其相授，則女授以篚，其無篚則皆坐奠之而後取之。」○「内外不共井，不共湢浴，不通寢席，不通乞假，男女不通衣裳。」○「内言不出，外言不入。男子入内，不嘯不指。夜行以燭，無燭則止。女子出門，必擁蔽其面，夜行以燭，無燭則止。道路，男子由右，女子由左。」○司馬温公《家儀》曰：「凡爲宫室，必辨内外。深宫固門，内外不共井，不共浴堂，不共廁。男治外事，女治内事。男子晝無故不處私室，婦人無故不窺中門。男子夜行以燭。婦人有故出中門，必擁蔽其面。男僕非有膳羞及大故不入中門。中門，婦人必避之，如不可避，亦必以袖遮其面。鈴下蒼頭，

❶「其」，原重，今據文義删。

但主通内外言語，傳致内外之物，毋得輒升堂室、入庖厨。」〇義門《鄭氏家規》曰：「家中燕享，男女不得互相獻酬，庶幾有别。」愚謂此燭九條，照引男女有别之道。

昔魯人有獨處室者，隣之釐婦亦獨處一室。夜暴風雨至，釐婦之室壞，趍而託焉，魯人閉而不納。釐婦自牖與之言曰：「子何不仁，而不納我乎？」魯人曰：「吾聞男女不六十不同居，今子幼，吾亦幼，是以不納尔也。」孔子聞而善之。又公父文伯之母，季康子之從祖母也，康子往焉，闢門而與之言，皆不踰閾。仲尼聞之，以爲别於男女之禮矣。有志於男女之别者法之。

明禮却俗第四程子曰：「冠婚喪祭，禮之大者，今人都不理會。人家能存此等事數件，雖幼者可使漸知禮義，所以古人正名正家以四禮，曰冠、婚、喪、祭。」今我家嚴，志在明禮以却俗，故端略述聖賢明四禮之格言以告之，其儀式具載《文公家禮》。

司馬温公曰：「冠者，成人之道也。成人者，將責爲人子，爲人弟，爲人臣，爲人少者之行也。將責四者之行於人，其禮可不重與？冠禮之廢久矣。近世以來，人情尤爲輕薄。生子猶飲乳，已加巾帽，有官者或爲之製公服而弄之。過十歲猶總角者，蓋鮮矣。彼責以四者之行，豈能知之？故往往自幼至長，愚騃如一，由不知成人之道故也。古禮雖稱二十而冠，然世俗之弊，不可猝變，若敦厚好古之君子，俟其子年十五以上，能通《孝經》、《論語》，粗知禮義之方，然後冠之，斯其美矣。」〇義門《鄭氏家規》曰：「子弟當冠，須延有德之賓，庶可責以成人之道。其儀式並遵《文公家禮》。」

○《文公家禮》始加祝曰：「令月吉日，始加元服。棄爾幼志，順爾成德。壽考維祺，介爾景福。」再加曰：「吉月令辰，乃申爾服。敬爾威儀，淑慎爾德。眉壽萬年，永受胡福。」三加曰：「以歲之正，以月之令，咸加爾服。兄弟具在，以成厥德，黄耇無疆，受天之慶。」以上明冠禮之當行而流俗之當却也。○《禮記》曰：「天地合而萬物興焉。夫婚禮，萬世之始也，取於異姓，所以附遠厚别。幣必誠，辭無不腆，告之以直信。信，事人也。信，其婦德也。壹與之齊，終身不改，故夫死不嫁。男子親迎，男先於女，剛柔之義也。天先乎地，君先乎臣，其義一也。執摯以相見，敬章别也。男女有别，然後父子親；父子親，然後義生；義生，然後禮作；禮作，然後萬物安。無别無義，禽獸之道也。」○孔子曰：「男子者，任天地而長萬物者也，❶是故審其倫而明其别。女子者，順男子之教而長其理者也，是故無專制之義，而有三從之道。幼從父兄，既嫁從夫，夫死從子，言無再醮之端。教令不出閨門，事在飲食之間而已，無梱外之非儀也。此聖人所以順男女之際，重婚姻之始也。」○《文公家禮》曰：「男子十六至三十，女子年十四至二十，乃可成婚。自以爲參古今之道，酌禮令之中，順天地之理，合人情之宜也。」○王吉曰：「夫婦，人倫大綱，夭壽之萌也。世俗嫁娶太早，未知爲人父母之道而有子，是以教化不明而民多夭。」○文中子曰：「早婚少聘，教人以偷。妾媵無數，教人以亂。且貴賤有等，一夫一婦，庶人之職也。」○「婚取而論財，夷虜之道也，君子不入其鄉。古者男女之族必

❶「天地」，《孔子家語》作「天道」。「長」，原脱，今據《孔子家語》補。

擇德焉，不以財爲禮。」〇司馬温公曰：「夫婚姻者，所以合二姓之好，上以事宗廟，下以繼後世也。今世俗之貪鄙者，將娶婦，先問資裝之厚薄；將嫁女，先問聘財之多少。至於立契約，云某物若干，某物若干，以求售其女者，亦有既嫁而復欺紿負約者。是乃駔儈賣婢鬻奴之法，豈得謂之士大夫婚姻哉？其舅姑既被欺紿，殘虐其婦以攄其忿。由是愛其女者，務厚資裝以悦其舅姑。❶殊不知貪鄙之人不可盈厭。資裝既竭，則安用汝女哉？於是質其女以賣貨於女氏，貨有盡而貪無窮，故婚姻之家，往往終爲仇讎矣。是以世俗生男則喜，生女則戚，至有不舉其女者，用此故也。然則議婚姻有及於財者，勿與爲婚姻可也。」〇「凡議婚姻，當先察其婿與婦之性行及家法如何，勿苟慕其富貴。婿苟賢矣，今雖貧賤，安知異時不富貴乎？苟爲不肖，今雖富貴，安知異時不貧賤乎？婦者，家之所由盛衰也。苟慕一時之富貴而娶之，彼挾其富貴，鮮有不輕其夫而傲其舅姑，養成驕妬之性，異日爲患，庸有極乎？借使因婦財以致富，挾婦勢以取貴，苟有丈夫之志氣者，能無愧乎？」〇「世俗好於强褓童幼之時，輕許爲婚，亦有指腹爲婚者。及其既長，或不肖、無賴，或身有惡疾，或家貧凍餒，或喪服相仍，或從官遠方，遂至棄信負約、速獄致訟者多矣。是以先祖太尉嘗曰：『吾家男女，俟其既長，然後議婚。既通書，不數月，必成婚，故終身無此悔。乃子所當法也。』」〇安定胡先生曰：「嫁女必須勝吾家者。勝吾家，則女之事人必欽必戒。娶婦必須不若吾家者。不若吾家，

❶「舅姑」下，原有「者」字，今據《司馬氏書儀》卷三删。

則女之事舅姑必執婦道。」○或問：「孀婦，於理似不可娶，如何？」伊川先生曰：「然。凡娶，以配身也。若娶失節者以配身，是己失節也。」又問：「或有孤孀貧窮無託者，可再嫁否？」曰：「只是後世怕寒餓死，故有是説。然餓死事極小，失節事極大。」○張子曰：「以義理言，則婦死不當再娶，夫死不當再嫁。當其初娶時，便期以終身，豈復有再嫁之事？禽獸亦有不再配者。夫婦之道，是以夫止合一娶，婦止合一嫁。今婦人夫死，而不可再嫁，如天地之大義，然則夫豈得而再娶？特以重者較之，養親承家，祭祀繼續，不可缺也，故有再娶之理。雖再娶，止謂繼室。婦人則雖至窮餓死，不可也。」○義門《鄭氏家規》曰：「婚姻乃人道之本，親迎、醮啐、奠鴈、授綏之禮，今多違之。❶今一却時俗之習，其儀式並遵《文公家禮》。」以上明婚禮之當行，而流俗之當却也。○孔子曰：「孝子之喪親也，哭不偯，禮無容，言不文，服美不安，聞樂不樂，食旨不甘，此哀戚之情也。三日而食，教民無以死傷生，毁不滅性，此聖人之政也。喪不過三年，示民有終也。爲之棺槨衣衾而舉之，陳其簠簋而哀戚之，擗踴哭泣，哀以送之，卜其宅兆而安厝之，爲之宗廟以鬼享之，春秋祭祀，以時思之。生事愛敬，死事哀戚，生民之本盡矣，死生之義備矣，孝子之事親終矣。」○司馬温公曰：「古者父母之喪既殯，食粥、齊衰、蔬食、水飲，不食菜果。父母之喪既虞，卒哭，蔬食水飲，不食菜果。期而小祥，食菜果。又期而大祥，食醯醬。中月而禫，禫而飲醴酒。始飲酒者，先飲醴酒；始食肉者，先食乾肉。

❶「今」，原作「命」，今據道光本改。

古人居喪，無敢公然食肉飲酒者。今之士大夫居喪，飲酒食肉者無異平日，又相從宴集，靦然無愧，人亦恬不爲怪。禮俗之壞，習以爲常，悲夫！乃至鄙野之人，或初喪未斂，親賓則齎酒饌往勞之，主人亦自備酒饌相與飲啜，醉飽連日。及葬，亦如之。甚者，初喪作樂以娱尸，及殯，則以樂導輀車而號泣隨之，亦有乘喪即嫁娶者。噫！習俗之難變，愚夫之難曉，乃至此乎？凡居父母之喪者，大祥之前，皆未可食肉、飲酒。若有疾病，暫須飲食，疾止亦當復初。唯五十以上，血氣既衰，必資酒肉扶養者，則不必然耳。」○「父母之喪，中門之外，擇樸陋之室爲丈夫喪次，斬衰寢苫枕塊，不脱絰帶，不與人坐焉。婦人次於中門之外别室，撤去帷帳衾褥華麗之物，男子無故不入中門，婦人不得輒至男子喪次。」○「父母之喪，不當出。若爲喪事及有故，不得已而出，則乘樸馬，布裹鞍轡。」○「世俗信浮屠誑誘，始死者及上七七日、百日、期年、再期年、除喪，❶飯僧設道場，或作水陸大會，寫經造像，修建塔廟，云爲死者滅彌天罪惡，❷必生天堂，受種種快樂。不爲者必入地獄，剉燒舂磨，受無邊波吒之苦。殊不知生含血氣，知痛痒，或剪爪剃髮，從燒斫之，已不知苦。況於死者，形神相離，形則入於黄壤，朽腐消滅，與木石等，神則飄散，不知何之，借使剉燒舂磨，豈能知之？且浮屠所謂『天堂』、『地獄』者，計亦勸善而懲惡也。苟不以至公行之，雖鬼，可得而治乎？是以唐廬

❶「除」，原作「餘」，今據道光本改。

❷「滅」，原無，今據道光本補。

州刺史李舟與妹書曰：『天堂無則已，有則君子登。地獄無則已，有則小人入。世人親死而禱浮屠，是不以其親爲君子，而爲積惡有罪之小人也。何待其親之不厚哉？就使其親實積惡有罪，豈賂浮屠所能禱而免乎？』此則中智所共知，舉世滔滔信奉之，何其易惑而難曉也！甚者至有傾家破産然後已。與其如此，若早買田營墓而葬之乎？❶彼天堂、地獄若果有之，當與天地俱生。自佛法未入中國之前，人死而復生者，亦有之矣，何故都無一人誤入地獄，見所謂閻羅等十王者耶？不學者固不足言，讀書知古者亦可以少悟矣。」○或問：「生即是氣，死則氣散，浮屠此不足信。然世間人爲惡死，若無地獄以治，❷何所懲？」朱子曰：「且説堯、舜、三代，世無浮屠，此乃比屋可封，天下太平。及其有浮屠氏，而爲惡者滿天下。若爲惡者必待死然後治之，則生人立君，又焉用哉？」○真西山先生曰：「釋、老追薦之説，誠爲誑世。然僧死則不用道，道死則不用僧。今儒家者，讀周、孔之書，死乃用釋、老之薦，豈非惑歟！」○《文公家禮》曰：「不作佛事。」○義門《鄭氏家規》曰：「喪禮久廢，多惑於釋、老之説，今皆絶之，其儀式並遵《文公家禮》。子孫臨喪，當務盡禮，不得惑於陰陽，非禮拘忌，以乖大義。」○《葬經》曰：「葬禮，聖人所制；五姓，❸俗人所説。今乃舍

❶「若」上，道光本有「曷」字，「買」作「賣」。
❷「無」，原缺，今據道光本補。
❸「五姓」，道光本作「風水」。

聖制而從俗説，不亦愚乎？」以上明喪禮之當行而流俗之當却也。〇愚謂儒家之禮，原出於天地，而制成於聖人，故自周公而上，作之者非一人。自孔子而下，明之者亦非一人矣。其在五經、四書，詳且備焉。彼釋迦、老聃之書，本無齊醮之論，而梁武、宋徽之君，妄爲齊醮之説。故武餓臺城，❶而徽流落金虜。將求冥福，俱遭顯禍，誠萬世之明鑑也。奈何人不知戒，踵謬成俗，流至於今，可勝痛哉！然出俗超凡，何代無人？宋程伊川先生家治喪，不用浮屠，在洛亦有一二人家化之。元許魯齋先生居鄉里，凡喪葬一遵古制，不用釋、老二氏。士大夫家因以爲俗，四方聞風，亦有傚之者。今欲明其禮而却其俗焉，以二先生爲法，毋曰：「我下愚也，豈敢傚大賢之所爲哉！」孟子不曰「人皆可以爲堯舜」，況程、許乎？《葬家》詩曰：「葬家風水果何由，舉世滔滔苦信求。我道如依風水説，陰陽箇箇做王侯。」

聖祖勅曰：「天子祭天地神祇及天下山川，王國各府州縣祭境内山川及祀典神祇，庶民祭其先祖及里社土穀之神。上下之禮，各有等第。」〇《禮記》曰：「非其所祭而祭之，名曰淫祀。淫祀無福。」〇上蔡謝氏曰：「祖考之精神，即我之精神，故子孫能盡誠敬以奉祭祀，則己之精神便聚，而祖考之精神亦聚而來格。今人於祖宗，都却鹵莽，只管外面祭他鬼神，不知他鬼神與己無相干涉，雖極其誠敬，備其牲牢，若是正神，不歆非類。若是淫邪，竊食而已，並無降福之理。」〇《文公家禮》曰：「君

❶「餓」下，道光本有「死」字。

子將營宮室，先立祠堂，所居之東爲四龕，以奉先世神主。傍親之無後者，以其班附。置祭田，具祭器，❶主人晨謁於大門之内，出入必告。正至朔望則參，俗節則獻以時食，❷有事則告。或有水火盜賊，先救祠堂，迁神主遺書，次及祭器，然後及家財。」○「凡祭，主於盡愛敬之誠而已。貧則稱家之有無，疾則量筋力而爲之，則力可及者自當如儀。」○《中庸》曰：「齊明盛服，以承祭祀，洋洋乎如在其上，如在其左右。」○《祭義》曰：❸「齊之日，思其居處，思其笑語，思其志意，思其所樂，思其所嗜。齊三日，乃見其所爲齊者。祭之日，入其室，僾然必有見乎其位；周還出户，肅然必有聞乎其容聲；出户而聽，愾然必有聞乎其嘆息之聲。」○張子曰：「事親，奉祭，豈可使人爲之！」○義門《鄭氏家規》曰：「起祠堂三間，繚以週垣，以奉先世神主，其儀式並遵《文公家禮》。」以上明祭祀之當行，而流俗之當却也。愚謂初請家嚴除淫祀、祭祖先時，觗日之牛、吠雲之犬，所在成羣。愚問之曰：「或有一人，將父母不養，以致流落在外，尋覓過日。其子在家，殺羊造酒，吹彈歌舞，請宴外來賓客，醉飽連日。其父母悲泣而歸，探牆而望，不得其門而入，又復悲泣而去。此子何如？」衆曰：「自家父母不養，却養外人，正孔子所謂『不愛敬其親而愛敬他人者』也。豈非背德悖禮，忤逆不孝之甚者乎？」端曰：「今人把自家祖

❶「具」，原作「其」，今據道光本改。
❷「節」，原缺，今據道光本補。
❸「義」，原作「儀」，今據道光本改。

宗、父母都不祭祀，却將外神他鬼畫影圖形，在家祭獻，又去外面享賽某廟某神，與此人何異？」衆人皆慚服，自是不復非議。

明倫保家第五父子之親，君臣之義，夫婦之别，長幼之序，朋友之信五者，人之大倫。明之則爲聖賢，昏之則入禽獸。所以天降生民，則必作之君，作之師，使之治而教之，以明其倫。

堯命舜曰：「慎徽五典。」〇舜命契曰：「敬敷五教在寬。」〇伊尹稱湯曰：「先王肇修人紀。」〇史臣稱武王曰：「重民五教。」〇孔子曰：「天下之達道五，曰君臣也，父子也，昆弟也，夫婦也，朋友也。」〇孟子曰：「教以人倫，父子有親，君臣有義，夫婦有别，長幼有序，朋友有信。」〇朱子曰：「宇宙之間一理而已，天得之而爲天，地得之而爲地，人受天地之中以生，又得之而爲性。其張之爲三綱，紀之爲五常。」

太祖聖神文武，欽明啓運，俊德成功，統天大孝。高皇帝爲天地立心，爲生民立命，爲萬世開太平，俯慮臣民之愚，乃作《大誥》以告教之，尤丁寧於五常之教。首編《婚姻章》曰：「自朕統一，申明我中國先王之舊章，務必父子有親，君臣有義，夫婦有别，長幼有序，朋友有信。」〇《民不知報章》曰：「君之養民，五教五刑焉。去五教五刑而興者，未之有也。所以五教育民之安，曰『父子有親，君臣有義，夫婦有别，長幼有序，朋友有信』。五教既興，無有不安者也。民有不循斯教者，父子不親，君臣不義，夫婦無别，長幼不序，朋友不信。强必凌弱，衆必暴寡，鰥寡孤獨、篤廢殘疾，何有之有焉？

既不能有其有，命何存焉！凡有此者，五刑以加焉。五刑既示，姦頑斂跡，鰥寡孤獨、篤廢殘疾、力弱富豪，安其安，有其有，無有敢犯者，養民之道斯盡矣。」○續編《申明五常章》曰：「臣民之家，務必父子有親。率土之濱，要知君臣有義。務要夫婦有別，隣里親戚必然長幼有序，朋友有信。衆尊有德，不拘年之壯幼，而序長幼之分，此古人之大禮也。」愚謂此獨十條，照引五常之道。斯道也，其原出於天，而體具於人，品節裁成於聖人，平正明白，乃人之所易知易行者也。若虛無寂滅之教，幽深慌忽，艱難阻絶，惑世誣民，充塞仁義，斷人之種，絶人之類者，此也。萬物之靈何憚而不爲哉！❶

明哲保身第六《詩》云：「既明且哲，以保其身。」我家嚴志欲保身而問於端，故端略述聖賢所言明哲保身之道以告之。

孔子觀周，入后稷之廟，有金人焉，三緘其口，而銘其背曰：「古之慎言人也，戒之哉！無多言，多言多敗；無多事，多事多患。安樂必戒，無所行悔。勿謂何傷，其禍將長。勿謂何害，其禍將大。勿謂不聞，神將伺人。焰焰不滅，炎炎若何。涓涓不壅，終爲江河。綿綿不絶，或成網羅。毫末不札，將尋斧柯。誠能慎之，福之根也。曰是何傷，禍之門也。强梁者不得其死，好勝者必遇其敵。君子知天下之不可上也，故下之；知衆人之不可先也，故後之。温恭慎德，使人慕之。江海雖左，

❶「憚而不」，道光本作「樂而共」。

長於百川，以其卑也。天道無親，而能下人。戒之哉！」〇孔子曰：「言人之惡，非以美己；言人之枉，非以正己。」〇故孔子曰：「攻其惡，無攻人之惡。」〇「古之君子，忠以爲質，仁以爲衛，不出環堵之室，而知千里之外。有不善則以忠化之，侵暴則以仁固之。」〇「聰明睿智，守之以愚。功被天下，守之以讓。勇力振世，守之以怯。富有四海，守之以謙。」〇太公曰：「人非賢不交，物非義不取，忿非善不舉，事非是莫説。謹則無憂，忍則無辱，静則常安，儉則常足。」〇「脩身莫若敬，避强莫若慎。」〇「日月雖明，不照覆盆之下；刀劍雖快，不斬無罪之人；非灾横禍，不入慎家之門。」〇《禮記》曰：「君子奸聲亂色不留於聰明，淫樂慝禮不接於心術，惰慢之氣不設於身體，使耳目鼻口、心智百體，皆由順正，以行其義。」〇《近思録》曰：「循天理，則不求利而自無不利；狥人欲，則求利未得而害已隨之。」〇《景行録》曰：「誠無悔，恕無怨，和無讎，忍無辱。大丈夫當容人，無爲人所容。」〇宋神宗皇帝御製：「遠非道之財，戒過度之酒。居必擇隣，交必擇友。嫉妬勿起於心，讒言勿宣於口。骨肉貧者莫疎，他人富者莫厚。克己以勤儉爲先，愛衆以謙和爲首。常思已往之非，每念將來之咎。若依朕之斯言，治國家而可久。」〇程子曰：「哲人知機，誠之於思；志士勵行，守之於爲。順理則裕，從欲惟危。造次克念，戰兢自持。習與性成，聖賢同歸。」愚謂此燭十三條，照引保身之道。

孟子曰：「守孰爲大？守身爲大。」如堯、舜之兢兢業業，成湯之慄慄危懼，文王之無射亦保，曾子之戰戰兢兢，是乃明哲保身之實也歟！

保身全家第七不忍事，聽婦言，好飲酒，惡諫諍，四者皆足以速禍敗。小則損身滅性，大則覆宗絕嗣。所以古之君子切以此戒焉。我家嚴欲以保身全家之道，爲垂訓子孫之方，故端略述聖賢垂戒之言以告之。

子張欲行，辭於夫子，曰：「願賜一言，以爲脩身之美。」夫子曰：「百行之本，忍之爲上。」子張曰：「何爲忍之？」夫子曰：「天子忍之，國無害；諸侯忍之，成其大；官吏忍之，進其位；兄弟忍之，家富貴；夫妻忍之，終其世；朋友忍之，名不廢；自身忍之，無患禍。」子張曰：「不忍如何？」夫子曰：「天子不忍，國空虛；諸侯不忍，喪其軀；官吏不忍，刑罰誅；兄弟不忍，各分居；夫妻不忍，令子孤；朋友不忍，情意疎；自身不忍，患不除。」子張曰：「善哉善哉！難忍難忍。非人不忍，不忍非人。」○《論語》曰：「小不忍則亂大謀。」○《景行録》曰：「得忍且忍，得戒且戒，不忍不戒，小事成大。能忍是心之寶，不忍身之殃。舌柔常在口，齒折只爲剛。思量這等字，好箇快活方。❶片時不能忍，煩惱日月長。」○「忍一時之氣，免百日之憂。」○「會做快活人，凡事莫生事。會做快活人，省事莫惹事。會做快活人，大事化小事。會做快活人，小事化没事。」○吴氏曰：「今之人有父子異居，兄弟别籍，習以成風，恬不爲怪。原其所始，皆因小嫌浸成大憾，往往相視如讎，曾不知忍之道

❶「活」，原作「恬」，今據道光本改。下同。

也。凡人所居，倘能大書『忍』字榜於堂上，卑幼所爲或有違於上意，欲罪之，則覩『忍』字，含忍而不治。尊長所爲或有不協於下情，欲告之，則覩『忍』字，隱忍而不言。夫如是，上知忍而不肯凌下，下知忍而不敢犯上，故乖争之忿息，和悦之情生，是雖累世綿遠，聚族盛大，則百年如一日，千口如一身。」愚謂此燭七條，照引忍之道也。謹按：古人張公藝九世同居，北齊、隋、唐皆旌表其門。麟德中，高宗封太山，幸其宅，召公藝問其所以睦族之道。公藝取紙筆以對，乃書「忍」字百餘以進。其意以爲宗族所以不協，由尊長衣食或有不均，卑幼禮節或有不備，更相責望，遂爲乖争。苟能相與忍之，則家道雍睦矣。上善之，賜之縑帛。吾家倘欲以雍睦傳世，上爲祖宗出色，下爲子孫垂訓。當以忍字銘心，當以張氏爲法。毋曰：「我惡人也，豈敢傚好人哉！」

武王曰：「古人有言曰『牝鷄之晨，惟家之索』。今商王受惟婦言是用，昏棄厥肆，祀弗答。昏棄厥遺，王父母弟不迪。」❶〇《列女傳》曰：「紂好淫樂，不離妲己。妲己所舉者貴之，所憎者誅之，惟妲己之言是用。」〇《詩》曰：「哲夫成城，哲婦傾城。婦有長舌，惟戾之階。」〇太公曰：「治國不用佞臣，治家不用佞婦。好臣是一國之寶，好婦是一家之珍。讒臣亂國，妒婦亂家。賢婦和六親，佞婦破六親。家有賢妻，夫不遭横禍。」〇「癡人畏婦，賢女敬夫。賢婦令夫貴，惡婦令夫賤。」〇義門《鄭氏女訓》曰：「家之和與不和，皆係婦人之賢否。何謂賢？事舅姑以孝順，奉丈夫以恭敬，待娣姒

❶「弟」，原作「弗」，今據《尚書・牧誓》改。

以温和，接子孫以慈愛，如此之類是已。何謂不賢？淫狎妬忌，恃强凌弱，摇鼓是非，縱意狥私，如此之類是已。」○「毋聽婦言之誡，曰：『毋用婦言以間和氣。』」○「莊婦類多無識之人，最能翻鬬是非，若匪高明，鮮有不遭讒聲。切不可縱其來往。」愚謂此獨十二條，照引婦言之禍所當避也。夫婦言之禍，破人之親，斷人之義，敗人之家，絶人之嗣。是故桀惑妹喜之言而亡夏，紂用妲己之言而亡商，幽信褒姒之言而亡周。今人亦有聽婦人之言，而上亡其父母之恩，下亡其兄弟之義，内失宗族之睦，外失隣里之和，所以父子異居，兄弟别財，宗族相視如路人，隣里相視如讐敵。原其所以，皆因婦言所致。欲立身成家者，當以聽婦人言之禍爲深戒哉！

古有醴酪，禹時儀狄作酒，禹飲而甘之，遂疏儀狄，❶絶旨酒，曰：「後世必有以酒亡國者。」○文王誥毖庶邦，曰：「祀兹酒，惟天降命，肇我民，惟元祀。天降威，我民用大亂喪德，亦罔非酒惟行。越小大，邦用喪，亦罔非酒惟辜。」○文王誥教小子：「有正有事，無彝酒。越庶國飲惟祀。❷德將無醉。」○武王誥康叔曰：「羣飲，汝勿佚。盡拘執以歸於周，予其殺。」○微子曰：「我祖底遂陳于上，我用沉酗于酒？」○箕子曰：「天毒降灾荒，殷邦方興沉酗于酒。」○衛武公飲酒悔過，而作《賓之初筵》

❶「儀狄」，原作「夷狄」，今據上文改正。
❷「飲」下，原衍「酒」字，今據《尚書·酒誥》删。

之詩，以自咎之。○第三章：「賓之初筵，温温其恭。其未醉止，威儀反反；曰既醉止，威儀幡幡。❶舍其坐遷，屢舞僊僊；其未醉止，威儀抑抑；曰既醉止，威儀怭怭。是曰既醉，不知其秩。」○第四章：「賓既醉止，載號載呶。亂我籩豆，屢舞僛僛。是曰既醉，不知其郵。側弁之俄，屢舞傞傞。既醉而出，並受其福。醉而不出，是爲伐德。飲酒孔嘉，維其令儀。」○第五章：「凡此飲酒，或醉或否。既立之監，或佐之史。彼醉不臧，不醉反恥。式勿從謂，無俾大怠。匪言勿言，匪由無語。由醉之言，俾出童羖。三爵不識，矧敢多又。」《小宛》之詩曰：「人之齊聖，飲酒温克。彼昏不知，壹醉日富。各敬爾儀，天命不又。」○《樂記》曰：「豢豕爲酒，非以爲禍也。而獄訟益繁，則酒之流生禍也。是故先王因爲酒禮。一獻之禮，賓主百拜，終日飲酒而不得醉焉。此先王之所以備酒禍也。」○晋陶侃曰：「大禹聖人，乃惜寸陰。至於衆人，當惜分陰。豈可逸遊荒醉，生無益於時，死無聞於後，是自棄也。」○班泊曰：❷「淫亂之原，皆在於酒。」○義門《鄭氏家規》曰：「子孫年未三十者，酒不許入脣。壯者雖許少飲，亦不宜沉酗杯酌，喧呶鼓舞，不顧尊長，違者箠之。若奉筵賓客，惟務誠殼，不必强人以酒。」○諸婦不許其飲酒，年過五十者不拘。愚謂此燭十四條，明酒禍之當避也。夫酒乃亂性之物，速禍之萌也。所以聖人深以惡之，而切以爲戒焉。是故禹以惡旨酒而興夏四百年之祀，而桀以

❶ 「幡」，原作「播」，今據《詩·賓之初筵》改。

❷ 「班泊」下，道光本原校：「案：《姓氏譜》，泊乃伯字之訛。」

荒湛于酒而亡之。湯以不崇飲而興商六十年之祀，而紂以荒腆于酒而亡之。其餘以酒而頃敗者，歷歷皆可紀，而難以紙筆盡也。君子聞之，可不寒心哉！端嘗自言曰：「養性毋貪昏性水，成家切戒破家湯。怕君不信覩前古，桀紂曾將敗夏商。」又曰：「余觀酒誥與賓筵，更上參之大禹言。灼見酒中藏大禍，臨杯克戒庶能全。」因記於此，以備不亡云。

神禹求諫，乃懸鍾鼓磬鐸鞀，以待四方之士，曰：「教寡人以道者，擊鼓。諭以義者，擊鍾。告以事者，振鐸。語以憂者，擊磬。有獄訟者，摇鞀。」一饋而十起，一沐三握髮，以勞天下之民。」〇孔子曰：「木受繩則直，人受諫則聖。」〇「國之將興，實在諫臣。家之將榮，人有争子。」〇「良藥苦口利於病，忠言逆耳利于行。湯武以諤諤而昌，桀紂以唯唯而亡。君無諫臣，父無諫子，兄無諫弟，士無諫友，無其過者未之有也。」〇孟子曰：「子路，人告之以有過則喜。禹，聞善言則拜。大舜有大焉，善與人同，舍己從人，樂取諸人以爲善。」〇周子曰：「仲由喜聞過，令名無窮焉。今人有過不喜人規，如諱疾而忌醫，寧滅其身而無悟也。噫！」〇程子曰：「子路人告之以有過則喜，亦可謂百世之師矣。」〇輔氏曰：「人受天地之中以生，本自無過。所以有過者，非出于氣稟之偏，則由乎物欲之誘。人能知而改之，則可以復于本然之善。不知改，則其過愈深，將陷溺焉，而失其所以爲人矣。是豈可不懼哉！人有告我以過，我因得而改之，以復於善，則又豈可不以爲喜乎！」愚謂此獨八條，

明受諫之道，有消惡長善之功，乃出禍入福之門也。夫君有争臣，君之福也；父有争子，父之福也；兄有争弟，兄之福也；士有争友，士之福也。成湯知乎此，從諫弗咈。唐太宗知乎此，納諫如流。子路知乎此，聞

過則喜。此所以皆成聖賢之德而名流萬古也。若夏桀無道，龍逢諫而死，而夏亡。商紂無道，比干諫而死，而商亡。吴不聽伍子胥之諫，而爲越所滅，可勝痛哉！

保親全家第八俗語云：「家有一争子，勝有萬年糧。」能諫争於親，本孝道之事。今以能保親於無過之地，則能全家於無禍之樂。所以摘于明孝之篇，而續于受諫之下，庶使脈絡貫通，而上下兩便於觀覽云。

曾子曰：「敢問子從父之令，可謂孝乎？」子曰：「是何言與？是何言與？昔者天子有争臣七人，雖無道，不失其天下；諸侯有争臣五人，雖無道，不失其國；大夫有争臣三人，雖無道，不失其家。士有争友，則身不離於令名；父有争子，則身不陷于不義。故當不義，則子不可以不争于父，臣不可以不争于君。故當不義，則争之。從父之令，又焉得爲孝乎？」○子貢問于孔子曰：「子從父命，孝乎？臣從君命，貞乎？奚疑焉？」❶孔子曰：「昔者明王萬乘之國，有争臣七人，則主無過舉；千乘之國，有争臣五人，則社稷不危；百乘之家有争臣三人，則禄位不替。父有争子，不陷無禮；士有争友，不行不義。故子從父命，奚詎爲孝？臣從君命，奚詎爲貞？夫能審其所從之謂孝、之謂貞矣。」○孔子曰：「事父母幾諫，見志不從，又敬不違，勞而不怨。」○曾子曰：「父母有過，諫而

❶「疑」，道光本作「異」。

不逆。」〇《曲禮》曰：「子之事親也，三諫而不聽，則隨而號之。」〇《内則》曰：「父母有過，下氣怡色，柔聲以諫也。諫若不入，起敬起孝，悦則復諫。不悦，與其得罪於鄉黨州間，寧熟諫。父母怒不悦而撻之流血，不敢疾怨，起敬起孝。」〇義門《鄭氏家規》曰：「家長專以至公無私爲本，不得狥偏。如其有失，舉家隨而諫之。然必起敬起孝，毋妨和氣。」愚謂此燭七條，明孝子保親全家之道，當以進諫爲心也。且先意承志，諭父母于道者，其孝大于養極甘脆者矣。和色柔聲，諫父母于善者，其孝大于拜醫求藥者矣。《書》稱虞舜曰：「父頑，母嚚，象傲，克諧以孝烝烝，乂不格姦。」良以此也。然此不惟孝子當行，而實慈父慈母之所當察焉。

兄弟至親第九《詩》曰：「凡今之人，莫如兄弟。」蓋兄弟本一氣而分形，乃同胞共乳，是則舉世之人，豈有如兄弟之至親哉？今人多昵妻子之愛，而忘兄弟之親，小則鬩牆鬭狠，大則分門割户。側目相視，如讎如敵，切齒相恨，如狼如虎，傷一氣之和，爲衆人之耻。惟我家嚴，深惡於此。端請略述古人明兄弟之親、破流俗之惑者，以爲垂訓之助云。

周公燕兄弟之詩，其一章曰：「凡今之人，莫如兄弟。」二章曰：「死喪之威，兄弟孔懷。」三章曰：「脊令在原，兄弟急難。」四章曰：「兄弟鬩於牆，外禦其侮。」五章言飲酒之樂，則曰：「兄弟既具，和樂且孺。」六章言妻子之樂，則曰：「兄弟既翕，和樂且湛。」〇《行葦》亦燕兄弟之詩，曰：「戚戚兄弟，莫遠具爾。」〇《葛藟》刺平王棄其九族，其一章曰：「終遠兄弟，謂他人昆。」〇《杕杜》刺晋昭公不能親其宗族，其一章曰：「豈無他人，不如我同父。」二章曰：「豈無他人，不如我同姓。」○周襄王怒鄭，欲以狄師伐之，其臣富辰諫曰：「兄弟雖有小忿，以棄鄭親，其若之何？」○孔子曰：「惟孝，友于兄弟，施于有政，是亦爲政，奚其爲爲政？」○孟子曰：「仁人之於兄弟也，不藏怒焉，不宿怨焉，親愛之而已矣。」○西山真先生：「昆弟至親，出於天性，豈有所爲而爲之乎？」○唐太宗貞觀十年，諸王荆王元景等之藩，上與之别，曰：「兄弟之親，豈不欲常共處耶？但以天下之重，不得不爾。諸子尚可復有耶？兄弟不可復得。」因流涕嗚咽不能已。○《顔氏家訓》曰：「兄弟者，分形連氣之人也。方其幼也，父母左提右挈，前衿後裾，食則同案，衣則傳服，學則連業，遊則共方，雖有悖亂之人，不能不相愛也。及其壯也，各妻其妻，各子其子，雖有篤厚之人，不能不少衰也。娣姒之比兄弟，則疎薄矣。今使疎薄之人，而節量親厚之恩，猶方底而圓蓋，必不合矣。惟友悌深至，不爲傍人之所移者免夫。」○柳開仲塗曰：「皇考治家孝且嚴。旦望，弟婦等拜堂下，畢，即上手低面，聽我皇考訓誡曰：『人家兄弟，無不義者。盡因娶婦入門，異姓相聚，争長競短，漸漬日聞，偏愛私藏，以至背戾。男子剛腸者，幾人能不爲婦人言所惑，吾見多矣。若等寧有是耶？』退則惴惴，不敢出一語爲不孝事。開輩抵此賴之得全其家云。」○程伊川先生曰：「今人多不知兄弟之愛。且如閭閻小人，得一食必先以食父母，夫何故？以父母之口重於己之口也。得一衣必先以衣父母，夫何故？以父母之體重於己之體也。至於犬馬亦然。待父母之犬馬必異乎己之犬馬也。獨愛父母之子却輕於己之子，甚者至若仇敵，舉世皆如此，惑之甚矣！」○張横渠先生曰：「《斯干》詩言：『兄及弟矣，式相好矣，無相猶矣。』言兄宜相好，不宜相學猶似也。人情大抵患在施之不見報則輟，故恩不能終，不要相學，己施之而已。○疊山謝氏曰：「兄弟不相好，則家庭之間無非乖氣，雖有妻子之樂，亦不安其樂矣。惟兄弟和樂，則一家之情無不相宜，妻子之樂亦可長久。蓋天合者微有乖睽，人合者亦不得寧安也。」○昔民有沈仲仁、沈仲義兄弟二人，爭財産，相訟到官。其官見二人頗通書史，乃作文以諭之曰：「鶡鴠呼雛，慈烏反哺，謂之仁。蟻得羶而聚衆，鹿得草而呼羣，謂之義。蜂有君臣，鴈有次序，謂之禮。鵲居巢而知風，蟻居穴而知雨，謂之智。鷄非曉而不鳴，鴈非時而不至，謂之信。昆蟲草芥尚能如此，何況於人乎？沈仲仁而不仁，沈仲義而不義，兄習五典，全無教弟之方。弟講六科，豈有論兄之理？爲鎚刀之小利，傷骨肉之大恩，若不休和，有司來日理問。《詩》曰：『共乳同胞一氣生，祖先財産不須爭。一回相見一回老，能有幾年爲弟兄？』」○蘇瓊除南清河太守，有百姓乙普明兄弟爭田，積年不斷，各相援據，乃至百人。瓊召普明兄弟，諭之曰：「天下難得者兄弟，易得者田地。假令得田地，失兄弟，心如何？」因而下淚，諸證人莫不洒泣。普明兄弟叩頭，乞外更思。分異十年，遂還同居。愚謂此燭十六條，明兄弟至親之道也。端嘗於兄弟聚會之時，

從容言曰：「兄弟，天合者也；夫妻，人合者也。今人有兄弟分居，未聞有夫妻分居者焉。是則疎天合而親人合者也，豈非惑之甚哉！然其妻果有貞静專一之德，生則同室，死則同穴，猶與兄弟有輕重親疎之不同。況無禮無義，不貞不節之婦，夫死而又適他人，不惟適己之身，又且辱夫之行。有識君子，何若與兄與弟相親相愛，以篤吾天合之好。生則同樂于一門之内，死則同樂于一壙之中，豈不美乎！況人之死生離合，朝

不慮夕。古人言『人活一世七十稀』，且以七十爲期，除幼小無知及疾病違離外，兄弟齊會同歡，不能以十年，況未及七十而死者乎？且家嚴兄弟四人，今止有一人在。咱兄弟六人，明年今日未知誰在。」因作詩以諷之曰：「白頭兄弟古今稀，奉勸同胞共乳知。友愛相親須及早，白頭兄弟古今稀。」又曰：「堪嘆今人這樣愚，親親兄弟各分居。陳褒畜犬猶知義，何乃爲人反不如？」又曰：「曰妻曰妾他人女，惟兄惟弟父母兒。輕重親疏天地判，爲人何不自尋思？」又曰：「世上多因疎間親，妯娌分破弟兄門。有人參透親疎理，寧可休妻永不分。」又曰：「舉世誰親兄弟親，原從一氣上分身。今人各自私妻子，不認同胞共乳人。」此愚拳拳奉勸之言也。辭雖鄙野，心則真誠，念之哉！

睦族和鄉第十內睦宗族，外和鄉里，其道具載於《家規·推仁》之篇。今又略述古人之言以明之，則亦可謂家嚴治家垂訓之一方，積德累仁之一助云。

《家人》曰：「父父、子子、兄兄、弟弟、夫夫、婦婦，而家道正。」○《顏氏家訓》曰：「夫有人民而後有夫婦，有夫婦而後有父子，有父子而後有兄弟。一家之親，此三者而已矣。自茲以往，至於九族，皆本於三親焉，故於人倫爲重也。」○《書》稱堯曰：「克明俊德，以親九族。」○皐陶陳謨于舜曰：「慎厥身，脩思永，惇敘九族。」○范文正公曰：「吾吴中祖族甚衆，於吾固有親疎，然吾祖宗視之，則均是子孫，固無親疎也。苟祖宗之意無親疎，則飢寒者吾安得不卹也？自祖宗來，積德百餘年，而始發於吾，得至大官，若獨享富貴而不卹宗族，異日何以見祖宗於地下？今何顏入家廟乎？」

愚謂世人不愛兄弟者，是不以父母之心爲心也。苟體父母愛子之心，則于兄弟自不容於不愛矣。不睦宗族者，是不以祖宗之心爲心也。苟體祖宗愛子孫之心，則於宗族自不容於不恤矣。噫！傳祖宗父母之體，背宗祖父母之心，誠天地之罪人耳！禍可逃乎？

古靈陳先生爲仙居令，教其民曰：「爲吾民者，父義母慈，兄友弟恭，子孝。夫婦有恩，男女有别，子弟有學，鄉閭有禮。貧窮患難，親戚相救。婚姻死喪，隣佑相助。無惰農業，無作盜賊，無學賭博，無好争訟，無以惡凌善，無以富吞貧。行者讓路，耕者讓畔，斑白者不負戴於道路，則爲禮義之俗矣。」○藍田《吕氏鄉約》曰：「德業相勸。德，謂見善必行，聞過必改，能治其家，能事父兄，能教子弟，能御童僕，能事長上，能睦親故，能擇交遊，能守廉介，能廣施惠，能受寄託，能救患難，能規過失，能爲人謀，能爲衆集事，能解鬬争，能決是非，能興利除害，能居官舉職業。謂居家則事父兄，教子弟，待妻妾；在外，則事長上，接朋友，教後生，御僮僕。至於讀書治田，治家濟物，如禮、樂、射、御之類，皆可爲之。非此之類，皆爲無益。」○「過失相規。犯義之過六：一曰酗博鬬訟，二曰行止踰違，三曰行不恭遜，四曰言不忠信，五曰造言誣毁，六曰營造太甚。不脩之過五：一曰交非其人，二曰遊戲怠惰，三曰動作非儀，四曰臨事不恪，五曰用度不節。詳見《小學》外篇。」○「禮俗相交。謂婚姻、喪葬、祭祀之禮，往還、書問、吊慶之節。」○「患難相恤。一曰水火，二曰盜賊，三曰疾病，四曰死喪，五曰孤弱，六曰誣枉，七曰貧乏。詳見《小學》外篇。」愚謂此獨七條，明睦族和鄉之道也。且夫人于患難之中，則内而宗族，外而鄉里，皆來憂卹。及事平之後，則各私其私，各利其利，而忘宗族鄉里之情，或頭畜相侵，或財物相虧，輒生暴怒，或相毆駡，或相告訐，或相屠戮，原其所以，皆由不知宗族之情、鄉里之義。苟或知之，則相親相愛，惟恐無日，奚暇争競哉？且螻蟻，微物也，一穴之宫，與衆居之；一拳之臺，與衆臨之；一粒之食，與衆聚之；一蟲之羶，與衆共之。可以人爲萬物之靈，而不如蟻子之知義乎！

訓戒子孫第十一 「成家之計，莫先于教子孫爲善。」此我家嚴之常言也。端請略述古人訓誡子孫之格言以告之，不惟少裨家嚴之教，又將使後之子孫有繼志述事之孝者，知所先焉。

馬援兄子嚴、敦，並喜譏議，而通輕俠客。援在交趾，還書誡之曰：「吾欲汝曹聞人過失，如聞父母之名。耳可得聞，口不可得言也。好議論人長短，妄是非正法，此吾所大惡也。寧死不願聞子孫有此行也。龍伯高敦厚周慎，口無擇言，謙約節儉，廉公有威。吾愛之重之，願汝曹效之。杜季良豪俠好義，憂人之憂，樂人之樂，清濁無所失。父喪致客，數郡畢至。吾愛之重之，不願汝曹效之。效伯高不得，猶爲謹敕之士，所謂『刻鵠不成尚類鶩』者也。效季良不得，陷爲天下輕薄子，所謂『畫虎不成反類狗』者也。」〇漢昭烈將終，敕後主曰：「勿以惡小而爲之，勿以善小而不爲。」〇柳玭嘗著書戒其子弟曰：「夫壞名灾己，辱先喪家，其失尤大者五，宜深誌之。其一，自求安逸，靡甘澹泊，苟利於己，不恤人言。其二，不知儒術，不悦古道，懵前經而不恥，❶論當世而解頤。身既寡知，惡人有學。其三，勝己者厭

❶ 「懵」，道光本作「惰」。

之，佞己者悦之。惟樂戲談，靡思古道。聞人之善嫉之，聞人之惡揚之。浸漬頗僻，銷刻德義，簪裾徒在，厮養何殊。其四，崇好優游，躭肆麯蘖，以銜杯爲高致，以勤事爲俗流，習之易荒，覺已難悔。其五，急於名宦，匿近權要，一資半級，雖或得之，衆怒群猜，鮮有存者。余見名門右族，莫不由祖先忠孝勤儉以成立之，莫不由子孫頑率奢傲以覆墜之。成立之難如升天，覆墜之易如燎毛。言之痛心，爾宜刻骨！」○范魯公質爲宰相，從子杲嘗求奏遷秩，質作詩曉之，其略曰：「誡爾學立身，莫若先孝弟。怡怡奉親長，不敢生驕易。戰戰復兢兢，造次必於是。戒爾學干禄，莫若勤道藝。嘗聞諸格言，『學而優則仕』。不患人不知，唯患學不至。戒爾遠恥辱，恭則近乎禮。自卑而尊人，先彼而後己。相鼠與茅鴟，宜鑑詩人刺。戒爾勿放曠，放曠非端士。周、孔垂名教，齊、梁尚清議。南朝稱八達，千載穢青史。戒爾勿嗜酒，狂藥非佳味。能移謹厚性，化爲凶險類。古今傾敗者，歷歷皆可記。戒爾勿多言，多言衆所忌。苟不慎樞機，灾厄從此始。是非毁譽間，適足爲身累。舉世重交游，擬結金蘭契。忿怨容易生，風波當時起。所以君子心，汪汪淡如水。舉世好承奉，昂昂增意氣。不知承奉者，以爾爲玩戲。所以古人疾，籧篨與戚施。舉世重游俠，俗呼爲氣義。爲人赴急難，往往陷囚繫。所以馬援書，殷勤戒諸子。舉世賤清素，奉身好華侈。肥馬衣輕裘，揚揚過閭里。雖得市童憐，還爲識者鄙。我本羇旅臣，遭逢堯舜理。位重才不充，戚戚還憂畏。深淵與薄冰，蹈之唯恐墜。爾曹當憫我，勿使增罪戾。閉門斂蹤跡，縮首避名勢。勢位難久居，畢竟何足恃。物盛則必衰，有隆還有替。速成不堅牢，速走多顛躓。灼灼園中花，早發還先萎。遲遲澗畔松，鬱鬱含晚翠。賦命有疾徐，青雲難力致。寄語謝諸郎，躁進徒爲耳。」○康節邵先生誡子孫曰：「上品之人不教而善，中品之人教而後善，下品之人教亦不善。不教而善，非聖而何？教而後善，非賢而何？教亦不善，非愚而何？是知善也者，吉之謂也；不善也者，凶之謂也。吉也者，目不觀非禮之色，耳不聽非禮之聲，口不道非禮之言，足不踐非禮之地。人非善不交，物非義不取，親賢如就芝蘭，避惡如畏蛇蝎。或曰不謂之吉人，則吾不信也。凶也者，語言詭譎，動止陰險，好利飾非，貪淫樂禍，疾良善如讐隙，犯刑憲如飲食，小則殞身滅性，大則覆宗絕嗣。或曰不謂之凶人，則吾不信也。傳有之曰：『吉人爲善，惟日不足。凶人爲不善，亦惟日不足。』汝等欲爲吉人乎？欲爲凶人乎？」○孝友先生朱仁軌隱居養親，常誨子弟曰：「終身讓路，不枉百步。終身讓畔，不失一段。」愚謂此燭六條，明教訓子孫爲善之道也。

禍福因由第十二

禍福本善惡之應也，世人不知爲善以致福，改惡以避禍，而專務諂神佞佛，以爲可以滅罪資福，殊不知諂佞獲罪於天，不惟不能資福，又將速於禍焉。家嚴灼見此理，而欲以垂訓子孫，故端略述聖賢所明禍福之由以告之。

《丹書》曰：「敬勝怠者吉，怠勝敬者滅。義勝欲者從，欲勝義者凶。」○大禹曰：「惠迪吉，從逆凶，惟影響。」○《湯誥》曰：「天道福善禍淫。」○《伊訓》曰：「惟上帝不常，作善降之百祥，作不善降之百殃。爾惟德罔小，萬邦惟慶。爾惟不德罔大，墜厥宗。」○《咸有一德》：「德惟一，動罔不吉。德二三，動罔不凶。惟吉凶不僭，在人。惟天降災祥，在德。」○《太甲》曰：「欲敗度，縱敗禮，以速戾于厥躬。天作孽，猶可違；自作孽，不可逭。」○《易》曰：「積善之家必有餘慶，積不善之家必有餘殃。」○孔子曰：「爲善者天必降之以福，爲不善者天必報之以禍。」○「舜起布衣，積德含和，而終以帝。紂爲天子，荒淫暴亂，而終以亡。非各所脩之致乎？」○太公曰：「讚嘆福生，作念禍生。仁慈者壽，凶暴者亡。懦必壽考，勇必夭亡。」○孟子曰：「禍福無不自己求之者。仁則榮，不仁則辱。順天者存，逆天者亡。」○唐太宗曰：「死生有命，吉凶由人。」○《千字文》曰：❶「禍因惡積，福緣善慶。」

愚謂此燭十七條，明福在善而禍在惡也。蓋善，天理也。行善則爲順天，而天必眷之。惡，物欲也。行惡則爲逆天，而天必絶之。天眷之則無往而非福，天絶之則無往而非禍。人情孰不惧禍而喜福哉？但知善之當爲而不知惡之不當爲而爲之，所以速禍也。小則殞身滅性，大則覆宗絶嗣，可哀而已！

陰德保後第十三惟德動天，善不可不脩於身。惟天眷德，善不可不傳於後。今人雖有愛子孫之心，而不知愛子孫之道，但惟以私利愛之而已。而不知私利之愛，乃趨火赴淵之籌，覆宗絶嗣之計也。家嚴明見此理，故常訓於家曰：「脩身豈止一身休，要爲兒孫後代留。」此保愛子孫之心也。端既敬而體之，因述古訓以明家嚴之心焉。

司馬温公曰：「積金以遺子孫，子孫未必能守。積書以遺子孫，子孫未必能讀。不如積陰德於冥冥

❶「文」，原脱，今據文義補。

之中，以爲子孫長久之計。此先賢之格言，乃後人之龜鑑。」○義門《鄭氏家規》曰：「能愛子孫者遺之以善，不愛子孫者遺之以惡。」○《景行録》曰：「以忠孝遺子孫者昌，以智術遺子孫者亡。爲子孫作富貴計者，十敗其九；爲子孫作方便者，其後受惠。」○宋高宗皇帝曰：「苟貪妬損人，終無十載安康。積善存仁，必有榮華後裔。」○宋真宗皇帝曰：「施恩布德，乃世代之榮昌。懷妬抱冤，與子孫之爲患。損人利己，終無顯達之門；害衆成家，豈有久長富貴。」○王翁孺，漢武朝爲繡衣御史，嘆曰：「吾聞活千人者有封，吾所活者萬餘人，後世其興乎！」○祝二翁居鄉里，人有病疫者，家人悉避之，雖至親莫敢闖其門。二翁每日清晨，輒携粥藥徧飲食之，然後反，日以爲常。鄉人言其行，子孫承之，世以資力好善聞於州郡。其邸肆生業，幾有郡之半，時稱爲祝半州。○孫叔敖爲兒時，出遊，見兩頭蛇，殺而埋之，歸而泣。母問其故，叔敖對曰：「聞見兩頭蛇者死，嚮者吾見之，恐去母而死也。」其母曰：「蛇今安在？」曰：「恐他人又見，殺而埋之矣。」其母曰：「吾聞有陰德者，天必報之以福，汝不死矣。」及長，爲楚國令尹。○范陽竇禹鈞，爲人素長者。家有僕盜房賃錢二百千，慮事覺，有一女年十二三，寫券繫於臂，云「永賣此女與本宅，償所負錢」，遂遠逃去。禹鈞見女券，甚哀憐之，即焚券，留女育之。及長，以二百千擇良配匹嫁之。僕聞之歸，泣訴前罪，禹鈞不問。僕父子圖禹鈞生像，日夕供養，晨興祝壽。公嘗夜拾銀二百兩、金三十兩，持歸。明旦侵晨，詣故處候失物者。須臾，見一人泣涕至。公問其故，乃告曰：「父犯刑，至大辟。遍懇諸親，貸得金銀若干，將贖父刑。昨暮以一相知置酒，酒昏，失去。今父罪不復贖矣。」公驗得實，遂與同歸，以舊物還之。

加以惻憫，復有贈賂。其同宗及外姻之貧困者，公爲出金，葬二十七喪，嫁二十八女。故舊相知及但有一面之識者，遇其窘困，則必責其子弟可委以財者，給本俾之興販，後由公活族者數十家。四方賢士賴公舉火者，不可勝數。公每歲量入，除伏臘供給外，皆以濟人之急。家雖素儉，於宅南構一書院，四十間，聚書數千卷，禮請文行之儒，延置師席。凡四方孤寒之士，無問識與不識，有志於學者，聽其自至。貧無供須者，公咸出之。所以四方之由公之門登貴顯者，前後接踵。來拜公之門，必命左右扶公坐，受其禮。及公亡，蒙恩深厚者，有心喪三年以報其遺德。公壽八十二，生五子。長儀、次儼、侃、偁、僖，儀至禮部尚書，儼至禮部侍郎，皆爲翰林學士。侃左諫議大夫，偁參知政事，僖起居郎。及八孫，皆貴顯於朝廷。○右出《竇氏陰德記》。○劉翺，京兆人，官建州，因家焉。❶居官廉明，爲政慈惠，或收寇，或決獄，或賑貧，或拯難，活人無數，事義心仁。公所至，人則曰：「活我劉公至也。」其後，孫領，收峒寇有功，謚忠簡。孫純，收郡寇，賜廟，封忠烈。從孫韐，謚忠顯。韐子羽，謚忠定。子羽子珙，謚忠肅。世號五忠劉氏。愚謂此燭十條，明積陰德保後人之道也。前七條明其理，後三條實其事，尤於吾家體之於心，行之於身，訓之於後，永永而不忘。因取家嚴訓教之言，續成一絶，以告于後。曰：「脩身豈止一身休，要爲兒孫後代留。但有活人心地在，何須更問鬼神求。」

---

❶「焉」，原作「緣」，今據道光本改。

善惡分辨第十四 善惡之分，猶黑白之異也，猶香臭之殊也，人孰不知哉？但拘於氣稟，蔽於物欲，而昏其本明之德，昧其易明之理。故往往以善爲惡，以惡爲善。且釋、老之流，本無父無君，而世人咸以爲善門之人。其於君臣、父子、夫婦之倫，人則以臭肉凡胎目之。噫！視我周公以上列聖之所行，孔子以下列聖之所明者，爲何物哉，此正我家嚴所欲行，所欲立者也。端請略述聖賢善惡分辨之言以告之。

朱子曰：「天下之道二，善與惡而已。善者，天命所賦之本然。惡者，物欲所生之邪穢也。爲善者爲君子，爲惡者爲小人。」○《論語》曰：「君子周而不比，小人比而不周。」○「君子喻於義，小人喻於利。」○「君子懷德，小人懷土。君子懷刑，小人懷惠。」○「君子坦蕩蕩，小人長戚戚。」○「君子泰而不驕，小人驕而不泰。」○「君子和而不同，小人同而不和。」○「君子上達，小人下達。」○「君子求諸己，小人求諸人。」○「君子成人之美，不成人之惡。小人反是。」○《中庸》曰：「君子中庸，小人反中庸。君子之中庸也，君子而時中。小人之反中庸也，小人而無忌憚也。」○《家語》曰：「人有五儀。有庸人，有士人，有君子，有賢人，有聖人。審此五者，則治道畢矣。所謂庸人者，心不存慎終之規，口不吐訓格之言，不擇賢以託其身，不力行以自定，見小闇大而不知所務，從欲如流而不知所執，此則庸人也。所謂士人者，心有所定，計有所守，雖不能盡道術之本，必有率也；雖不能備百善之美，必有處也。富貴不足以益，貧賤不足以損，此則士人也。所謂君子者，言必忠信而心不怨，仁義在身而色不伐，思慮通明而辭不專，篤行信道而自强不息，君子也。所謂賢人者，德不踰閑，行中規繩，言足以法於天下而不傷於身，道足以化於百姓而不傷於本，富則天下無宛財，施則天下親病貧，此則賢人也。所謂聖人者，德合於天地，變通無方，窮萬物之始終，協庶品之自然，明並日月，化行若神，下民不知其德，此則聖人也。」○曾子論止於至善之道，曰：「爲人君止於仁，爲人臣止於敬，爲人子止於孝，爲人父止於慈，與國人交止於信。」○孔子曰：「天下有大惡者五，而竊盜不與焉。一曰心逆而險，二曰行僻而堅，三曰言僞而辯，四曰記醜而博，五曰順非而澤。此五者有一於人，則不免君子之誅。」○或問明道先生曰：「佛之意亦欲引人爲善，夫子何闢之深？」先生曰：「善惡猶黑白之異也。世之無父無君者，惡乎？善乎？」○宋仁宗皇帝曰：「乾坤宏大，日月照鑑分明。宇宙寬洪，天地不容姦黨。使心用倖，果報只在今生；善布淺求，獲福休延後世。千般巧計，不如本分爲人；萬種强徒，争似隨緣節儉。心行慈善，何須努力看經；意欲損人，空讀如來一藏。」○古語云：「看經未爲善，作福未爲願。莫若當權時，與人行方便。」○義門《鄭氏家規》曰：「人家之盛衰，皆係乎積善與積惡而已。何謂積善？居家則孝弟，處事則仁恕。凡所以濟人者，皆是也。何謂積惡？恃己之勢以自强，尅人之財以自富。凡所以欺心者，皆是也。」愚謂此燭十九條，明善之當行而惡之當去也。蓋知善而不行，知惡而不改者，天必絶之。

明道息邪第十五

異端滅而世道明，邪説息而人心正。士君子生於斯世，但當扶世道，正人心，明禮義，厚風俗。生有益於時，死有聞於後，豈可曲學苟合以隨流俗哉！朱子曰：「邪説人人得而攻之，不必聖賢。猶《春秋》之法，亂臣賊子，人人得而討之，不必士師也。」故端略述先王之成法，以明聖人之正道，使邪説之害不得入吾家焉。

孔子曰：「攻乎異端，斯害也已。」○孟子曰：「聖王不作，諸侯放恣，處士横議，楊朱、墨翟之言盈天下。天下之言不歸楊，則歸墨。楊氏爲我，是無君也。墨氏兼愛，是無父也。無父無君，是禽獸也。楊、墨之害不熄，孔子之道不著，是邪説誣民，充塞仁義也。仁義充塞，則率獸而食人，人將相食。吾爲此懼，閑先聖之道，距楊、墨，放淫辭，邪説者不得作。作於其心，害於其事；作於其事，害於其政。聖人復起，不易吾言矣。昔者禹抑洪水而天下平，周公兼夷狄、驅猛獸而百姓寧，孔子成《春秋》而亂臣賊子懼。我亦欲正人心，息邪説，距詖行，放淫辭，以承三聖者。故曰能言詎楊、墨者，聖人之徒也。」○漢武帝制曰：「朕欲聞大道之要，至極之論。」董仲舒對曰：「春秋大一統者，天地之常經，古今之通誼也。今師異道，人異論，百家諸方指意不同也。是以上無以持一統，法制數變，下不知所守。臣愚以爲，諸方不在六經之科，非孔子之術者，皆絶其道，勿使復進。邪闢之説滅息，然後統紀可一，而法度可明，民知所從矣。」○帝力求神仙，終無顯功，乃因大鴻臚田千秋之言，而遂罷諸方士候神人者。是後，上每對群臣，自嘆曰：「曏時愚惑，爲方士所欺，天下豈有神仙？人盡妖妄耳。」○成帝末年頗好鬼神，上書言方術者，皆得待詔。谷永説上曰：「臣聞明於天地之性，不可惑以神怪。知萬物之情，不可罔以非類。諸背仁義之正道，不遵五經之法言，而盛稱奇怪鬼神，廣祭祀之方，求報無福之祠，及言世有仙人服食不終之藥者，皆姦人惑衆，挾左道，懷詐僞，以欺罔世。至聽其言，洋洋滿耳，若將可遇，求之盪盪，如係風捕影，終不可得。是以明王距而不聽，聖人絶而不語。唯陛下距絶此類，無令姦人得此窺朝者。」上善其言。○光武信讖，多以決定嫌疑。議郎桓譚上疏曰：「凡人情，忽於見事而貴於異聞。觀先王之所記述，咸以仁義正道爲本，非有奇怪虚誕之事。今諸巧慧小才伎數之人，增益圖書，矯稱讖記，以欺惑貪邪，詿誤人主，焉可不抑遠之哉！宜垂明聽，發聖意，屏羣小之曲説，述五經之正義。」○初，明帝聞西域有神，其名曰佛，因遣使之天竺，求其道，得其書。及沙門以來其書，大抵以虚無爲宗，貴慈悲不殺，以爲人死精神不滅，隨復受刑，生時所行善惡皆有報應。故所貴脩煉精神，以至爲佛。善爲宏闊勝大之言，以誘愚俗。精於其道，號曰沙門。於是中國始傳其術，圖其形像，而王公貴人，獨楚王英最先好之。英尋以罪誅，不聞福利之報。其後靈帝始立祠於宫中。魏晋以後，其法寖盛。而五胡之君，若石勒之於佛圖澄，苻堅之於沙門道安，姚興之於鳩摩羅什，往往尊以師禮。元魏孝文號爲賢主，亦幸其寺，脩齋聽講。至梁武而極其盛矣。○唐高祖時，太史令傅奕上疏請除佛法，曰：「佛在西域，言妖路遠。漢譯胡書，❶恣其假託，使

❶「譯」，原作「譚」，今據《資治通鑑》卷一九一《唐紀》七改。

不忠不孝削髮而揖君親，遊手遊食易服以逃租賦，僞起三途，謬張六道，❶竊人主之權，擅造化之力，其爲害政，良可悲矣！」○太宗曰：「梁武帝君臣惟談苦空，侯景之亂，百官不能乘馬。元帝被周師所圍，❷猶講《老子》，百官戎服以聽。朕所好者，惟堯、舜、周、孔之道，以爲如鳥有翼，如魚有水，失之則死，不可暫無耳。」○《佛骨表》曰：「佛者，夷狄之一法耳。自後漢時流入中國，上古未嘗有也。昔者黄帝在位百年，年百一十歲；少昊在位八十四年，年百五歲；顓頊在位七十八年，年百歲；帝嚳在位七十九年，年九十五歲；堯在位百年，年百一十八歲；舜在位五十年，年百一十歲；禹、湯年皆百歲。是時未有佛法，天下比屋可封，百姓安樂壽考，非因事佛而致然也。湯孫太戊在位七十五年，武丁在位五十九年，書史不言其年壽所極，推其年數，蓋亦俱不減百歲。周文王九十八歲，武王九十三歲，穆王在位百年，是時佛法亦未入中國。明帝時始有佛法，明帝在位纔十八年耳。其後亂亡相繼，運祚不長，宋、齊、梁、陳、元魏以下，事佛漸謹，年代尤促。惟梁武帝在位四十八年，前後三度舍身施佛，宗廟之祭不用牲牢，晝日一食，止於菜果，其後竟爲侯景所逼，餓死臺城。事佛求福，乃更得禍。由此觀之，則佛不足信，可知矣！」○《原道篇》曰：「古之所謂正心而誠意者，將以有爲也。今也欲治其心而外天下國家者，滅其天常。子焉而不父其父，臣焉而不君其君，

❶「張」，原作「𢩃」，今據《資治通鑑》卷一九一《唐紀》七改。
❷「被」，原缺，今據道光本補。

民焉而不事其事。孔子之作《春秋》也，諸侯用夷禮則夷之，夷而進於中國則中國之。今也，❶舉夷狄之法而加之先王之上，幾何其不胥而爲夷也。夫所謂先王之教者何也？博愛謂之仁，行而宜之之謂義，由是而之焉之謂道。足乎己，無待乎外之謂德。其文《詩》、《書》、《易》、《春秋》，其法禮、樂、刑、政，其民士、農、工、商，其位君臣、父子、師友、賓主、昆弟、夫婦，其服絲麻。其居宮室，其食粟米、果蔬、魚肉。其爲道易明，而其爲教易行也。是故以之爲己則順而祥，以之爲人則愛而公，以之爲心則和而平，以之爲天下國家則無所處而不當。是故生則得其性，死則盡其常。郊焉而天神格，廟焉而人鬼享。曰：『斯道也，何道也？』曰：『斯吾所謂道也，非向所謂老與佛之道也。堯以是而傳之舜，舜以是而傳之禹，禹以是而傳之湯，湯以是而傳之文、武、周公，文、武、周公傳之孔子，孔子傳之孟軻，軻之死，不得其傳焉。』」○程子曰：「道之不明，異端之害也。昔之害近而易知，今之害深而難辨。昔之惑人也乘其迷暗，今之入人也因其高明。自謂窮神知化，而不足以開物成務。言爲無不周徧，而實則外於倫理；窮深極微，而不以入堯、舜之道。天下之學，非淺陋固滯，則必入於此。自道之不明也，邪誕妖妄之説競起，塗生民之耳目，溺天下於污濁，雖高才明智，膠於見聞，醉生夢死，不自覺也。是皆正路之榛蕪，聖門之閉塞，闢之而後可以入道。」○楊、墨之害，甚於申、韓。佛、老之害，甚於楊、墨。○胡氏曰：「惟其殄滅彝倫，戕敗天理，故雖使吸風飲露，巢居野處，

---

❶「今」上，原有「夷」字，今據道光本删。

猶將廢之，况華屋精饌以養惰遊乎？此則聖帝明王之所必除。」○朱子謂學者曰：「佛、老之學，不待深辨而明。只廢三綱五常，而已是極大罪名了，其他更不消説。」○「學者有以得乎天命之説，則知天之所以與我者，無一理之不備。而釋氏所謂空者，非性矣。有以得乎率性之説，則知我之所得天者，無一物之不該，而老氏之所謂無者，非道矣。有以得乎脩道之説，則知聖人之所以教我者，莫非因其所固有而去其所本無，皆其所難至而從其所甚易。而凡世儒之訓詁詞章，管、商之權謀功利，老、佛之清浄寂滅，與夫百家衆技之流，難辨曲折，皆非所以爲教矣。」○陳氏曰：「老氏清虚厭事，釋氏屏棄人事。」○真西山先生曰：「堯、舜、禹、湯之中，孔子、顏子之仁，曾子之忠恕，子思之中誠，孟子之仁義，此所謂相傳之道也。知吾聖賢相傳之正，則彼異端之失，可不辨而明矣。」愚謂此燭十八條，即正道之當行，而邪説之當却也。或曰：「佛老之道，清浄如此，固非凡俗之所及，今子不惡凡俗而惡佛老，何也？」端應之曰：《易》云：『天地感而萬物化生。』佛、老以不夫婦爲清浄，則天地亦不佛、老之清浄矣。然使天地如佛、老之清浄，則陽自陽而陰自陰，上下肅然，常如隆寒之時矣，萬物何自而生哉？萬物不生，則吾族固無矣。彼佛、老之徒，亦能自有乎？且萬物生於天地，而各具其一天地生生之理，故有胎者焉，有卵者焉，有勾者焉，有甲者焉。原其所以，莫非陰陽造化之道也。是故聖人順天地之理，制夫婦之義，使生生而不窮，此所謂參天地而贊化育也。且伏羲肯爲佛、老之清浄而不夫婦，則十五世之傳，一萬一千七百八十年之祀，得乎？神農肯爲佛、老之清浄而不夫婦，則八代之傳，五百二十年之祀，得乎？黄帝肯爲佛、老之清浄而不夫婦，則五帝、夏后氏二十三主之傳，九百二十三年之祀，得乎？成湯也，文、武也，肯爲佛、老之清淨而不夫婦，則六百二十九年之商，八百六十九年之周，自誰傳耶？高祖也，太宗也，肯爲佛、老之清淨而不夫婦，則四百二十五年之漢，二百八十九年之唐，自誰興耶？又如自今而後，男皆如佛、老之清淨而不求其室，女皆如佛、老之清淨而不求其家，則百年之下，生民之類，有耶無耶？❶《傳》曰：『有天地，然後有萬物；有萬物，然後有男女；有男女，然後有夫婦；有夫婦，然後有父子；有父子，然後有君臣；有君臣，然後有上下；有上下，然後有禮義時措。』《中庸》曰：『君子之道，造端乎夫婦。及其至也，察乎天地。』而佛、老只是一箇不夫婦，把父子、君臣、天地、上下之理，殄滅盡矣。區區慈悲不殺，清淨不擾，夫何補哉？」

❶「有耶」，原作「有些」，今據咸豐本改。

刻夜行燭序

余于甲戌春會試禮闈不第，銓澠池縣儒學諭，夏四月莅任，謁先師廟，見曹夫子祠焉。夫國朝正學，吾久聞薛文清、曹月川其人也，今何幸而得遇曹夫子故里！因訪其著作，迺孫生員曹繼祖出《年譜》并《夜行燭》一帙，余閱之再三，見其諭親于道，率先哲之奥旨，移忠之孝，皆往聖之格言，是不無關於世教也。但《年譜》有刻，而《夜行燭》帙僅存録之未已，遂捐俸壽梓以廣其傳。噫嘻！天開河洛，有明道、伊川二程夫子以接斯道不傳之統，不意聖遠言湮，而又有澠池理學如夫子也耶！昔人謂二程所以羽翼六經者也，余以爲曹公所以羽翼二程者也。故二程出而聖人之道益明，月川出而二程之道不孤矣，豈直媲美文清公已哉？雖然，二程之出，本于宋德隆盛、治教休明，則夫曹公之出，不徒章河洛人文之盛，而益仰國朝道化之隆。余姓宋，諱承殷，號古峰，西京人也。是時崇公懿行，則有同分教者培菴王尚志，會菴唐文輝，俱山東人，并書之以紀歲月云。

萬曆甲戌冬十二月吉旦澠池縣儒學教諭宋承殷頓首拜識。

邑庠生李良弼校書

月川曹先生録粹

月川録粹序

予體孱弱，好閲方書，遇名方輒手録心注之。有告予曰：「人生在神與氣。神與氣隨，腠理密，而康强無恙，雖有禁方，無所用之。」予近味其語，此治未病之説也。憶予十年前，勃然師古，而最慕用河津。凡有臆見，悉録之，以紀吾學，若效《讀書録》也者。而最後又浸慕新建江門，若以爲聖道非從此不入，口念心惟。然盤回十餘年來，身心互持，未有得力。幸返林臯，至庚寅歲，差有所入，始知先儒之語，皆言己之得，非我之得也。而我持其咳唾求道，是不亦貧子拾貸册、稱富翁乎？故凡儒先語録，以爲此特名醫良方，而無病則方可置，不甚省閲。既入都門，予友叔龍氏持《月川録粹》一卷，命予引其端。予匆匆别叔龍，叔龍亦未竟予之學，乃數以書促予，言夫以予之所未請事者，而欲學人殫精於是，是欺來學也。雖然，叔龍表彰先賢，加惠來學，意良殷勤，予敬識其首。若先生篤行沉修，巋然醇儒，直遡濂洛而開我朝道統之原，則固不竢予言也。《録》中云「心非血氣之謂」，先生之見卓矣。世號宿儒，以血氣爲心者，豈小哉？即此隻辭亦足以扶世儒之一膜也夫！

萬曆壬辰仲冬朔日吉水後學鄒元標頓首拜序。

月川曹先生録粹序

蓋宋濂、洛諸儒明鄒魯之學，入我朝得白沙、姚江而大明。然先白沙、姚江，以此學鳴天下，有兩先生焉：河東薛文清、河南曹月川也。月川先生，生洪武永宣之際，嗜古篤行，明道淑人，當世翕然宗仰若山斗。彭少保幸菴，謂我朝道學之傳，斷自先生始，確論哉！先生科第、仕宦、生卒，皆先文清。文清嘗稱先生「自少讀書，即有求道之志，遂由關洛以遡濂溪」。且曰：「理明心定，有德有言。」蓋學同行同，而尤推重如此。乃今文清得請從祀，而先生闕然。祀與否，於先生無加損，然世道人心繫之矣。或曰：「先生篤行君子也，所著書羽翼朱傳舉業爾。」昔程子作字甚敬，曰：「即此是學。」先生學以一敬爲主，舉業即德業也。且訓經曰傳，翼傳即所以翼經。而況先生學本六經，又非專爲舉業者乎？今夫躬行君子，聖人以爲難，可少哉？又況國初志學者鮮，而先生獨以斯道爲己任，其言精融閎透雖稍遜白沙、姚江，然篤行初無二轍。今距先生幾二百年，其孫子及里中後進數十人，猶相與恪遵遺訓，聯會觀摩，究明此學，啓佑之功又大。先生著述甚多，曩宛平李□蔭欲重刻，不果。又數年，馬子行坤輩，與先生七世孫繼儒來新安論學，鯉輒忘其愚陋，敬摘先生言之粹者，編次録梓。俾論世者知先生之學不詭于鄒魯、濂洛，而併序其從祀之後于文清，無亦竊附彭少保之意歟？ 少保向者云云，蓋寓書河南撫臺梧山李公，表章先生者也。

萬曆庚寅夏六月戊子後學新安孟化鯉謹序。

月川曹先生録粹

後學新安孟化鯉編著
澠池馬行坤
上官位
鄭國耀
張信民
七世孫曹繼儒校梓

此身從天地來，其形雖小，理與天地渾合。知此則知學。

人之所以可與天地參爲三才者，惟在此心，非是軀殼中一塊血氣。心者，神也。神無方所，視聽言動，一切應感皆是。

學聖之事，主於一心。

事事都於心上做工夫，是入孔門底大路。看此語便見先生之學。

事心之學，須在萌上著力。所謂萌，即《易》之幾，《學》、《庸》之獨也。

學欲至乎聖人之道，須從太極上立根脚。與學聖之事主於一心參看。

天地間凡有形象、聲氣、方所者，皆不甚大，惟理則無形象之可見，無聲氣之可聞，無方所之可指，而實充塞天地，貫徹古今，大孰加焉？故周子言「無極而太極」。

學者須要天理、人欲之間見得分明，方始有益。一毫相雜，則學非其學，而德非其德矣。

人惟不見其大，故安於小，惟見之不明也。若存若亡，一出一入，而不自知其所至之深淺。

做人須向志士、勇士不忘上參取。若識得此意，便得此心，則自無入不自得。

人要爲聖賢，須是猛起，如服瞑眩之藥，以黜深痼之疾，直是不可悠悠。

孔子説「志於道」，必志於道而後謂之真志。

學者須要置身在法度之中，一毫不可放肆，故曰：「禮樂不可斯須去身。」先生爲學嚴密如此。

吾輩做事，件件不離一「敬」字，自無大差失。

一誠足以消萬僞，一敬足以敵千邪。所謂「先立乎其大者」，莫切於此。

非禮勿視，則心自静。

外不躁則内静，外不妄則内專，此是事心關要處。

學者須要識得静字分曉。不是不動便是静，不妄動方是静，故曰「無欲而静」。到此地位，静固静也，動亦静也。静字看得極精。

天理存亡，只在一息之間。其嚴乎！先生存養之密可見。

生死路頭，惟在順理與從欲。

窮理反躬之學，吾輩當時時念之。

能復乎天理，則一日長進似一日。

不爲氣所動，則心寧静；不爲欲所分，則心專一。

天理本無隱顯内外。要當時時省察，常瞭然於心目之間，不可使有須臾之離，以流于人欲而陷于禽獸之域。

能真知其義理之味之無窮，則窮達自不足以動念。

學者當以聖賢正道自期，不可流於異端。

聖人之心，一天地生物之心。天地之心，無一物不欲其生。聖人之心，無一人不欲其善。

聖人之所以爲聖人，只是這憂勤惕勵的心，須臾毫忽不敢自逸。理無定在，惟勤則常存；心本活物，惟勤則不死。常人不能憂勤惕勵，故人欲肆而天理亡。身雖存而心已死，豈不大可哀哉！

「勤」之一字，是千古作聖的單方。

人之爲學，須是務實，乃能有進。若這裏工夫欠了分毫，定是要透過那裏不得。

學聖希賢，惟在存誠，則五常百行，皆自然無不備也。

學者以實爲貴，而無一息之間，則與天一而已矣。故《易》曰：「天行健，君子以自强不息。」

天無不實。寒便是寒，暑便是暑，更不待他恁地。聖人仁便是真箇仁，義便是真箇義，更無不實處。

世之學者只是專務爲人，却不曾先去自家身上做得工夫，非惟爲那人不得，末後還連己也壞了。

古人爲己之實處，譬如人之飲食，珍羞異饌，羅列在前，須是喫得偏方好。喫得不偏，又增加得來，亦徒然。今人惟恐不聞，既聞得，寫在策子上便了，不解自去着工夫。

無欲便覺自在。非無欲者可作此語。

人只爲有欲，此心便千頭萬緒，做事便有始無終，小事尚不能成，況可學聖人耶？語極的確。

懲忿如摧山，窒慾如填壑。遷善當如風之速，改過當如雷之決。脩德須如此，而後至於成德。

受道者以虚心爲本，有所挾則私意先横於中，而不能入矣。

人能於天命順而不咈，受而不拒，便是處死生富貴之要。

他人只就事上較量，賢者惟以義爲斷制。

大抵順理之事則人易從，否則，雖妻子不能使之必從也。使人以道，亦行道之見於一事者也。

古人謂進德者必考于妻子，其是之謂歟！

直者，生之道。循理而行，雖命之所遭有不齊，而莫非生道。見得極透。

得一善遑一善，得一能遑一能，是謂道聽塗説。

今人輕易言語，是他此心不在，奔馳四出了。學者當自謹言語，以操存此心。

修身見於世，蓋實之不可掩者。非君子，願乎其外而欲以自見也。

義理之味無窮，必實得於己，而後真知其味之實。不然，億度之知，非真知也。億度之知最妨學。

君子之待小人，有正己而無屈意，有容德而無過禮，惡惡之心雖不能無，然亦不爲已甚。

善本天命之性，帝降之衷，得之則爲聖爲賢，而參天地；失之則爲昏爲愚，而同飛走。

人性本善，而感動處有中節、不中節之分。其中節者爲善，不中節者爲惡。知學則知中節，而動無不善。

人性本善，其惡者多因氣動於欲陷溺耳。及至氣清欲息時，善處自然發露。須是知學，始能帥氣。

天之所生，地之所養，惟人爲大。以其受天地之中，則皆可以爲堯、舜，而參天地以贊化育。人只是看自家小了，所以視聖太高。

人與天地本一體，只緣查滓未去，所以有間隔。若無查滓，便與天地同體。查滓只是有我。

道無形體可見，而聖人一身渾然此道，故無形體之道，皆於聖人身上形見出來。人皆有之，第日用不知，不自作主宰耳，非道遠人也。

學者之心，發於義理者常微，而役於形氣者常衆。以彼之衆攻我之微，如國勢方弱而四面受敵，其不亡者罕矣。是在學者養之。養之者，立志也。志足以帥氣。

人受天地之中以生，本自無過。所以有過者，非出於氣稟之偏，則由於物欲之誘。知而改之，則可以復於本然之善。不知則過愈深，將陷溺焉，而失其所以爲人。

聖人一生學問，未嘗自説無過，至「加我數年學《易》」，方言無大過，猶似有小過在，是聖人不自足之意，吾輩當時時檢察。

人不幸而有過，非真不幸。知有過而憚改，是真不幸。

人有過而知改，改之而至於無，即身之之聖人也。故曰「作之不已，乃成君子」。

人生天地間，上戴天，下履地，參兩間而立者，不能以忠孝立身，非大丈夫也。

禽獸之心，終日役役，不過飲食、牝牡而已。人之心而爲形所役，與禽獸何異？嗚呼！人之心，其大也可以參天地，而役於小者，不能異乎禽獸，抑獨何哉？學者試思之！思則得之，可以作聖，何憂禽獸。

在人有五常之性，是稟底在天五行之德。以在天之五行爲在人之五常，則人亦天也。學者須要識得此意，不可視天大，視己小。

人能充其仁、義、禮、智之道，則與天地合其德。無私則自然充，非於仁、義、禮、知外更能增加之也。

仁者，天地生物之心，而人所受以生者。所以爲一心之全德，萬善之總名，而爲參天地、贊化育之本體。人而不仁，則生理息矣，人道滅矣。而不以爲耻，則亦不足爲萬物之靈也，非大不幸而何！

爲仁之功，用力特在勿與不勿之間而已。自是而反，則爲天理；自是而流，則爲人欲。自是克念，則爲聖；自是罔念，則爲狂。特毫忽之間，學者不可不謹。

身與手足一體，外邪間隔，故與氣不相貫通。己與天地萬物一體，人欲間隔，故與心不相貫通。身與手足間隔者，醫必有方。我與天地萬物間隔者，聖人亦必有方。故夫子曰「能近取譬，可謂仁之方也已」。非有所得能爲此語。

孔、顔之樂者，仁也。非是樂這仁，仁中自有其樂耳。且孔子安仁，而樂在其中。顔子不違仁，而不改其樂。安仁者，天然自有之仁；而樂在其中者，天然自有之樂也。不違仁者，守之之仁；而不改其樂者，守之之樂也。《語》曰「仁者不憂」。不憂，非樂而何？周、程、朱子不直説破，欲學者自得之。

孔門游、夏稱文學，亦何嘗秉筆爲詞章也？且如「觀乎天文，以察時變；觀乎人文，以化成天下」，此豈詞章之文也？故吕與叔有詩曰：「學如元凱方成癖，文似相如殆類俳。獨立孔門無一事，只輸顔子得心齋。」端亦偶成曰：「作文不必巧，載道則爲寶。不載道之文，臧文棁上藻。」言無味而意有在焉。

曾皙言志，是箇無事無爲的道理，而做有事有爲的功業。大以成大，小以成小，隨物賦形，無所不到，正與夫子「老者安之，朋友信之，少者懷之」之志同。

程子曰：「涵養須用敬，進學在致知。」此言最停當。人能恭敬，則心便開明。

學到不怨不尤處，胸中多少洒落明瑩，真如光風霽月，無一點私累。

六經、四書，天下萬世言行之繩墨也，不可不使之先入其心。雖周公、孔子之聖，猶且朝讀百篇，韋編三絶，況常人乎？讀書元爲養心。

六經、四書，聖心之糟粕也。始當靠之以尋道，終當棄之以尋真。道，真我所固有者。先生此言，欲毋專泥書册耳。

夫四書者，孔、曾、思、孟之書，所以發六經之精義，明千聖之心法也。語其要，《論語》曰「仁」，《大學》曰「敬」，《中庸》曰「誠」，《孟子》曰「仁義」，合之則帝王精一執中之旨也。《四書詳説自序》中語。

「盡信書則不如無書」，這一章書，亦孟子拔本塞源之論。帝王記事之書，而過實有如此者，況後世乎？邪誕妖妄之徒，索隱行怪，欺世盜名之所作，不曰經則曰書者，又可信耶？適足以戕人之心，壞人之性，導人之惡，指人之迷而已。故朱子詩曰：「誰哉繼三聖，爲我焚其書。」

口耳之學，不得於心；枝葉之文，不得其本。此等傳習，安足以收放心，養德性，而有實用於世乎？先生之學，要收心養性而有實用，豈是舉業。

古人文人自是文人，詩人自是詩人，儒者自是儒者。今人欲兼之，是以不能工也。賢輩文無求奇，詩無求巧，以奇巧而爲詩文，則必穿鑿謬妄，而有不得其實者多矣。不若平實簡淡爲可尚也。見先生應感之實可法。

物本乎天，人本乎祖，人能敬天而不違其理，敬祖而能繼其志，是謂報本。今人事佛事神而言行違理，何能報本？人，氣聚而生，氣散而死，猶旦晝之必然也。安有死而復生爲人，生而復死爲鬼，往來不已而爲輪回哉？以上二條因人崇佛。

人於患難之中，内而宗族，外而鄉里，皆來憂卹。及事平之後，則各私其私，各利其利，而忘宗族鄉里之情。或頭畜相侵，或財物相虧，輒生暴怒。或相毆駡，或相告訐，或相屠戮。原其所以，皆由不知宗族之情，鄉里之義。苟或知之，則相親相愛惟恐無日，奚暇争競哉！且螻蟻，微物也，一穴之宫與衆居之，一拳之臺與衆臨之，一粒之食與衆聚之，一蟲之羶與衆共之。可以人爲萬物之靈，而不如蟻之知義乎？此語似淺而實深。

儒家之禮，原出於天地，而制成於聖人。故自周公而上，作之者非一人。自孔子而下，明之者亦非一人矣。其在五經四書，詳且備焉。彼釋迦、老聃之書，本無齋醮之論，而梁武、宋徽之君，妄爲齋醮之説，故武餓死臺城，❶而徽流落金虜。將求冥福，俱遭顯禍，誠萬世之明鑑也。奈何人不知戒，踵謬成俗，流至於今，可勝痛哉！然出俗超凡，何代無人？宋程伊川先生家治喪，不用浮屠，在洛亦有一二人家化之。元許魯齋先生居鄉里，凡喪葬一遵古制，不用二氏。士大夫家因以爲俗，四方聞風，亦有傚之者。今欲明其禮而却其俗，以二先生爲法，毋曰「我下愚也，豈敢傚大賢之

❶「死」，原無，今據道光本補。本段亦見《夜行燭・明禮却俗第四》。

所爲哉？」孟子不曰「人皆可以爲堯、舜」，況程、許乎？

窮口腹以暴天物，固爲人欲之私。然異端之教，遂至禁殺茹蔬，殞身飼獸，其於天性之親，人倫之愛，反恝然其無情。又豈得爲天理之公？

人心本自虛靈知覺，但事物纔觸即動，而應物無蹤跡可尋捉處。

孟子論鄉原亂德之害，而卒以反經爲說。此所謂上策，莫如自治者。況異端邪説，日新月盛，其出無窮，蓋有不可勝非者，惟吾學既明，則彼自息滅耳。此學者所當勉，而不可以外求也。

《太極圖說述解序》略云：孔子而後，論太極者皆以氣言。老子「道生一」而後乃生二，莊子師之，曰「道在太極之先」。曰一，曰太極，皆指作天、地、人三者氣形已具而混淪未判之名。道爲一之母，在太極之先，而不知道即太極，太極即道。此一段語最融透。以通行而言則曰道，以極致而言則曰極，以不雜而言則曰一。夫豈有二耶？《列子》混淪之云，《漢志》含三爲一之說，所指皆同。微周子啓千載不傳之秘，則孰知太極之爲理而非氣也哉？且理，語不能顯，默不能隱，固非圖之可形，說之可狀，只心會之何如耳。二程得周子之圖之說，而終身不以示人，非秘之，無可傳之人也。是後有增周說首句曰「自無極而爲太極」，則亦老、莊之流。有謂「太極」上不當加「無極」二字者，則又不知周子理不離乎陰陽、不雜乎陰陽之旨矣。亦惟朱子克究厥旨，遂尊以爲經而註解之，真至當歸一說也。至於《語録》，或出講究未定之前，或出應答倉卒之際，百得之中不無一失，非朱子之成書也。近世儒者多不之講，間有講焉，非舍朱說而用他說，則信《語録》而疑《註解》，所謂「棄良玉而取頑石，掇碎鐵而擲成器」，良可惜也！《太極圖》，先生生平所最得力者。

《太極圖説·辨戾》文略云：「周子謂『太極動而生陽，静而生陰』，則陰陽之生由乎太極之動静，而朱子之解極明備矣。其曰：『有太極則一動一静而兩儀分，有陰陽則一變一合而五行具。』尤不異焉。又觀《語録》，却謂：『太極不自會動静，乘陰陽之動静而動静耳。』遂謂理之乘氣，猶人之乘馬，馬之一出一入，而人亦與之一出一入，以喻氣之一動一静，而理亦與之一動一静。若然，則人爲死人而不足以爲萬物之靈，理爲死理而不足以爲萬物之原。理何足尚，而人何足貴哉！今使活人騎馬，則其出入、行止、疾徐，一由乎人馭之如何爾。活理亦然。不之察者，信此則疑彼矣，信彼則疑此矣，經年累歲，無所折衷。故爲《辨戾》以告夫同志君子。」

《存疑録序》云：「《存疑録》，録先知先覺之微辭奥義，而存之以釋疑焉而已矣。端自幼業農，弱而學儒，苦爲流俗異端所困。後數年，方漸脱之放之，而至于一正之歸，然尚爲科舉之學靡之。自强以來，四十曰强。潛心理學，看此語併編中。初若駕孤舟而泛烟海，所録，是爲舉業。否。渺茫瀰漫，澒洞浩瀚，莫知涯涘。慌忽艱甚者久之。逮知命而後，方聞天下無性外之物，見得透徹方有此論。而性無不在焉。性即理也。理之别名曰太極，又曰太乙，曰至誠，曰至善，曰大德，曰大中，隨意取名不同，而道則一而已。六經、四書之後，闡明開示，至當歸一之論，惟濂、洛、關、建大儒，真得孔、孟宗旨，傳帝王之心法，發天地之精藴。端竊尊之信之，而老拙于記，則日忘所能者多，而懼得罪于聖門焉。雖老且病，敢倦于勤？是以於講授之餘，信手録其説之萬一。首太極以闡造化之源，次陰陽以明造化之流，而後列其成象成形，有涯有涘，或動或静，在幽在明，之久之暫，之所以然與其所當然之故。及夫道統之傳，異端之辨，以實造化之理之氣之無窮，則吾道一以貫之，無遺焉。故萬物之靈而曰人者，後天地而生而知天地之始，先天地而没而知天地之終。然而在所録者不能無重復，不在所録者又豈無精要者？蓋無夫子删述之筆故爾。兹尚冀夫有道而成人之美者，爲之節文焉。」

《編次儒家宗統譜序》略曰：「《儒家宗統譜》，儒家之真源正派也。蓋真源乃天、地、人之所自出，正派乃皇、帝、王之所相承，所以參天地而立人極者焉。然其大目則曰三綱，曰五常，而其大要則曰一中而已。三皇儒而皇，五帝儒而帝，三王儒而王，皐、夔、稷、契、伊、傅、周、召儒而相，孔子儒而師。然則孔門一帝王之教耳，帝王一天地之道耳。儒家者，所以相天地，宗帝王，師聖賢。心，公天下萬世之心也；道，公天下萬世之道也。朱子謂『釋氏出于自私之厭，老子出于自私之巧』，夫彼豈可與此同年而語哉？端固愚陋，恍然于源之真、派之正，似有見焉，于圖而譜之，用以存疑。然不敢自私，將俾願爲儒家之精到者一覽而知真源正派之所在，則亦庶乎迷津之一指云耳。」觀次宗統，可以見先生自任之不小。

《家規輯略序》略云：「國有國法，家有家法，人事之常也。治國無法，則不能治其國；治家無法，則不能治其家。譬則爲方圓者不可以無規矩，爲平直者不可以無準繩。是故善治國家者，必先立法以垂其後。自今觀之，江南義門鄭氏，合千餘口而一家，歷千餘歲而一日，以其賢祖宗立法之嚴，賢子孫守法之謹而致然也。」

讀曹月川先生録粹跋語

夫世有俗學矣，而後有道學。有道學矣，而後道學重。道學從性分上喫緊，聖者首其領，賢者尾其幅。孔子世遠，迄我明，惟月川曹先生持此見，破千古迷。先生家澠池，距山東不計程，而燭人心之昏昧，所謂無文猶興，信矣。先是，家嚴書令新安，從龍之懸弧地也，時爲庚午。逮甲午，再赴禮闈，便之函谷謁先生里人孟公，得讀所輯《録粹》，又如澠，拜先生廟，因卒業焉。滌塵融鄙，蓋入芝室已！從龍嘗讀《論語》，先師精脉，盡之「時習」一章，而「此身從天地來」一段，先生精脉可盡。夫不知不愠，胸襟何濶！蓋壤並大非意之也，理之渾合也，性分本如是也。曹而孔也，嗣有白沙、陽明，道學之傳愈重矣。先生之風，山水高長矣，矧紹芳有孟公哉？從龍自分愚慵，顧乃云云不怯其僭者，抑亦抒吾慕重之私焉爾。

萬曆乙未春仲黔都匀後學陸從龍謹跋。

月川曹先生録粹跋

子曰：「文莫吾猶人也，躬行君子，則吾未之有得。」夫躬行豈易言哉！近言之，則一事一節亦謂躬行；遠言之，則終身體之不能盡；淺言之，則繩趨尺步，曲謹自全者亦謂躬行；深言之，則堯舜之病諸，禹之拜昌言，湯之隕淵，文之望道未見，武之不泄不忘，周公之待旦，孔子之不修不講，不徙不改，何有未能者，皆不外此。

自道學不明，世往往薄躬行爲無奇。其上者溺情訓詁，藉口翼道，下者以文人援玄虛要渺之説，自列於儒林，而求聞於後。令人讀其書，似有以衍堯、舜、禹、湯、文、武之傳，發周、孔之秘，至究生平操履，多不滿於月旦，此吾道之蠹耳。其所以主張宇宙，挽回氣化，維持人心，統承往聖而啟佑後學者，獨賴有躬行斯道之人，殆吾鄉月川曹先生與！

先生生洪武永宣間，淳龐樸茂，好古力行，毅然以斯道爲任。其所著述，一本於鄒魯、濂洛，當世翕然宗之。乃論先生者，以著述儕之舉業，又僅僅稱篤行君子，蓋以淺近言之矣。嗚呼！向使實詣不足，縱所見解高入無際，細入無倫，知道者將與之乎？況先生以敬爲主，以無欲爲功。其言曰：「學聖之事，主於一心。」曰：「事事都於心上做工夫，是入孔門底大路。」曰：「學欲至乎聖人之道，須從太極上立根脚。」立論千萬言，出於自得者爲多。今其遺書俱在也，試繹之，舉業乎否耶？昔韓昌黎之學，見於《原道》一篇，其餘用力深處，不離乎文字之工，至今誦《示兒》詩章，尚涉流俗氣習，未能純然於道。然且山斗在望，異世而俎豆之，亦其學絶道喪，倔起之難也。

先生當國初，士鮮知學，能裒然自樹，非聖人之道不志，非周、程諸子之説不從，言行合一，始終不二，固以難已。嗣後白沙、陽明諸賢相繼而興，堯、舜、禹、湯、文、武、周、孔以來之道，遂昭然大明，非先生其誰倡之？方之昌黎，又逕庭焉。然則躬行可易言哉？固宜孔子所重在此不在彼也。吾師雲浦先生，摘先生言之粹者，編註鋟梓，蓋亦孔子所重之意。而不肖悟僭妄云云者，蓋亦吾師雲浦先生意也。

後學弘農王以悟謹跋。

月川曹先生理學證印要覽

月川曹先生理學證印要覽序

夫學，一也。而以理學稱者，謂其本諸身心，直竟性靈，與訓詁詞章之學異也。自孔、孟既殁，世遠教湮，刑名術數之徒，紛沓支離，爲斯道裂，殊無可道。由秦而漢，儒家譚經校藝，非不誦法孔子，然樹標幟，開門竇，衹爲訓詁詞章者流。迨有宋諸賢，殫精潛修，領受真詮，上接孔子道脉於千載之下，於是始以理學稱。我明追其踪者，若薛、若王諸先生，彬彬輩出，爲寓内人士宗師。迺通紀所載，則謂自澠池曹月川先生始。蓋予於先生，竊嚮慕久矣，顧未獲誦其詩，讀其書，尚論其世也。丙戌夏，奉命諭澠池，至則造先生之廬，拜先生之像，謁先生之墓。而昕夕課士之暇，又得與其孫繼儒，洎鄉之後進馬子行坤、張子信民等，細覈先生歷履與諸著作，所謂誦詩、讀書、論世者，蓋一時獲焉。繇是知先生之理學，直伯仲薛、王諸先生，均之追踪宋賢，上接孔子道脉。然薛、王諸先生咸後先從祀孔子，而先生猶然未與，何也？豈振之無其人乎？抑視先生爲訓詁詞章已乎？蓋先生敦孝友，崇仁讓，貴義賤利，秉正黜邪，悉本自心性，措諸躬行，令感者德且化。至諸著作，如《太極》、《西銘》述解等書，大都析天人性命之藴，用羽翼聖真，闡示來喆，要匪字比句櫛爲也。則先生之學，果訓詁詞章已耶？當時學士大夫無亦未誦其詩，讀其書，尚論其世，故雖景先生芳躅，或未有深知之者。今予幸深知矣，奈力弗能振，而其言罔足爲世信也。乃以先生之嘉言懿行，民歌士誦，載在篇釋，汗渺寥逖，欲一觀諸要難。爰取群書，摘其議論文詞之大而精者，目爲格言。紀録贊記之詳而切者，目爲頌言。剖分二卷，類成一帙，合而命之曰《理學證印》，壽諸鋟梓，將以竢議從祀者要覽焉。

嗟夫！寸臠安足以盡大鼎，而據大鼎者，即寸臠可以概其味。一斑安足以盡文豹，而窺文豹者，即一斑可以概其美。是録也，其先生之寸臠一斑乎？若夫大鼎、文豹之全，則自有先生群書在。

時萬曆十八年庚寅仲秋穀旦，豫章後學廬陵曠驥頓首拜書。

月川曹先生理學證印要覽敘

琨越在南服，慕天中淵源之緒，舊矣。洎讀《皇明通紀》，閱「澠池月川曹先生諱端者，稱國朝理學首」，又閱《薛文清公贊記》「由關洛以遡濂溪」等語，極爲推尊，迺仰嘆曰：「河洛，天地之中，儒賢之淵藪也，有自哉！上翼聖真，下開聾瞽，程、邵輩尚矣，而復嗣之月川，蓋地靈之毓厚也。」琨何幸造其里，讀其書，尚友其人乎？屆承乏永庠，訓署澠池，篆展謁先生，得先生著述，鱗鱗麠麠，一皆天人性命之學，躬行心得之真。匪直侈之詞説，而芟紫弼朱，守先待後，毅然以興起斯文爲己任，不在子輿氏之右。廟食從孔子祀，宜矣。顧落落幾二百禩，弗獲同文清登豆俎，琨重爲先生憾焉！無何，撫臺吴太宗師檄馳府尊徐宗師，命蒐先生書，蓋其重也。琨作而言曰：「士之能垂休光照後世者，必有負天下之望者爲之。後先生振鐸蒲、霍，人士景從無遐邇。身殁，竟落落至今日，詎待負天下之望者爲之後乎？」太宗師固負天下之望者也。其先生昌明之奇會與，而徐宗師又亟爲勷翊，蓋嘉美輻輳，琨私心竊愉之矣。蒐羅除《太極圖》、《西銘述解》、《夜行燭》、《年譜》、《録粹》已經刊行外，有《四書詳説》、《家規輯略》、《存疑録》、《通書述解》、《孝經述解》、《乾坤二卦解》、《程胡二氏傳》、《性理文集》、《格物論》、《拙巢鳴》，俱屬名言懿行，粹焉大雅，理學之主戲已。第繁浩，未易徧涉，且間有逸湮莫可補拾，獨《要覽》一帙，成自澠庠論曠均驥，彙先生之言行而摘編者，似足以概先生。一展誦之，先生宛然在目矣。説者謂《鄉黨》一篇，分明畫出箇聖人，兹固先生畫也。是不可付之剞劂耶？遂卜穀鳩工，鍥之澠池公署。

萬曆二十年壬辰五月穀署澠池縣事永寧縣儒學訓導鄧琨敘。

月川曹先生理學證印要覽卷之上

澠池縣儒學署教諭後學盧陵曠　驥編輯
署澠池縣事永寧縣儒學訓導壽春鄧　琨録梓
澠池縣儒學教諭桐栢楊繼明
訓導淅川李克光
許昌王習古仝校

格　言

先生平日著作甚富，此特摘其大而精者，以便觀覽云。

先生曰：

「人之所以可與天地參爲三才者，惟在此心，非是軀殼中一塊血氣。」

「聖人可學而至，要不外於一心。」

「學者須要天理、人欲之間見得分明，方始有益。一毫相雜，則學非其學，而德非其德矣。」

「事之感於外者不一，心之應於中者惟一。」

「學者須將聖經賢傳字字句句於心上理會，務體之於身，見之於行，不可只做一場話説。」

「五常，百行之本之源，一誠而已。」

「善本天命之性，帝降之衷，得之則爲聖爲賢而參天地，失之則爲昏爲愚而同飛走。」

「他人只就事上較量，賢者惟以義爲斷制。」

「人生天地間，上戴天，下履地，參兩間而立者，不能以忠孝立身，非大丈夫也。」

「儒書不博觀，無以探其本末源委之真。異端不涉獵，無以鑒其似是實非之的。」

「學欲至乎聖人之道，須從太極上立根脚。」

「學者之心，發於義理者常微，而役於形氣者常衆。以彼之衆攻我之微，如國勢方弱而四面受敵，其不亡者罕矣。是在學者養之。」

「中惟主敬，則内欲不能萌，外欲不能入。」

「學者能明此理於心，不使物欲昏蔽，自可審其所適，以求至於道。」

「學者誠能過得這用力謹守關，則用力不已者可以全不用力，謹守不變者可以無所事守。」

「孔門傳授，以仁爲要。」

「道德屬内，富貴屬外。在内者重，在外者輕。知乎此，則可以樂道而忘人之勢。」

「道者，率性而已。性具於心，率而行之，道即在人。人不率性，恣意妄行，不可以爲人。」

「講學之道，當詳而知要。」

「世之求道者，舍事親從兄而爲虚無寂滅，是舍天理之真、人倫之實矣。烏足入堯舜之道？」

「欲求其福，當慎爲仁；欲避其禍，當戒不仁。」

「困窮拂鬱，實修省之一機。故張子《西銘》曰：『貧賤憂戚，庸玉女於成。』」

「教者不過約人於法度之中，而自得之妙，則存乎心領神會。」

「學者能自强，則氣亦從之，不至於怠惰。如將帥之統士卒，有紀律，有號令，士卒雖欲惰而不可得。苟心志不立，未免爲血氣所使。」

「志强則氣亦强，志惰則氣亦惰。學者欲去昏惰之氣，必以立志爲先。」

「學者須戒自足之病，乃能有進。」

「人心能無所累，則仰不愧，俯不怍，浩然之氣，塞乎天地之間。」

「克己復禮爲仁，是孔傳顔之心法也。吾道一以貫之，是孔傳曾之心法也。夫聖人之心法，一也，何所傳之旨不一歟？蓋一是仁之體，貫是仁之用。事皆天理是貫，心德復全是一。夫何不一之有哉？況所謂己，即舜所謂人心也；所謂禮，即舜所謂執中也。是則千聖相傳一心法而已，何必其辭之同哉！」

「仁爲吾身天理，體仁便是率性之道。」

「心之爲物，實主乎一身，應乎萬變。以是參天地，則能三才；以是贊化育，則能一貫。今爲形役知誘物化而不能存之，何以爲人？」

「學者須知聖人與盜蹠之分。」

「毁譽無損自修之實。」

「仁乃天地生物之心，而人所受以生者。不仁，是自絶其天。」

「此心全具此理，原無一物之雜。此身當常用此理，不可有一息之間。」

「道所寄寓者，在言語文字之間，因其語而得其心，便見得千古一心矣。若徒誦説，不得其心，是私欲間之，異端惑之也。苟能精一執中，亦何所不得乎？」

「顔子之學，求至乎聖人之道。今人記誦文辭，豈可與顔子同日而語？」

「人生而稟天命之性，受帝降之衷，天理豈有不直，在人惟順其性而不違，即便是直。」

「人之生理本直。聖人欲人惟順其生理之本直。如微生之乞醯，左丘明之所耻，父爲子隱，誰毁誰譽之屬，無非欲人立心行事，一於直也。人若不直，是聖人之罪人。」

「仁乃我有，而我爲之不由乎我，更由乎誰？故孔子説由己，孟子説求在我。」

「讀聖人之書，正所以求聖人之心。」

「從善如登，從惡如崩，所從不可不擇！」

「舜，人子也，欲得父母之心而順之。凡人子者，苟欲得父母之心而順之，是舜而已矣。」

「自明而使人明者，理之順；自昏而使人明者，理之逆。」

「人於帝降之衷，民秉之彝，見得大了，即便不肯爲小底事。」

「古人自始學至成德，有勉强、自然之不同。而惟日孜孜恐其不及者，無不皆然。」

「一誠足以消萬僞，一敬足以敵千邪。所謂先立乎大者，莫切於此。」

「窮理反躬之學，吾輩當時時念之。」

「事事都於心上做工夫，是入孔門底大路。」

「吾輩做事，件件不離一『敬』字，自無大差失。」

「程子曰：『涵養須用敬，進學在致知。』此言最停當。」

「人性本善，其惡者多因氣動於欲，陷溺耳。及至氣清欲息時，善處自然發露。」

「王道甚大，其要在保民。」

「忠臣之心，惟恐其君之有欲；奸臣之心，惟恐其君之無欲。」

「先王以民爲體，雖無尺寸之膚不養，然於心腹腠理易於犯傷處，尤宜愛護之。」

「大凡目之欲色，耳之欲聲，口之欲味，鼻之欲臭，四肢之欲安佚，以至男女之欲、人悦之之欲、長生之欲，皆足以賊四端。四端既傷，將與飛走者同歸，豈爲萬物之靈？」

「學聖希賢，惟在存誠，則五常百行，皆自然無不備也。」

「他人之敬君以貌，賢人之敬君以心。」

「學者以實爲貴，而無一息之間，則與天一而已矣。故曰：『天行健，君子以自强不息。』」

「人與天地本一體，只緣查滓未去，所以有間隔，若無查滓，便與天地同體。」

「心之全德，莫非天理，而不能不壞於人欲。須將人欲件件打掃底浄，方見真體。」

「天理人欲，由水火之相勝，此全則彼息，彼盛則此滅。」

「聖人造化人物之心，真天地至誠無息之心。」

「曾晳言志，是箇無事無爲的道理，而做有事有爲的功業，則大以成大，小以成小，隨物賦形，無所不到，正與夫子『老者安之，朋友信之，少者懷之』之志同。」

「不爲氣所動，則心寧静；不爲欲所分，則心專一。」

「生死路頭，惟在順理與從欲。」

「學者須要識得静字分曉。不是不動便是静，不妄動方是静。故曰『無欲而静』。到此位，静固静也，動亦静也。」

「人不幸而有過，非真不幸。知有過而憚改，是真不幸。」

「顔子幾於聖人，只是不貳過。」

「人有過而知改，改之而至於無，即身之之聖人也。故曰『作之不已，乃成君子。』」

「在人有五常之性，是稟底在天五行之德。以在天之五行爲在人之五常，則人亦天也。學者須要識得此意，不可視天大，視己小。」

「人性本善，而感動處有中節、不中節之分。其中節者爲善，其不中者爲惡。」

「做人須向志士、勇士不忘上參取，若識得此意，便得此心，則自無入不自得了。彼權勢威力，安能施得？」

「學者須要置身在法度之中，一毫不可放肆，故曰『禮樂不可斯須去身。』」

「人能充其仁、義、禮、智之道，則與天地合其德。」

「周子五性之中，只箇『中』是最好底性。蓋中則中節也。」

「張子云：『爲學大益，在自求變化氣質』。程子曰：『學至氣質變化，方是有益。』此『自易其惡，自至其中』之説也。」

「事心之學，須在萌上着力。」

「人受天地之中以生，而無有不善，故皆可以爲堯、舜，而參天地以贊化育，則孰不可立於無過之地乎？然而不能無過者，或氣稟之偏，或私欲之誘，或習俗之染，得人告之而聞焉，將變化消釋以復其初，幸何如哉！不然，則過而不改，終歸不善，何足爲萬物之靈？」

「人以聞過爲幸。若有恥，則又爲幸之大者也。」

「仁者，一心之全德，萬善之總名，而爲參天地之本體。不仁則生理息矣，人道滅矣，而不以爲恥，非大不幸而何？」

「禮樂，先理而後和，所以不曰樂禮，而曰禮樂。」

「學者實勝於名，則善矣。」

「政善則民無不安，民安則心無不和。」

「懲忿如摧山，窒慾如填壑，遷善當如風之速，改過當如雷之決。修德須知此，而後至於成德。」

「學者當以聖賢正道自期，不可流於異端。」

「人能以我所望於人者，即我所當自盡，自可以入道。」

「能真知其義理之味之無窮，則窮達自不足以動念。」

「天理存亡，只在一息之間。」

「孔子曰：『君子憂道不憂貧。』無非欲學者知内重外輕之辨。」

「天之所生，地之所養，惟人爲大，以其受天地之中，則皆可以爲堯、舜而參天地以贊化育。」

「口耳之學，不得於心；枝葉之文，不得其本。此等傳習，安足以收放心，養德性而有實用於世？」

「孔子説『志於道』，必志於道而後謂之真志。」

「能復乎天理，則一日長進似一日。」

「此身從天地來，其形雖小，理與天地渾合。」

「世之學者，只是專務爲人，却不曾先去自家身上做得工夫。非惟爲那人不得，末後還連己也壞了。」

「得一善，逞一善，得一能，逞一能，是謂道聽塗説。無欲便覺自在。」

「孔子之所謂善，是就一物未生之前、造化源頭處説。孟子之所謂善，就成之者性處説，是生以後事。其實由造化源頭處有是繼之者善，然後成之者性，方是如此之善。」

「學聖之事，主於一心。」

「聖人之心，一天地生物之心。天地之心，無一物不欲其生；聖人之心，無一人不欲其善。」

「先意承志，諭父母於道者，其孝大於養極甘脆者矣。和色柔聲，諫父母於善者，其孝大於拜醫求藥者矣。」

「舜禹有天下不與，只是無心於富貴，非無心於斯民，夫豈佛、老之離倫絶類以爲高？」

「孔子全是無我。」

「盡歡以交人，竭忠以待人，躬自厚也。不盡人之歡，不竭人之忠，薄責人也。」

「反身而誠，樂莫大焉，所謂『仁者不憂』也。强恕不言忠，無忠何以爲恕？蓋有心爲恕，則忠固在其中矣。所謂無忠做恕不出，兩字不容去一者，正謂此也。若自己心裏元自不實不盡，更將何物推以及人？以此見凡説恕字，必有忠字在源頭了。今人皆不忠之恕，惟務苟且於一時，不復有己可推，亦不復近仁矣。」

「修身見於世，蓋實之不可掩者，非君子願乎其外而欲以自見也。」

「『春秋無義戰』，斷盡春秋諸侯兵車之罪。」

「『盡信書則不如無書』這一章書，亦孟子拔本塞源之論。帝王記事之書，而過實有如此者，況後世乎？邪誕妖妄之徒，索隱行怪，欺世盜名之所作，不曰經則曰書者，又可信耶？適足以戕人之心，壞人之性，導人之惡，指人之迷而已。故朱子詩曰『誰哉繼三聖，爲我焚其書』。」

「堯、舜之道，孝弟而已矣。舍孝弟而欲驚世駭俗也，豈可以爲人之道？」

「言人之惡，非以美己；言人之枉，非以正己。」

「君子制事，可不可間，斷然適於中而已。否則非處事之道。」

「聖賢之言，無非欲人中道而行。爲聖賢之徒者，不可不體聖賢之心。」

「人之生也，同得天地之氣以爲形，同得天地之理以爲性，盡性以踐形，則與聖人一矣。故曰『人皆可以爲堯舜』。若不求己與聖人同，而求聖人與我異，則用心不純矣。」

「人性本善，爲惡是逆其性，豈人所生以稟之天理？」

「立人之道，曰仁與義。禍仁義，則人道不立，何以爲天地立心，爲生民立命，爲萬世開太平？

故孟子辯之者，爲此懼也。」

「信迺立事之本。」

「學至於樂，有難以語人者。惟自强不息，則幾之。」

舜、禹之心，精一執中而無一理之不具，故崇高富貴不足以入其心。」

「下學可以言傳，是人事；上達必由心悟，是天理。然天理豈在人事之外？故曰『人事盡而天理得』矣。」

「人非生知，由師友之功得道義於身，而貴且尊者，師友與之也。」

「道德者，文詞之實；文詞者，道德之華。不務道德之實於身，而但以文詞之華爲能，才藝之末也。」

「所發者淡，則私欲之心自平定；所爲者和，則躁急之心自消釋。」

「南容謹言，只是不輕言取禍。若以直言極諫、面折廷爭爲不謹言，豈聖門忠孝之教？」

「顔子得傳聖人之道，不過克己復禮，入道者須學顔子之學。」

「能克己復禮，則滿腔子裹都是天地生物之心，而日用間莫非此心發見之實。」

「窮天地，亘古今，只是一箇道義。隨時隨事而處之得宜，迺爲天地之常經，古今之通義。」

「聖賢仁民之心，與天地之心同無窮。」

「天之生人，一而已矣，何有君子、小人之分？只在循天理、逞人欲之間，始則差之毫釐，終則謬以千里，夫受天明命，爲萬物之靈，何可不循天理爲君子，只逞人欲爲小人乎？」

「人欲復其同然之性以變化氣質，必是人一己百、人十己千底工夫方能變得。」

「朱子云：『某年十五六時，見吕與叔解得『果能此道』一段痛快，讀之未嘗不悚然警勵奮發。』今按：朱子十四歲喪父即能如此，所以能傳列聖之道統也。後學看到此等處，而不立志用功，則聖門之罪人。」

「誠之一字，括盡《中庸》費隱。」

「色厲内荏，但自欺而已，豈能欺人？」

「聖人時静而太極之體立，時動而太極之用行，聖人身上只是一太極。」

「人之學聖，不出性分之外。」

「能無私於己，自可率人以無私。」

「陰陽無二氣，仁義無二道，道氣無二機，只是一箇消長而已。」

「天地間不過陰陽五行之氣而已，有是氣必具是理。氣之所充塞，是理之所充塞。」

「形氣之私的人心本危，能收歛入來；性命之正的道心本微，能充拓出去，則日用間無往非中。凡由人心而出者，無非道心之流行矣。故先儒曰『有道心而人心爲之節制，人心皆道心』也。」

「世間萬事皆此一理，只是精粗大小不同。」

「老、佛之彌近理，是全非也。斥其非，則正道明。」

「精義入神是大底事，洒掃應對是小底事，然其理則無大小之間。」

「學洒掃應對，而精義入神便在此。」

「昔周子教程子，每令尋仲尼、顔子樂處，所樂何事。學者當深思而實體之，不可但以言語解會而已。端竊謂孔、顔之樂者，仁也。非是樂這仁，仁中自有其樂耳。且孔子安仁而樂在其中，顔子不違仁而不改其樂。安仁者，天然自有之仁；而樂在其中者，天然自有之樂也。不違仁者，守之之仁；而不改其樂者，守之之樂也。語曰：『仁者不憂。』不憂，非樂而何？周、程、朱子不直説破，欲學者自得之。」

「聖人説《詩》不用訓詁，且看『故有物必有則，民之秉彝也，故好是懿德』，但加一『故』字於『有物』之上，加一『必』字於『有則』之上，加一『也』字於『秉彝』之下，又加一『故』字於『好是』之上，而自明暢矣。近世明道先生談《詩》，並不曾下一字訓詁，只轉却一兩字點掇遞過，便教人省悟，則亦得此意也。」

「孔門游、夏稱文學，亦何嘗秉筆爲詞章也？且如『觀乎天文以察時變，觀乎人文以化成天下』，此豈詞章之文也？故吕與叔有詩曰：『學如元凱方成癖，文似相如殆類俳。獨立孔門無一事，只輸顔子得心齋。』端亦偶成曰：『作文不必巧，載道則爲實。不載道之文，臧文梲上藻。』言無味而意有在焉。」

「古人文人自是文人，詩人自是詩人，儒者自是儒者。今人欲兼之，是以不能工也。賢輩文無求奇，詩無求巧，以奇巧而爲詩文，則必穿鑿謬妄，而有不得其實者多矣。不若平實簡淡爲可尚也。」

「學到不怨不尤處，胸中多少洒落明瑩，真如光風霽月，無一點私累。」

「進學不勇，終不能成己，是自棄其身於不肖之歸，不仁甚矣！」

「人能恭敬，則心便開明。」

「聖人於衆理，匪事事學而識之，只是理無不明。」

「程子謂『下愚無不可移』之説，即孔子所謂『有能一日用其力，而未見力不足者』之意。」

「氣有可反之理，人有能反之道，只是不可暴棄。」

「做工夫雖自外而内，然所以主之者却在内。」

「人不消去昏默幻冥中求，道理處處平平，會得時，多少分明快樂！」

「學者不求之遠而求之近，自可上達天理。」

「人於患難之中，内而宗族，外而鄉里，皆來憂卹。及事平之後，則各私其私，各利其利，而忘宗族鄉里之情。或頭畜相侵，或財物相虧，輒生忿怒，或相毆駡，或相告訐，或相屠戮。原其所以，皆由不知宗族之情、鄉里之義。苟或知之，則相親相愛惟恐無日，奚暇争競哉？且螻蟻，微物也。一穴之宫與衆居之，一拳之臺與衆臨之，一粒之食與衆聚之，一蟲之羶與衆共之，可以人爲萬物之靈，不如蟻之知義乎？」

「問：『伊尹之志，顔子之學，固矣。却不知伊尹之學，顔子之志如何？』端曰：『伊尹之志，固在行道，然道非學無以明，不明何以行耶？大抵古人之學，本欲行道。伊尹耕於有莘之野，而樂堯、舜之道。凡所以治國平天下者，無不理會。但方處畎畝時，不敢必于大用耳。及三聘幡然，便一向如此做去。其自言曰：「予，天民之先覺者也，予將以斯道覺斯民也。」此便是堯、舜事業。看二典之書，堯、舜所以卷舒作用只如此熟，若雖志欲行道，而自家所學元未有本領，如何便能舉而措之天下乎？若顔子之學，固欲明道，然又未嘗不欲道之行也。觀其問爲邦，而夫子告以四代禮樂，及放鄭聲、遠佞人，其言志，一則曰「願無伐善，無施勞」，一則曰「願得明王聖主輔相之，敷其五教，導之以禮樂，使民室家無離曠之思，千載無戰鬥之患，而勇辯者無所施用焉」。然則顔子之志，又豈非堯、舜君民而公天下之心也哉？』」

「物本乎天，人本乎祖。人能敬天而不違其理，敬祖而能繼其志，是謂報本。今人事佛事神，而言行違理，何能報本？」

「人氣聚而生，氣散而死。猶旦晝之必然也。安有死而復生爲人，生而復死爲鬼，往來不已而爲輪迴哉？」

「儒家之禮，原出於天地，而制成於聖人。故自周公而上，作之者非一人；自孔子而下，明之者亦非一人矣。其在五經、四書，詳且備焉。彼釋迦、老聃之書，本無齋醮之論，而梁武、宋徽之君，妄爲齋醮之説。故武餓臺城，而徽流落金虜。將求冥福，俱遭顯禍，誠萬世之明鑑也。奈何人不知戒，踵謬成俗，流至於今，可勝痛哉！然出俗超凡，何代無人？宋程伊川先生家治喪不用浮屠，在洛亦有一二人家化之。元許魯齋先生居鄉里，凡喪葬一遵古制，不用二氏，士大夫家因以爲俗，四方聞風亦有傚之者。今欲明其禮而却其俗，以二先生爲法，毋曰：『我下愚也，豈敢傚大賢之所爲哉？』孟子不曰『人皆可以爲堯、舜』，況程、許乎？」

「異端滅而世道明，邪説息而人心正。士君子生於斯世，但當扶世道、正人心、明義理、厚風俗，生有益於時，死有聞於後，豈可流於曲學，苟以隨乎頽俗？」

「吾儒之虛，虛而有。如曰：『無極而太極。太極生兩儀，兩儀生四象，四象生八卦。』則自身心性情之德，人倫日用之常，以至天地鬼神之變，鳥獸草木之宜，何往而非理之所有耶？彼老氏之虛，虛而無，如曰『道在太極之先』，却是説未有天地萬物之初，有箇虛空道理，却與人物不相干涉。不知道只人事之理耳。吾儒之寂，寂而感，如曰：『寂然不動，感而遂通天下之故。』蓋謂此心方其寂然不動，而民彝物則燦然具備于中，及感而遂通，則範圍之而不出乎一心，酬酢之而乃通乎萬變，爲法於天下，可傳於後世，又何往非心之感耶？彼佛氏之寂，寂而滅，如曰：『以虛爲宗，以未有天地之先爲真體，以天地萬物皆爲幻，人事都爲粗迹。』盡欲屏除去了，一歸於真空耳。此等之教，不察夫義理，措諸事業，又將何以有實事乎？」

先生在試院，有同列言太極者，曰：「先有無極而後太極。」先生曰：「只此一句，便見所見之差，流於異端之説矣。如此，則與不相離之言實不相蒙，與老子道生一而後迺生二，莊子道在太極之先之説同歸於謬，豈周子之意哉？」同列曰：「先生如何説？」荅曰：「周子所謂無極而太極者，蓋『無』謂無形象、無聲氣、無方所。『極』謂至極，理之别名也。太者，大無以加之謂。天地間凡有形象、聲氣、方所者，皆不甚大。如此極者，雖無聲氣，而有形象、方所焉，惟理則無形象之可見，無聲氣之可聞，無方所之可指，而實充塞天地，貫徹古今，大孰加焉！故周子言無極而太極，是言無極之中而有至極之理。朱子曰：『上天之載，無聲無臭，而實爲造化之樞紐，品彙之根抵也。』」同列見其講論親切，發明詳盡，皆心服焉。

霍州門人郭晟將之官，過蒲坂而問政。先生曰：「其公、廉乎！古人有言：『吏不畏吾嚴而畏吾廉，民不畏吾能而畏吾公。』公則民不敢慢，廉則吏不敢欺。」晟是時爲西安府同知，歷九載，以公廉稱，蓋遵先生之教而力行不怠者也。後兵部尚書王公某薦爲西安知府。

先生三典陝西文衡，在試院與同列論先聖廟配饗事。曾點、顔路、伯魚，皆父也，坐於兩廡；顔子、曾子、子思，皆子也，坐於殿庭。同列曰：「以傳道而言。」先生曰：「道何道也？既非老子之道，又非佛氏之道。儒家之道，不過明人倫而已。父坐廊廡之下，子坐殿庭之上，何在乎明人倫也？此唐家之謬，歷代踵而行之。」同列曰：「然則何以處置？」先生曰：「合於殿庭之東別設一祠，以孔子父叔梁紇居中，以顔路、曾點、伯魚敘坐於左右，庶幾理當。」

先生著《月川圖詩》曰：「天月一輪映萬川，萬川各有月團圓。有時川竭爲平地，依舊一輪月在天。」

蓋先生平生學問，以太極爲質榦，以躬行爲真修，至是博學功深，自覺於洙泗一貫之傳，恍然有得。於是畫《月川交輝圖》以喻其妙，故爲之詩如此。今觀其圖，天上一月，川中九月，蓋取月映川水以喻一貫之道耳，因自號月川子。門人謝琚曰：「首句喻統體之太極，承句喻各具之太極，轉句喻萬感之俱寂，合句喻一理之常存。」故當時以月川先生稱者，本此。

先生讚《太極圖》曰：「濂溪夫子，卓乎先覺，上承洙泗，下開河洛。建圖立説，理明詞約，示我廣居，抽關啓鑰。有綱有條，有本有末，歛歸一心，放彌六合。月白風清，鳶飛魚躍，舜、禹得之，崇高卑若；孔、顔得之，困極而樂。舍此而爲，異端俗學。造端之初，胡不思度？毫釐之差，千里之錯。」

先生作《太極圖辨戾》，曰：「先賢之解《太極圖説》，固將以發明周子之微奥，用釋後生之疑惑矣。然而有人各一説者，❶有一人之説而自相齟齬者。❷且周子謂『太極動而生陽，静而生陰』，則陰陽之生，由乎太極之動静。而朱子之解極明備矣。其曰『有太極則一動一静而兩儀分，有陰陽則一變一合而五行具』，尤不異焉。及觀《語録》，却謂『太極不自會動静，乘陰陽之動静而動静耳』，遂謂『理之乘氣，猶人之乘馬。馬之一出一入，而人與之一出一入』，❸以喻氣之一動一静，而理亦與之一動一静。若然，則人爲死人，不足以爲萬物之靈；❹理爲死理，不足以萬物之原。❺理何足尚而人何足貴哉？今使活人乘馬，其出入、行止、疾徐，一由乎人馭之何如耳，活理亦然。不之察者，信此則疑彼矣，信彼則疑此矣。經年累月，無所折衷，故爲《辨戾》，以告夫同志君子云。」

先生《太極述解》成，自序曰：「太極，理之别名耳。天道之立，實理所爲；理學之原，實天所出。是故河出《圖》，天之所以授羲也；洛出《書》，天之所以錫禹也。羲則《圖》而作《易》，八卦畫

---

❶「者」下，本書《西銘述解・辨戾》有「焉」字。
❷「者」下，本書《西銘述解・辨戾》有「焉」字。
❸「與」上，本書《西銘述解・辨戾》有「亦」字。
❹「不」上，本書《西銘述解・辨戾》有「而」字。
❺「不」、「化」，本書《西銘述解・辨戾》作「而不」、「化」。

焉；禹則《書》而明《範》，九疇敘焉。聖心，一天理而已；聖作，一天爲而已。且以羲《易》言之，八卦及六十四卦次序方位之圖曰先天者，以太極爲本而生出運用無窮，雖欲紹天明，前民用，然實理學之一初焉。厥後文王繫卦辭，周公繫爻辭，其義始明且備，命曰《周易》。及孔子十翼之作，發明羲畫、周經之旨，大明悉備，而理學之傳有宗焉。其曰『易有太極，是生兩儀，兩儀生四象，四象生八卦』，羲《易》説也。太極者，象數未形而其理已具之稱，形器已具而其理無眹之目。是生兩儀，則太極固太極。兩儀生四象，則兩儀爲太極。四象生八卦，則四象爲太極。推而至於六十四卦，生之者皆太極焉。然則羲《易》未有文字，而爲文字之祖；不言理學，而爲理學之宗。噫！自木鐸聲消，儒者所傳周經、孔傳之文，而羲圖無傳，遂爲異端竊之而用於他術焉。至宋，邵康節始克收舊物而新其説，以闡其微。及朱子出，而爲《易圖説》、《啓蒙》之書，則羲《易》有傳矣。不惟羲《易》千載之一明，而實世道人心之萬幸也。伊川程子、康節之同遊，傳《易》弗之及，豈偶未之見耶？抑不信邵之傳耶？若夫濂溪周子，二程師也，其於羲圖，想亦偶未之見焉。然而心會太極之全妙動静之機，❶雖不羲迹而直入羲室矣。❷於是《太極圖》而口其説，❸以示二程，則又爲理學之一初焉。何

❶「之全妙動静之機」，本書《太極圖説述解序》作「體用之全，妙太極」。

❷「不」下，本書《太極圖説述解序》有「踐」字。

❸「是」下，本書《太極圖説述解序》有「手」字。

也？蓋孔子而後，論太極者皆以氣言。老子『道生一』而後迺生二；莊子師之，曰道在太極之先。曰一，曰太極，皆指作天、地、人三者形氣已具而混淪未判之名。❶道爲一之母，在太極之先，而不知道即太極，太極即道。以通行而言則曰道，以極致而言則曰極，以不雜而言則曰一。夫豈有二耶？《列子》混淪之云，《漢志》含三爲一之説，所指皆同。微周子啓千載不傳之秘，則孰知太極之爲理而非氣也哉？且理，語不能顯，默不能隱，固非圖之可形，説之可狀，只心會之何如耳。二程得周子之《圖》之《説》，而終身不以示人，非秘之，無可傳之人也。是後有增周説首句，曰『自無極而爲太極』，則亦老、莊之流。有謂『太極』上不當加『無極』二字者，則又不知周子理不離乎陰陽、不雜乎陰陽之旨矣。亦惟朱子克究厥旨，遂尊以爲經而註解之，真至當歸一之説也。至於《語録》，或出講究未定之前，或出應答倉卒之際，百得之中不無一失，非朱子之成書也。近世儒者多不之講，間有講焉，非舍朱説而用他説，則信《語録》而疑註解，所謂『棄良玉而取頑石，掇碎鐵而擲成器』，良可惜也！端成童業農，弱而業儒，漸脱流俗，放異端，然尚縻於科舉之學者二十餘年。自强而後，因故所學而潛心玩理，幾十年之間，似有一髮之見，而竊患爲成書病者，如前所云，乃敢於講授之際，大書周説而分布朱解，倘朱解之中有未易曉者，輒以所聞釋之，名曰《述解》，用便初學者之講貫而已，非敢瀆高明之觀聽也。端前爲序，冗中舉概，而但辨《語録》『太極不自會動静』一段之戾。邇因

---

❶「形氣」，本書《太極圖説述解序》作「氣形」。

頭目風眩，坐卧密室，良久默思，不滿意，乃口此，命琇子筆而易之，❶仍取《辨戾》及《詩贊》附卷末，尚就有道而正焉。」

氣化詩

太一分兮作兩儀，陰陽變合化工施。生人生物都無種，此是乾坤氣化時。

形化詩

乾坤氣化既成形，❷男女雌雄牝牡名。自是生生有形化，其中氣化自流行。

死生詩

陰陽二氣聚時生，到底陰陽散時死。生死陰陽聚散爲，古今造化皆如此。❸

---

❶「琇子」，本書《太極圖説述解序》作「子琇」，當從。

❷「既」，本書《月川曹夫子太極圖説述解・太極圖詩》作「已」。

❸「皆」，本書《月川曹夫子太極圖説述解・太極圖詩》作「只」。

空家不解死生由，妄説輪迴亂大猷。不有天民生覺老，❶孰開我後繼前脩。

輪迴詩

先生著《家規輯略》，自序曰：「國有國法，❷家有家法，人事之常也。治國無法，則不能治其國；治家無法，則不能治其家。譬則爲方員者不可無規矩，❸爲平直者不可無準繩。是故善治國、善治家者，必先立法以垂其後。自今觀之，江南第一家義門鄭氏，合千餘口而一家，歷千餘歲而一日，以賢祖宗立法之嚴，❹賢子孫守法之善而致然也。❺其法一百六十有八則，端悉録而寶之。今姑擇其切要者九十有四則，因而類聚群分，❻定爲一十四篇，名曰《家規輯略》。敬奉嚴君，祈令子孫習讀，而世世守行之，期底於鄭氏之美。而又妄述數十餘則以附其後，雖不能如鄭氏之《家規》妙

❶「生」，本書《月川曹夫子太極圖説述解・太極圖詩》作「先」。
❷「國有」，本書《曹月川先生家規輯略・家規輯略序》作「且國有」。
❸「員」、「可」，本書《曹月川先生家規輯略・家規輯略序》作「圓」、「可以」。
❹「以」下，本書《曹月川先生家規輯略・家規輯略序》有「其」字。
❺「善」，本書《曹月川先生家規輯略・家規輯略序》作「謹」。
❻「而」，本書《曹月川先生家規輯略・家規輯略序》作「其」。

合聖賢之心法，扶世道，正人心，敦教化，厚風俗，上以光其先，下以裕其後，亦庶乎治家垂訓之一小補云。」

先生作《四書詳説》，自序曰：「永樂中，端正霍州學，爲諸生説四書，一遵朱子成説，蓋遵昭代尊崇取士之典，又不敢爲異説以惑諸生。且其説也，必先舉一章之大旨，而後分經以布其註，衍義以詳其説。然其間朱子以爲易曉而不釋者，初學之士或難之，端用父師先正成説之精當者補之，將以盡詳約而便初學焉。時秦解元輩，初以爲與所聞之説異，久而悟焉，遂好而録之，傳而誦之。及端丁内艱而去，諸生益加珍重，乃各出所記，會集成書，名曰《四書講語》。暨端終制，起調正蒲州學，蒲中士夫已傳之矣。端見而驚且懼，曰：『茲不以誤來學而貽笑乎？』竊欲放許魯齋先生故事，收而火之，不可得矣。乃取二三册而校之，脱誤不勝枚舉。至洪熙改元，端爲霍州奏保復任，得諸生所藏之説，比之外傳，差少脱誤，遂從而正之，越月方畢。時值受業師西安王先生以致仕歸里，道經於霍，見而嘉賞，乃易『講語』爲『詳説』，且命序之。端曰：夫四書者，孔、曾、思、孟之書，所以發六經之精義，明千聖之心法也。語其要，分之則《論語》曰仁，《大學》曰敬，《中庸》曰誠，《孟子》曰仁義，合之則帝王精一執中之旨而已。蓋載道之器，亦聖心之糟粕也。始則靠之以尋道，終當棄之以尋真，不可徒誦説焉。自漢以來，説者不一，而後學無所適從，甚至與異端同歸，可勝嘆哉！況《大學》、《中庸》雜於《禮記》之中，至宋程子出而表章之，説有宗旨，然而未爲成書。逮朱子集諸儒之説，明四書之旨，而爲《集註》矣，所以集群書之大成。祛千載之邪説，故魯齋申之而得道焉。嗟夫！世無魯齋之見者，非取朱子之不取，則言朱子之不言，以亂朱子之説。暨夫《輯釋》、《集成》之作亦引用之，將求多於朱子，反薄蝕於四書。然而尚幸史文璣氏《四書管窺》一編，既辨異説而祛四書之薄蝕，復正《集註》而成一家之清明，真朱子之良佐也。端之説，亦竊以爲依歸焉。然質陋學淺，豈能必其無戾也？尚冀有道者正之。

先生作《存疑録》，自序曰：「《存疑録》，録先知先覺之微詞精義而存之，以釋疑焉而已耳。蓋端幼業農，弱而學儒，苦爲流俗異端所困。後數年，方漸脱之放之，而志於一正之歸，然尚爲科舉之學縻之。自强而來，潛心理學，初若駕孤舟而泛煙海，渺茫瀰漫，澒洞浩瀚，莫知涯涘，慌忽艱甚者久之。逮知命而後，方聞天下無理外之物，而性無不在焉。性即理也。理之别名曰太極，又曰太乙，曰至誠，曰至善，曰大德，曰大中，隨義取名不同，而道則一而已。六經、四書之後，闡明開示至當歸一之論，惟濂、洛、關、建大儒，真得孔、孟宗旨，傳帝王之心法，發天地之精藴。端竊尊之信之，而老拙於記，則日志所能者多，❶而懼得罪於聖門焉。雖老且病，敢倦於勤？是以於講授之餘，信手録其説之萬一。首太極以開造化之原，次陰陽以明造化之流，而後列其成象成形，有涯有涘，或動或静，在幽在明，之久之暫，之所以然與其所當然之故。及夫道統之傳，異端之辨，以實造化之理、之氣、之無窮，則吾道一以貫之無遺焉。故萬物之靈而曰人者，後天地而生而知天地之始，先天

❶「日」，原作「月」，今據四庫本《曹月川集》改。

地而没而知天地之終，然而在所録者不能無重復，不在所録者又豈無精要乎？蓋無夫子删述之筆焉，故爾尚冀夫有道而成人之美者爲之節文焉。

先生作《儒家宗統譜》，自序曰：「儒家宗統譜，儒家之真源正派也。蓋真源，迺天地人之所自出；正派，迺皇帝王之所相承，所以參天地而立人極者焉。然其大目則曰三綱，曰五常，而其大要則曰一中而已。三皇儒而皇，五帝儒而帝，三王儒而王，皐、夔、稷、契、伊、傅、周、召儒而相，孔子儒而師。然則孔門，一帝王之教耳；帝王，一天地之道耳。儒家者，所以祖天地，宗帝王，師聖賢。心，公天下萬世之心也；道，公天下萬世之道也。朱子謂釋氏出於自私之厭，老子出於自私之巧，夫彼豈可與此同年而語哉！端固愚陋，恍然於源之真、派之正似有見焉，於圖而譜之，用以存疑，然不敢自私，將俾願爲儒家之精到者一覽而知真源正派之所在，則亦庶乎迷津之一指云。」

先生生平問學及與賢士大夫問答，門弟子講授、傳心要語，盡見於《拙巢鳴》等書，今皆散失他省，不能復覩，惜哉！

月川曹先生理學證印要覽卷之下

澠池縣儒學署教諭後學盧陵曠　驥編輯
署澠池縣事永寧縣儒學訓導壽春鄧　琨録梓
澠池縣儒學教諭桐栢楊繼明
訓導淅川李克光
許昌王習古仝校

頌　言

有道士大夫所爲詩文，頌先生者多矣。此亦摘其詳而切者，以便覽耳。若先生感化人事蹟，備載全集，姑不述。

監察御史門人謝琚曰：「先生志浄人欲，心涵天理，克己復禮之言，未嘗有忘於口。」

先生修己教人，動合禮法。一言一行，皆有規矩。一動一静，盡合準繩。

先生修己、明善、誠身，無所不至，未嘗不安舒自得也。手容恭，足容重，頭容直，氣容肅，此其人所欽敬也。

先生教人，講論精切，動輒根諸性靈心術，未嘗以賢知先人。若夫不挾長，不挾貴，不挾故，又人所難及者。

先生年甫十六，四書、五經皆已成誦，嘗曰：「六經、四書，天下萬世言行之繩墨也，不可不使之先入於心。」又取文公《綱目》、《周禮》、《儀禮》、諸子百家等書盡讀之，上及三代，下及近世，諸儒文集無不徧觀而盡識之。故曰：「六經、四書之外，諸子百家之言，不讀其書，無以註脚吾心，而考鏡得失，豈止增飾文墨而已。雖周公、孔子之聖，猶且朝讀百篇，韋編三絕，況常人乎？」

先生自少喜談人善，惡稱人惡。見有稱人善者，喜動顏色，問其顛末，記念不忘，樂善之誠也。見有稱人惡者，則佯若不聞，或舉他言以沮之，終身不以語人，忠厚之至也。

先生接人温和，不較短長，不計貨利，一以誠心與之而已。故賢者慕焉，愚者化焉，雖婦人女子、走卒樵夫，皆知稱先生名而德先生德。其德化之所感深矣！

先生教授霍、蒲，未嘗分毫倦怠，雖隆冬盛暑，不冠帶不見諸生。有所叩問，輒據事理答之。雖夜必興，雖食必輟，其俯而就之如此。

先生之學，自格物致知而推極於治平之大，自灑掃應對而推極夫位育之至，窮理以盡性，明善以誠身，道學君子也。士大夫見其詩，則曰工於詩者也；見其文，則曰工於文者也；見其講論經學，則曰明於理性者也；見其著書立言，則曰志於道德者也；見其譚論人物，則曰考究精詳者也；

見其闢邪禳異，則曰志意堅定者也。合六者而並觀之，則曰博學而無所成名者也。然則先生其一貫者乎！

先生平生衣取蔽體，食取充口，目不觀非聖之書，口不譚非聖之言，未嘗一日間也。夜分乃寢，雞鳴而起，諸子侍立左右，恭肅不怠，則是子孫化也；夫人高年，參謁必跪，則是室家化也；兄愛弟恭，和順親睦，則是兄弟化也；諸婦皆知禮義，饋獻整潔，無故不窺中庭，出入必壅蔽其面，則是婦女化也；鈴下蒼頭，皆知廉耻，趨事赴工，不大聲色，則是僕隸化也。是故君子以至誠爲貴，至誠則無不化。此皆人所共見者也。

先生足所履者，聖賢之跡；身所處者，聖賢之道。從容乎仁義之府，周旋乎禮法之塲，循規而蹈矩，立忠而行孝，所謂聖代之真儒，天民之先覺者矣。濂、洛、關、閩之後，道學之傳、心法之微，先生一人而已。

霍州李白雲先生嘗語諸生曰：「學不厭，教不倦，怒不遷，過不貳，不挾貴，不挾賢，曹夫子之盛德也。其知古今之宜，達事變之節，尊所聞，行所知，區區莫能及之。異時倡明道學，繼往開來，必曹夫子也。諸生勉力向學，毋自棄也。古人云：『經師易得，人師難逢。』今得人師矣，不可不自勉。」由是諸生竦動，四方聞風來學者衆，文風大振晋陽間矣。

相川張政山西按察使。贈以詩曰：「景仰聲光久，相逢始有因。文章濂洛胄，德行閔顔鄰。心地明如月，襟懷蕩若春。圖書探討處，筆下豈無神！」

禮部張鑑員外郎。贈以詩曰：「締結金蘭自霍州，別來寒暑幾經秋。每瞻霽月茅檐上，切想光風泮水遊。有代詩詞追李杜，千年道學繼程周。想公卓犖非凡器，必是先賢迥出頭。」

澠池李瓘監察御史。贈以詩曰：「蟬噪蛙鳴每寂然，分明吾道日中天。闢邪歸正功夫大，豈獨鄒人是大賢。」「豈獨鄒人是大賢，河南自古得真傳。二程殁後今千載，一派清風屬月川。」

洛陽劉賓暘《題拙巢詩》曰：「自號拙巢克自修，文風洋溢滿中州。書藏萬卷傳心印，門對三峰入望眸。道學近宗伊洛派，異端深闢老莊流。明珠滄海終難晦，文彩還光五鳳樓。」

又「詭機非性有，守一性無餘。全德爲安宅，拙巢是廣居。仲雍原不佞，回也自如愚。弗假高人論，吾心有太虚」。

又「非養疎慵非隱名，樂天知命度生平。琴書有興青毡煖，車馬無塵絳帳清。桃李滿園因雨化，菁莪到處自春生。荆山美玉還呈瑞，時待徵書出鳳城」。

舜水周弘《題拙巢》曰：「世俗多機關，濂溪獨賦拙。巧拙誠異途，理欲豈同轍。所以先生心，於焉慕前喆。所惡在言勞，及彼凶與賊。所尚在默逸，暨此吉與德。巧智既無施，妙道從此徹。浮雲掃光風，晴空懸霽月。一毫塵不染，萬里自澄澈。君以名拙巢，契悟良有得。」

澹然子高超山西提學使。讚以詩，有引曰：「正統丙辰冬十月，予奉命巡視山西學校，考課師生。至霍州，徑詣學宫，首謁宣聖廟，歷兩廡，升明倫堂，發藏書閣，遍及諸齋舍，其制度規模，整飾可觀，較他學有徑庭矣。意必有德有爲者之經畫也。詢諸衆，僉曰故學正曹先生所爲也。嗚呼！

先生其懷抱才德，未盡厥施者哉？因見其三子，其頗能繼其家聲者，第四子也。遂出先生所著《四書詳説》、《太極圖説》示予。啓而觀之，不覺敬服。其學博而正，理明而粹，一本於朱子，而間有發明。餘所著述尚多，雖一時不能遍覽，而大意則得之矣。嗚呼！若先生者，豈易得哉？惜乎，予不得而見之矣！尚當令諸生備録所著述，以考求先生之用心，壽諸梓以淑後學，溥其傳以及四方，但未知其力能與否也。行當爲先生圖之，載觀祠堂，儀容儼然，因成拙作一首，非工於詞也，于以寓高山景行之意耳。其中用字重叠，悉不之較者，蓋出於一時景仰之誠，初不計其詞之工與拙、字之重與否也。觀者其無病焉！

「古貌清臞一老儒，工夫直欲繼程朱。理明詞足光吾道，學粹言能啓聖謨。弟子秖能言動静，黌宫猶可見規模。儀刑賴有祠堂在，仰止高山久嘆吁。」

河東薛瑄文清公時爲大理左少卿。讚曰：「質純氣清，理明心定，篤信好古，距邪閑正。有德有言，以淑後人。美哉君子，光輝日新。」

蒲坂謝琚讚曰：「志浄人欲，心涵天理。著書立言，斯文興起。繼往開來，聖賢同歸。太極無極，川月交輝。」

霍山郭晟思州府知府，門人也。讚曰：「尊師之德，良玉之温。尊師之學，滄海無垠。默契一貫，妙合聖真。隆世鴻儒，名振河汾。」

霍山李興知州。讚曰：「有嚴儀刑，展也老成。貌温如玉，體胖而盈。繼洙纘泗，承周紹程。道德光輝，日月之明。」

𣏌川馬端知壽、晉二州。讚曰：「道宗洙泗，學傳伊洛。正誼明道，克修天爵。立忠行孝，俯仰不作。較藝秦川，振鐸蒲霍。」

峽山范禎霍州判。讚曰：「德行君子，忠孝丈夫。持正綱常，大道廣居。一時之矩，後學之模。允矣賢聖，特讚行歟！」

關輔盧彬承德郎。讚曰：「德玉而温，貌樸而淳。聲利仇讐，道學比鄰。化雨蒲、霍，德言在人。高山景行，泰華嶙峋。」

霍山史濡監察御史，門人也。讚曰：「賢哉月川，百代真儒。學傳鄒魯，道接程朱。深探閫閾，非特緒餘。風教博洽，大振芳譽。」

薛文清公瑄時爲監察御史。祭曰：「嗚呼！先生志慕高遠，心趨正學。昔得交遊，言酬意合。胡云再來，而已殂落。旅次乏物，有菲一酌。靈其不昧，來鑒懇確。」

山西劉登右參議。祭曰：「嗟惟先生，學識該博，上探洙泗，下泝濂洛。正經考傳，釋疑解惑。有功著述，垂惠來學。允也大成，卓彼先覺。屢典文衡，公明不怍。多造俊髦，久鳴教鐸。儒林巨望，誰得與角！」

翰林院黄諫編修。祭曰：「嗚呼！惟先生之學問文章，高出一世。性理道學，遠紹諸儒，發先賢所未發，爲義理所當爲。踐履造聖賢之域，立言破百家之疑，屢典教於霍、蒲，可追風於洛、伊。

化習俗於鄉里，扶世教於明時。喜吾道之能振，慶後學之有師。胡斯文之不幸，竟一疾而弗醫！嗟予生之實晚，恨未侍乎講帷。恒誦其詩，讀其書，景仰其爲人，而想像夫令儀。兹敬拜於墓次，冀神靈之有知。」

霍州李興，知州。楊文奎，同知。范禎，判官。高通吏目。祭曰：「嗚呼！先生二五鍾英，道由仁義，學在誠明。卓乎先進，猗歟老成。英才樂育，道學忻承。先生之德，似蘭之馨；先生之道，妙不可名；先生之心，生順没寧。不意一疾，遽爾僊升。臨終遺訓，一遵禮經。詞嚴義正，孔思周情。儒者聞之，罔不哀矜。我等心契，痛悼何勝！」

又祭先生之墓曰：「擴乎前聖，啓我後人。道德崇高，超邁等倫。今兹壽旦，祭於墳濱。」

氿川馬端，知壽，晋二州。趙偁，蘄州同知。李鼐，光禄寺丞。門人劉勝，南城兵馬指揮。李敘博平學訓。祭曰：「聖賢之道，千載失真。幸賴尊師，究奥研精。復明道學，垂訓後英。今兹壽旦，祭於墳冢。」

霍山郭睿信陽知縣，門人也。祭曰：「惟我尊師，深探聖域。本末洞徹，表裏渾融。動静規轍，學有指歸。我等授業。」❶

趙城楊瓚，知縣。秦顒，學諭。李英學訓。祭曰：「生稟中正，氣質清純。才德鴻茂，功業嶙峋。

---

❶「授業」下，疑有缺。

文衡累典，廣淑後人。大振霍、蒲之風教，祖述濂洛而惟真。斥二家之似是，正萬代之人心。述解太極，闡一元之妙理；詳説四書，開衆論之紛紜。得正而斃，庶乎曾參。」

平陽張倫，知府。路鐸，同知。蔣𤅷，通判。楊春推官。祭曰：「器局超邁，問學老成。前修步武，後人儀刑。」

後學潘應科澠池知縣。祭曰：「道德萃身，文章經世。教育英才，繩繩相繼。主静立極，躬修實際。崇正闢邪，與孟無異。號曰月川，一貫默契。蓋發聖道之淵源，開後學之聾瞶。塑生像於黌宫，念恩德之弗墜。時當上丁之期，用伸香醪之祭，毋爽聰明，鑒兹誠意！」

薛文清公瑄撰先生《拙巢記》曰：「自七情熾而混沌鑿，人之横奔競騖者，非私智無所爲尚。由是巧僞日滋，而斯道日隱矣。濂溪周元公，挺生南服，悼末流之若兹，一刮群巧，作《拙賦》以見意。當時豪傑，若程若張，相與翕然尊尚之，而斯道大明。嗚呼盛哉！廣文曹均正夫，世家河南之澠池，自少讀書，即有求道之志，遂由關、洛以上遡濂溪，因以『拙巢』名其讀書之室，蓋取元公賦意以自勉也。其後均名薦書典郡鐸，所至必以是扁其寓室，以示不忘其初之志。今年秋，均自蒲庠來河津，因語以名巢之意，且屬余記。余謂頽乎順處，不撓其初，不汩其流，使大本完而七情節，此衆所謂迂僻遲鈍，而拙於事者也。抑不知順事厥天，不以小智害之，而可爲終身之安宅也。舞智籠物，騁詐軋人，機變層出，莫測端倪，此衆所謂辨敏儇捷，而工於計者也。然詐窮智屈，自嬰其弊，豈可一朝安其身哉？今曹均慕元公之學，而以『拙』名巢，其可謂能擇所處，而知所戒矣。則其進道之心，又何窮極哉？雖然，余亦拙者徒也，他日倘獲登均之巢，尚當闢混沌以廣均之居室，疏七情以通均之户牖，與均舉酒而誦元公之賦，已而忘言相對，身巢兩忘，復不知巧拙爲何物也。是爲記。」復爲之詩曰：「經營渾不擾靈虚，獨占蕭然太古居。四面好風吹户牖，滿天明月静琴書。心閑斗室渠渠大，望遠雲山點點疎。不是元公當日賦，可能相與化爲徒。」

臞軒先生撰《百拙生問對》因先生嘗自稱曰「百拙生」，故名。曰：「高陽子呻其佔俾，朝詩暮書，十行俱下，一覽無餘。窮探幽渺，上下六虚，晐存允蹈，動與神俱。欿焉弗足，以百拙自誣。臞叟聞而疑之，曰：『眇者諱盲，跛者忌躄，曲士憎枉，貪夫悲墨，無知避懵，不化嫌僻。實則既有，而畏指斥。參言不敏，回也如愚。徽公自晦，温公甘迂。名齊日月，道滿寰區。挹而不損，毁更爲譽。子之百拙，得無與鄉者類乎？』高陽子曰：『否，不然。僕生而不慧，長而愈疎。軒行吶語，蠖屈鳩居。急不能疾，緩不能徐。憂不能戚，樂不能娱。手不解拱，足不成趨。至於紋楸坐對，白黑就列，玄機潛運，妙用叵測，以攻則取，以擊則克。人誇國手，歆羨嘖嘖。又若梁分十二，要切門胲。投璚運子，鬭采先回。嘑么叱六，響應無猜。一擲百萬，迅若風雷。僕獨頑然無省，目眩心冥，徒焉黽勉，勞神僨精。日月則逝，卒以無成。雖子之智，何以祛吾昏塞而納之靈明乎？』叟曰：『游惰荒嬉，妨業廢志。就使不能，奚足以屑意也！』高陽子曰：『握籌布策，縱縱横横，細分毫忽，冗究奇贏。星躔地理，盈朒方程，幽深雜賾，昭然畢呈。濡毫拂素，揮洒滂沱，蠶頭蠆尾，春蚓秋蛇，雲煙勃起，雨雹交加，鞭羲走獻，柳愕顔嗟。僕乃横竪罔解，六七莫知，策勒失倫，點畫妄施，顔赧色怍，無以雪之。吾子以爲何居？』叟曰：『六藝之末，曰書與算。反而求之，有根有榦。斯而未精，亦非深患也。』高陽子曰：『摛詞繪句，黼黻青黄。金春玉應，四六相當，鏗鏘其韻，焕爛成章。而或月露感懷，鶯花入詠，格律精嚴，孰窺聲病？可以儕永明，軼西崑，軋晋魏，頫梁陳。吟成泣鬼，下筆如神。僕則外窘中窮，謬荒成痼，刮腎搜腸，一詞莫措。借而有作，鄙俚樸陋，采擇何取？醬瓿可覆。日夕以思，恒焉内疚。安得艾石，于焉砭灸？』叟曰：『文詞聲律，道之華爾。君子之學，先實後此。兹非其所當急，又何足以爲耻也？』高陽子曰：『天衡地軸，風雲鳥蛇，魚麗鵝鸛，正正奇奇，戰不可敵，守不可窺。縱横捭闔，神機鬼秘，脅秦譎楚，驅韓馳魏，平睨王公，兒撫一世。而況有丁必作，無土不耕，罄彼地力，佐我邦經，貨泉充仞，帛粟豐盈，静以雄視，動以兼併，小國不敢叛，大國不敢輕。僕則軍旅未學，説辭無暇，五穀不分，遑及耕稼，校以徵科，甘書下下。矧敢與諸子同功而並駕哉！』叟曰：『攻伐爲賢，君子所諱；辨詐相高，德人斯愧。而況於竭其田之出，虚其廬之入，以爲其上驕侈窮黷之地乎？故曰善戰者服上刑，連諸侯者次之，闢草萊任土地者次之。吾意子之不爲彼者，必將有所謂，何爲恨之而不置也？雖然，子必有所用子意矣。盍以見告而姑爲是贅哉？』於是高陽子乃仰而吁，俯而喟，曰：『羲、軒既殁，唐虞復往。蒼姬訖籙，木鐸絶響。百氏紛紛，更雄迭長。吕秦焚滅，馬晋清虚。斯文未喪，僅如綴珠。天開有宋，道挺程朱。乾綱手頓，人極躬扶。如兩曜既翳而復袪，萬彙既焦而復蘇，實天運之載復，迺人道之一初。竊不自量，蓋欲研窮典訓，弘闡彝倫，闢邪攘異，位置人神，以尊往喆，以詔後昆。然而進之未力，爲之未勤，恒恐有懷不竟，没齒無聞，是以心不遑於外及，志不暇於他分，與靈巧而永離，甘百拙以終身也。』矐叟聞之，頞蹙眉顰，曰：『皇帝醇醇，王覇異門。四物循環，如冬之必春。然而道不虚行，尸之在人。惟精惟一，心法攸存。博而非約，愈迷其真。故曰得一者君，失一者臣。用志不分，乃凝於神。吾將見子力行既久，所造彌親，一日克己，天下歸仁。誠以是而爲拙，則吾願從子之後塵矣！』」

洛陽劉賓暘撰先生《拙巢敘》曰：「緊乎！天得一以清，地得一以寧，而人受天地之中以生。中，一而已矣。故天地無心而成化，聖人參之以贊化。舍是一何以哉？予然後知一者，萬化之原，萬事之本，貫乎今古，通乎上下，語其理則無二，語其運則不息，語其體則並足而無所遺矣。故前乎堯、舜、禹、湯、文、武，達而在上，相傳授受心法者，一也；後乎孔、曾、思、孟、周、程、張、朱，窮而在下，相傳道學者，亦一也。然上資性其性，故不假修爲之功。其次性其情，苟不加養之守之之功，何以下學而上達耶？然而守一之道，又豈易爲哉！故委靡昏弱者，或失之柔，不能明此一也；武勇贔屭者，或失之剛，不能守此一也；横逆奔競者，或失之譎，不能行此一也。其能體之者，亦曰守拙而已矣。蓋守拙者，守一之道也。能守其拙，則能守其一矣。是拙也，即孔子所謂『藏器於身，待時而動，君子依乎中庸，遯世而不見知』之意歟！又非曾子所謂『君子思不出其位』，子思『素位而行，不願乎其外』之意歟？故周子論學，『一爲要』，又嘗以拙自賦自警。厥後不繇師傳，默契道體，而闡先天之學焉，豈非拙者守一傳道之謂歟？知此則先生曹氏以『拙巢』扁居者，其所繇來，有本矣。「先生生乎伊洛之右，奮乎百世之上，天資穎異，篤信好學。蚤精科舉之業，晚歸道學之正，不阿乎流俗，不惑乎衆技，辯異端，闢邪説，以興起斯文爲己任。故於守之一德，獨以『拙』名焉。然其所以爲拙者，豈離塵遯俗、欲潔其身可同日而語哉？初不過即其所居之位，樂其日用之常，而一毫舍己爲人之意不作焉。吾意先生之居是巢也，隱其明，養其晦，抱璞自珍，韜光内照，豈無感而然耶？當其入是門也，必收其放心，養其德性，爲吾安宅之仁，而居天下之廣居，則洞乎八荒，皆在我闥也。當其由是道也，蕩蕩平平，無偏無黨，爲吾正路之義而行天下之大道，則會極歸極，皆王之路也。蓋至於是，而先生守一之功，孰有尚於守拙之功也哉！惟其如此，則方寸之間，神會心得，必有獨覺其進而人不及知者。以故精思力踐，妙契群書，逮十年間，分註錯經，始克成編。太極有述，發孔、周無極、太極之藴；四書有説，闡二程、張、朱之微。纂儒家之宗譜而爲後學傳心之要，註周子之《通書》而得仁義中正之歸。自非先生養之有要，守之有術，又何以得精一執中之學，而明聖賢相傳之心印者乎？《易》曰：『蒙以養正，聖功也。』先生有焉。

「雖然，道不傳，百世無善治；學不傳，千載無真儒。故真儒之在治世，猶元氣之運乎四時，不可一日無也。稽之往古，固有其人，求其守一以傳道者，亦莫不各有道焉。是故孔子，大聖也，遇鄙夫有空空無能之嘆；顏子，大賢也，在聖門有終日如愚之容。此孔、顏以拙而守一傳道也。曾子輿以質魯之資，而卒領一貫之旨；鄒亞聖以浩然之氣爲難言，而得承三聖之宗。此曾、孟以拙守一而傳道也。自是歷千餘載，求其得守一傳道之功者，蓋寥寥焉。至宋，五星聚奎，光啓文明之運；真儒輩出，大開濂、洛之流。如周子襟懷洒落，有僊風道氣，而默契先天一理之秘；明道德性温宏，終日端坐如泥塑人，而卒得孔、顔自然之樂。張横渠以理學之祖，而佯狂乎里閈；朱文公以道學之儒，而遯跡於晦菴。則周、程、張、朱以拙而傳道也爲何如？自是而下，如蔡氏以九峯自隱而獨紹朱子之統，陳氏以三山自樂而私淑二程之學。至若以『仲素』自名者，豫章之羅也；而得聞大道之要，以『魯齋』自扁者，河内之許也。而得從宣聖之庭，則蔡、陳、羅、許以拙而傳道也又何如？噫嘻！開孔子洙泗之源者，固顔、曾、思、孟也，而遡洙、泗之流者，非濂、洛、關、建之流乎？開濂、洛、關、建之源者，固周、程、張、朱也，而遡濂、洛、關、建之流者，又非蔡、陳、羅、許之輩乎？然洙泗之源，吾不可得而遡矣，濂洛之流，吾亦不可得而接矣，其所以遡其源而接其流者，舍百拙守一先生之正學，吾誰與歸？孟子曰『百世之下』，必有神會而心得之者。先生蓋有志焉。不然，何以曰『然而無有乎爾，則亦無有乎爾』？敢以是爲拙巢先生終篇敘。」

謝琚撰墓誌銘，其略曰：「先生姓曹氏，諱端，字正夫，月川其號也。其先曲沃縣閻村人。本姓楊氏，五世祖諱嗣以父命繼舅氏之後，因姓曹焉。嗣生慶，徙家垣曲縣葛伯寨。慶生仲和，遷居永寧縣杜寺溝。仲和生伯達，伯達生敬祖，始居澠池縣之窟陀村。洪武丙辰正月十三日，先生始生。敬祖六子，先生其三也。自幼穎敏，異於常人。與群兒立，必拱手正立，不妄言笑，不妄戲謔。與群兒處，必直身端坐，不妄動作，不妄指顧。父母熟視之，曰：『儼然如老成人一般，它日必興吾門也。』遂命其名曰『端』，蓋因其性質之安焉。天性孝友，方數歲，能知愛親敬長之義。飲食或先或後，必讓父母。出入或遲或速，必俟尊長。五歲隨父游學，見人觀《河圖》、《洛書》，即知問其星子黑白不同。七歲侍父閑居，見風、雲、雷、雨、電、虹，即知問其所從來。八歲入社學，能知以父事師，言行動止，必咨稟而後行。則其天性聰明，迥出人表如此。自是讀《孝經》，曰：『若不如是，不成人子。』讀《忠經》，曰：『若不如是，不成人臣。』又知聖人之言校自然，賢人之言校勉强。忠、孝似二道，其實相須也。讀四書，則知《大學》、《中庸》是做人的樣子，《論語》、《孟子》可兼之；讀《書》則知治本於道，道本於心之言，爲一經之綱領；讀《詩》則知《關雎》、《葛覃》、《卷耳》、《樛木》、《芣苢》之章爲識情性之正。進而讀《春秋》，則曰：『褒善貶惡，皆聖人微意也。』讀《易》，則曰：『經傳混合，非聖人本意。』讀《禮記》，讀《綱目》，讀諸子百家，無不洞見指趣所在。年十七，搆勤苦齋，書其户曰：『勤勤勤，不勤難爲人上人。苦苦苦，不苦如何通今古。』其勵志可謂嚴矣。與劉瑾、今入鄉賢。馬駉、聶敬爲友，相與探討論辯，直以斯道爲己任。師事宜陽馬子才、太原彭宗古，經歷郭、鄭、錢、王、雷七先生，日就月將，博聞廣識。道學之傳，心法之微，得之師友，遠有端緒。鄉人陳直見其勤學篤孝，以其女妻之。先生讀書，自朝至夕，手不停披；自暮達旦，心無外慕。冬不爐，夏不扇，不飲酒，不啜茶，蓋其性然也。既壯，兼通五經，師聖友賢，身道履德，内不溺於章句文詞之習，外不惑於異端邪說之謬。永樂戊子，應鄉貢進士，唱名第二。明年試春官，中乙科進士。釋褐，授霍州學正。始至，詢郡中有學行者，得李白雲，同升講席。久而愈敬，諸生悦服。壬寅，調蒲州學正。始至，察境内有學行者，獲王士希，往來交遊，久而彌親，諸生悦服。霍、蒲二州，文風丕振，化雨弘敷，風移俗美，由先生而化者甚衆。四方學者，聞風向慕，觀德心醉。西蜀、山東、陝西、河南、直隸、太原，相繼而來學者又幾十人。鄒魯、河洛之教復見於今日，師道得人，先生一人而已。

「先時戊戌以内外艱解任，至甲辰，轃考滿秩，二州學者争相保留，交上章奏，上命復任霍州。至則修飾學舍，百廢畢舉，古今任師道而能嚴教條，約束生徒，育才興學，明體適用，蘇、湖以來，霍、蒲尤其最者也。甲寅季夏二日，先生不禄。越春秋五十有九。方易簀時，州大夫入問疾，曰：『能寬一分則民受一分賜，僕無遺患矣。』諸生入問疾，曰：『尊所聞，行所知，吾無遺恨矣。』已而召諸子而諭之曰：『吾平生不喜佛、老，不悦齋醮。我死，汝曹當以我葬考妣之禮葬我，無違教也。』諸子潸然流涕，莫能仰視。先生正衣冠而永訣矣。寓葬于霍城東南二里高氏之原，其月望日也。琇、璟結廬墓次而守之。

「夫人陳氏，字順夫，賢而有德，少先生五歲，先一年而歿焉。男五人：琇，舉賢良方正；璟，習儒業；珮、琰、璐。女二：長婿胡志，次婿王隆。孫男六：鐸、鋭、鉉、鑑、鎰、鐩。孫女二。其嗣續之繁衍，有如此云云。銘曰：

「曹本楊姓，繼舅氏後，世有偉人，以昌厥胄。周流寰海，跋涉經營，始遷垣曲，繼轉永寧。直至澠池，家業始定。篤生賢哲，斯文是任。心醉六經，博古通今。忠清和易，洒落誠明。居仁由義，立忠行孝。振鐸蒲、霍，倡明斯道。著書立言，學有源淵。開來繼往，同歸聖賢。迺闢異端，迺距邪説。扶持風教，文人巨伯。迺典文衡，迺選俊英。掄較無私，正大公平。聖代真儒，天民先覺。上承鄒魯，下續濂洛。年甫耳順，兩楹奠餘。嗚呼已矣，傳者誰歟？澠水之陽，霍山之側，窀穸幽邃，月落川竭。身歿名存，萬古千春，鐫銘貞石，永庇高墳。令聞亹亹，厥有始終。猗歟先生，德音不已。」

撰《年譜序》曰：「先師心術正大，學問高明。仁義在躬，其執德弘而不隘；忠恕接人，其信道篤而不二。羽翼經傳，既有功於前賢；成就人才，復有功於後學。上足以繼鄒魯之墜緒，下足以續濂洛之正傳，則其師道之得人也如斯。夫以其出處言之，歲在癸酉，始入邑校。丙子，有與僧會談事；丁丑，有勸兄弟同居事；戊寅，有斥風水事；己卯，有罷神賽事；壬午，有請毀淫祠等事；甲申，有闢巫覡等事；丙戌，有止赴水陸會等事；丁亥，有建祠堂奉先事；己丑，有登科調官等事；己亥，有非修五嶽廟等事；庚子，有不赴齋醮等事；辛丑，有答不事鬼神等事；壬寅，有調官及不避太歲土旺等事；甲辰考績，有門人奏留等事；乙巳，有復任霍州等事；丙午，有典文衡，論天道、王法及《太極圖》等事；己酉，有典文衡及論詩文等事；壬子，有典文衡，論配饗位次等事；甲寅，有寢疾棄世等事；乙卯，霍州建祠堂事之，蒲州建祠堂事之；辛酉，澠池建祠堂事之。此則其有道者然也。

「以其著述言之，歲在乙亥，《性理文集》成；丙戌，《家規輯略》成；丁亥，《男女訓戒詞》成；戊子，《夜行燭》書成；辛丑，《周易乾坤二卦解義》成；丁未，《通書述解》書成，《童子箴》成；戊申，《存疑録》書成，《太極圖説述解》書成，《氣化》、《形化》、《死生》、《輪迴》詩成，《太極圖説讚》及《辨戾》文成；己酉，《西銘述解》書、《儒家宗統譜》成；辛亥，《性理論文字》成；壬子，《孝經述解》成；乙卯，

《行實碑記》成，《拙巢鳴文集》成；丙辰，《月川文集》成。此則其有本者然也。

「先師自幼喜觀《太極圖》，涵蓄既久，默契於心，撮其大旨，而以月川喻之。出示學者，以在天之月喻萬殊之原於一本，以映水之月喻一理之散爲萬殊。大要形容一貫之理以樂其志，與周子《圖説》相爲表裏者也，因號月川子。既殁，交游之士稱『月川先生』云。

「昔胡安定教授蘇、湖，分經義、治事二齋，育人才而倡道學，古今稱師道焉。先師教授霍、蒲，明正道，息邪説，闢異端，斥流俗，仁義教人，忠孝立家，惟以興起斯文爲己任，其任重道遠，視胡公無愧也！」

撰《霍州祠堂記》曰：「月川先生曹夫子捐舘山西，藩憲大臣、帥府將士、郡邑大夫，吊祭者相屬於道。以公至其地，率多拜謁，其崇賢尚德之心，古未有也。霍州守土大夫，洎郡之先哲、學之英彦，咸相謂曰：『先生有言有德，有名有實，教授霍、蒲，移風易俗，著書立言，倡明道學；四方君子，識與不識，皆樂道之。今殁，吾儕讀其書，傳其學，可不建祠以祀乎？』以故同心合志，各捐己俸，經營相度，鳩工掄材，創祠於庠門内之東而莊奉之。噫！霍人事師，無間存殁，亦可謂真好學已！

「謝琚道出祠下，痛哭悲悼不置。僉謂琚親炙先生者也，宜敘述其事，以垂不朽。琚嘆曰：『先生道德高矣、美矣，豈予淺見薄識所能形容哉！雖然，先生視琚，恩愈父子，豈宜以拙故辭耶？』記曰：夫道在兩間，一太極之理而已。天得之而天極立，地得之而地極立，人得之而人極立。自然而然者，聖人也；勉然而然者，賢人也。堯、舜、禹、湯、文、武得之以君天下，皐、夔、稷、契、伊、傅、周、召得之以相天下，孔、曾、思、孟得之而開其源，周、程、張、朱得之而泝其流，用是道也。今月川曹夫子，上承往聖之統，下繼群賢之學，正家有規，教人有書，薄於責人而厚於責己，豐於祭養而約於自奉。講明經史，足以繼絶學於千載；排斥佛老，足以袪異端於百代。邪説以息，流俗以弭，所謂聖代之真儒，天民之先覺者歟！其存也，立雪於門，負笈於途者，争相師法。諸省大比，交致聘幣，以得先生爲幸。其歿也，吊者奠者接踵而至，則其生榮死哀，有如此夫！噫！先生之道，大用之則大效，小用之則小效，通天下學校，理宜崇祀，惟霍、蒲二州先祀者，蓋其過化之地，宜其率先而倡導之也。異時朝廷考德定謚，配饗夫子廟庭，未有不自霍、蒲始。予所記者，特述其道焉爾。若嘉言善行之實，則有陳公之文與予所著年譜在。」

撰《蒲州祠堂記》曰：「釋氏、老子之教流布天下，舉世尊而信之，莫能覺其非也。能覺其非而距之，而後可與入堯、舜、禹、湯、文、武、周公、孔子之道也。何者？釋氏出於自私之厭，而顓尚寂滅；老子出於自私之巧，而顓尚虚無。三代隆盛，未之有也。秦、漢而下始起而肆其言，人皆尊而信之，莫能覺其非也。是以愚昧者惑於誑誘，甘心迷歿；高明者膠於見聞，醉生夢死。嗚呼惜哉！誠能覺其非而距之，而後可入堯、舜、禹、湯、文、武、周公、孔子之道也。

「韓子曰：『不塞不流，不止不行，人其人，火其書，廬其居，明先王之道以道之。』程子曰：『道之不明，異端害之也。昔之害近而易知，今之害深而難辨。』朱子曰：『佛、老之害，不待深辨而明，只廢三綱五常這一事，已是極大罪名了，其他更不消説。』此則所謂覺其非而距之者。堯、舜、禹、湯、文、武之道賴之而復明，周公、孔子之教賴之而復行歟！

「聖朝道學大明，真儒輩出，於是河南崤澠之間，而月川曹先生出焉。方其幼也，則以希聖希賢爲己任；及其壯也，則以繼往開來爲己事。而其言曰：『佛氏以空爲性，則非天命之性、人受之中、民秉之彝矣。老氏以無爲道，則非率性之道、人由之路、民用之常矣。其於聖人精一執中之傳，果何有哉？』豈非所謂覺其非而距之者歟？不寧惟是，欲齊家則著《家規輯略》；欲教人則著《四書詳説》；欲明吾道，則《太極》、《西銘》、《通書》不容不釋；欲闢邪説，則《存疑録》、《夜行燭》不容不作。編《儒家宗統譜》，示人真源正派之所在，而不惑於他岐；撰《月川詩譜》，示人一本萬殊之微旨，而不溺於流俗。慮人子不知事親之義，則出《孝經述解》以誨之；恐學者不知文章之正，則編《性理文集》以教之。此其著書立言爲可尚也。親在，飲食、衣服，唯務精潔，養志悦色，必盡其心，而父母安其孝；親歿，蔬食，水飲，五味不入口，寢苫枕塊，始終無所間，而内外服其誠。先祖之合祀者，建祠堂以事之，四時有薦；外族之無後者，建義祠以奉之，百世不絶。作詩以勸兄弟之同居，立言以戒男女之不義。詣縣上書，請毁淫祠；貽書於人，止修神廟。身既卧病，力詆巫覡之非；偶與僧言，直斥神佛之妄。屢舉同僚之喪，每篤師弟之情。貧不能赴任者，濟之而加厚；客死於道旁者，葬之而不吝。勸官開倉賑濟，活者甚衆；諭學徒喪祭以禮，一郡皆化。此其尊聞行知爲可法也。以乙榜進士，歷霍、蒲二州學正。甲寅終於霍，權葬高氏之原。丁巳，遷柩歸葬澠池祖塋。二州學者建立祠堂，奉事學宮之次。則其德行文章有足感動於人者，豈以存殁而間哉！」

上張公敬河南按察司僉事。書曰：「琚聞言天下之公言，則聽之者易入；行天下之公事，則爲之者易成。此天理人情所必然，而古今所同然者也。然亦必得其人而托之，苟不得其人而托之，其欲言易入而事易成，戛乎難哉！孔子曰：『可與言而不與之言，失人；不可與言而與之言，失言。』琚於僉憲先生所謂得人托之而無失人失言之責者矣。言豈不易入，事豈不易成哉！我先師月川先生曹夫子，河南澠池人也。生伊洛之鄉，傳伊洛之道，學明五經，才兼衆善，辨異端而闢邪説，去淫辭而斥流俗，其志行之大類皆如此。永樂戊子，鄉貢進士，仕至霍、蒲學正。今歿矣，二州學者皆建立祠堂事之，惜乎所生之地澠池尚未有祠，無有能倡義而爲之者。

「先師之學，篤實光輝，明善誠身，爲己而不爲人也。先師之文，平易簡切，據經論事，典實而不浮華也。司教鐸則懇懇不倦，以成就後學爲己任；典文衡則去取至公，以甄别人才爲己事。親在，承志悦色，貧富未嘗少易；親歿，遵行禮制，始終未嘗或苟。方無恙也，藩臬公卿、府衛軍民求教者月無虚日；及不禄也，藩臬公卿、府衛軍民吊祭者踵接肩摩。而其學問之高明，心術之正大，著述之富多，《年譜》具載，一時不能悉數也。琚親炙既久，心悦誠服，其於先師言行出處，固能周知，然而勢位卑微，琚時爲國子學正。未能表白而光大之，將有托於僉憲先生也。謹齋沐筮日，略述其概以告。抑非一己之私言，乃天下之公言也；非一己之私事，乃天下之公事也。豈敢以同僚之故，而以私言私事相托者耶？惟先生其量察之！如其未見信也，詢諸方岳大臣，方岳大臣未必不以琚言爲公；詢諸閭閻細民，閭閻細民未必不以琚言爲當。夫然後知琚言爲不妄也。言曰天下之公言，事曰天下之公事，先生於此，豈但已乎！夫僉憲，風勵職也；先生，有爲人也。以有爲之人而居風勵之職，則知無不言，而言無不行矣。其於境内孝子順孫、義夫節婦，尚宜旌表之，月川先生，道學君子也，豈直孝子順孫云乎哉？義夫節婦云乎哉？先生採其事，抄其書，奏之朝廷，聖天子日親經筵，勵精聖學，將見頒其書於天下，列其名於祀典，必矣。又豈不易入而易成哉！夫然後天下之學者，孰不幡然興起曰：『月川先生富於學問而然爾，我可不自勉於學乎？』夫然後天下之典教者，孰不勃然奮發曰：『月川先生勤於教養而然爾，我可不自勵於教乎？』一言之聽，一事之行，天下爲師弟子者咸知自勉，則先生功業聲名之盛，爲何如哉！昔皮日休言韓文公配享於朝，潘慈明興周元公祠於郡，古今以爲美譚。先生以文章道學表率大邦，詎特日休、慈明比哉？琚昔厠僚寀之末，叨辱斯文之雅，扣驄馬而陳公論，望行塵而敢直述，干瀆清聽，蒙不自耻，惟冀嘉納而成人之美焉，斯文幸甚！天下幸甚！」

《皇明通紀》曰：「山西霍州學正曹端，卒于官，字正夫，河南澠池人。篤尚理學，教人務躬行實踐。日事著述，有《太極圖說》等書行于世。座下足兩磚處皆穿，專静之功居多。事父母，孝志愉色。遭喪，五味不入口，寢苫枕塊，始終不易。不用浮屠、巫覡。在霍庠十餘年，士子皆服從其教，循循雅飭，一於禮義，郡人亦皆薰陶而化。方岳重職不欲以屬禮待，至其郡，必敬謁之。後調蒲州學正。霍州弟子上章留之，蒲庠弟子亦上章争之，霍州先上得允，後竟終於霍。二郡人罷市巷哭，童子亦悲泣，其德化之能感人如此，學者稱月川先生。」

按曹月川學行如此，而楊方震《理學録》乃遺焉，豈微其爲校官耶？ 正德中，大司馬彭幸菴澤稱其爲本朝理學之冠，又舉從祀孔子廟庭。 嘗致書於河南李巡撫名允嗣，號梧山。曰：「我朝一代文明之盛。 經濟之學，莫盛於誠意伯劉公、潛溪宋公。 至於道學之傳，則斷自澠池月川曹先生始。」尚論君子，宜考於斯。

陸文裕公儼山撰先生記，其略曰：「予爲國子司業，時彭幸菴澤以太子太保爲都察院左都御史，欲舉曹端從祀天子廟庭，予時不敢主張，亦不甚知其爲人。 及來提學山西，始訪求之原。 正統間，蒲坂謝琚稱其孝親弟長，崇正闢邪。 又按幸菴西歸時，柬河南巡撫李梧山，以先生少負奇質，知讀書即慕聖賢之學。 修己教人，治家事親，奉先化俗，率自躬行，心得以推行之。 爲霍、蒲二州學正，四方學者從之甚衆，虛往實歸，各有成就。 河東薛文清公最推尊之。 卒於霍，遂留葬於彼。 吾蘭翰林編修卓菴黄先生，名諫。 過澠池，拜其祠，詢其墓所，僉曰在霍。 卓菴嘆曰：『老先生一代名儒，魂魄獨不思故鄉乎？ 遂捐貲屬縣尹並乃郎琇等移葬澠池。 其所著書，不下千種，藏於家，亦有頒行傳布者。 據所稱許，蓋好學篤信之人，其於斯文道統之所繫，竟何如也！」

天雄陳綬澠池縣知縣。 撰《太極》《西銘》述解序曰：「道德，萬世之公理，自古及今，不可得而昧也；文章，萬世之公器，自古及今，不可得而私也。 惟其不可昧，是以尊之者衆；惟其不可私，是以仰之者同。 求其二者得兼，斯名稱情，粹然一出於正，而無纖芥之可疑，我朝以來，月川曹先生可以當之矣。 先生感修竹之祥而生，以故骨甚清，節甚完。 年十八，遊黌舍，得毘陵謝應芳《辯惑編》，一覽而篤信之，遂棄俗學，淳如也。自是出入寢食，未嘗離手，蓋擇術之正，已定於幼學之時如此。及壯，博通五經，以詩魁鄉榜。明年會試，中乙科，得山西霍庠學正。先生不以爲卑，忻然就任，以爲吾之學可因仕而正矣。甫下車，進諸生於講下，示以正學。尊孔氏，黜異端，距詖行，放淫詞，一言一行，不離乎正道；淑己淑人，皆有乎正規。其所著述甚富，悉玉粹金精，一以正學爲根柢焉。故霍之人，淪骨洽髓，翕然化之，至今稱之不衰。以憂制去霍。服闋，改調於蒲正，學愈勵，蒲之人亦翕然化之，喜其來而悲其晚，無以異於霍也。考績，二州交章爭留，命復任霍，教孚遠近，不言而化。師徒一時相與之盛，宛然鄒、魯餘風也。先生道德文章，所謂可尊而不可昧，可仰而不可私者，寧不在茲也耶？

「陝右大司馬彭公過澠，首訊先生家世及其子孫，至極口稱揚，以方今正學直歸之。嗚呼！彭公一代偉人，最慎許可，而獨重乎先生，蓋真有見於此也。綏以庸疎調澠，未遑他務，首謁學宫，獲睹先生之像，訪遺書而親見先生之手澤，悚然敬服，遂與學博暨乃孫先求《太極》《西銘》二述解，重加校正而梓行之。其餘嘉言善行，蓋將有志於次第而得焉，用爲吏於此、生於此者，仕學之正宗，庶先生之道德文章，永爲萬世之正學而不可磨云。」

新都方揚陝州知州。撰《夜行燭序》曰：「鄒孟氏曰：『賢者以其昭昭使人昭昭。』夫所謂昭昭者，豈非吾人之真體哉！然不免古今聖愚之異者，物蔽之也。鑑本空而塵或翳之，泉本清而滓或淆之，真體本昭昭而私智或撓之。若是，則號於人曰有不然，其果不然耶？《語》曰：『指窮於爲薪火傳也，不知其盡也。』夫火之明也，而或窮於薪，薪窮則火亦窮矣。將以稱曰火不明，此果火之咎乎哉？然則真體之昭昭也，何以異於是？是故君子有自體之功，有體人之道。自體以昭昭，體人以其昭昭，此謂格物，此謂明明德於天下。」曰：「兹學也，何學也？」「蓋所稱大人之學也。宋儒而後，統之不絶也如綫矣。天啓皇明，以聖學理天下，一時真儒輩出，而月川曹先生者，挺生澠崤陵間。今觀其書，大都崇信六籍，雅志典禮，旁説曲喻，而一稟於正經。至稱其先人質行嗜學，卓然有聞，寔自是編伊始。則先生之道，由身而家，可謂得其大者。區區立言垂訓，特其緒餘土苴，顧足以重先生哉？雖然，先生之志見於名書，倘所謂以其昭昭使人昭昭，非耶？夫燭之明也，薪之屬也，至其所以明者，火之傳也。薪有時而窮，燭有時而跋，而火之真體則無時而不傳。然則先生之道與其不可見者，將歷千萬世而存，豈獨繫於書哉？噫嘻！火傳於爲燭，道傳於爲書，存書所以存道也。泥其籍而不求諸道，先生之志荒矣。」

德平唐文輝澠池學博。撰《年譜序》曰：「理學月川曹先生，澠人也。余承乏澠庠，凡先生之嘉言善行，諸所著述，幸得於聞見者，亦既詳且備矣。間閲先生《年譜》，見其明道淑人之功，闢邪崇正之力，自少至老，彰彰炳炳如是，真所謂迴狂瀾而中砥柱者。其裨益於斯道，詎小小哉？孟子云：『昔者禹抑洪水而天下平，周公兼夷狄、驅猛獸而百姓寧，孔子成《春秋》而亂臣賊子懼，我亦欲正人心，息邪説，距詖行，放淫詞，以承三聖者。』余謂月川之心，即孟氏之心也；其道，亦孟氏之道也。孟子肆辯於異端群起之時，月川卓立於吾道湮微之日，其心一，其道同也。」

月川曹先生理學證印要覽跋[1]

國家泰運弘開，斯道大明，其有賴於先生之言哉！編成尚未就梓，而曠君尹興山矣。適都憲吴公搜先生全書，壽春鄧君檢而閲之，得是册，忻忻然有當於心也，遂付之剞劂氏。蓋鄧君亦知學者，故愛而慕，慕而傳也。噫！兹刻也，余願今之學者因其言而實體先生之行則可，若徒取先生言而莊誦一過，遂以爲我知學也，我知學也，非余之所敢知也。

澠池縣儒學教諭桐栢楊繼明跋。

澠庠生張宗淵

李春先

茹進賢

胡來進

[1] 標題原無，今據文體補。

張大藴
馬行坤
衛　内
李極純
張信民
七世孫曹繼祖
曹繼儒仝校録

曹月川先生家規輯略

家規輯略序

且國有國法，家有家法，人事之常也。治國無法，則不能治其國；治家無法，則不能治其家。譬則爲方圓者不可以無規矩，爲平直者不可以無準繩。是故善治國、善治家者，必先立法以垂其後。自今觀之，江南第一家義門鄭氏，合千餘口而一家，歷千餘歲而一日，以其賢祖宗立法之嚴，賢子孫守法之謹而致然也。其法一百六十有八則，端悉録而寶之。今姑擇其切要者九十有四則，因其類聚群分，定爲一十四篇，名曰《家規輯略》。敬奉嚴君，祈令子孫習讀，而世世守行之，期底於鄭氏之美。而又妄述數十餘則以附其後，雖不能如鄭氏之《家規》妙合聖賢之心法，扶世道，正人心，敦教化，厚風俗，上以光其先，下以裕其後，亦庶乎治家垂訓之一小補云。

永樂丙戌正月甲子河南曹端謹序。

曹月川先生家規輯略

澠池縣知縣關西石允珍重梓
儒學署教諭事舉人黔南越應捷
訓導膠西王夢旭
河陽潘　汲
選貢生張信民
庠生李春先
茹進賢
胡來進
馬行坤
李良弼
上官亨
李極純
王一楓

衛　內
王道大
李戍時

祠堂第一凡十三則❶

一、起祠堂三間，繚以周垣，以奉先世神主，其儀式並遵《文公家禮》。

一、祠堂所以報本，宗子當嚴洒掃扃鐍之事。所有祭器、祭服，不許他用。

一、子孫入祠堂，當正衣冠，即如祖考之在上，不得嬉笑、對語、疾步，晨昏皆當致恭而退。

一、祭祀務在孝敬，以盡報本之誠。其或行禮不恭，離席自便，與夫跛倚、欠伸、噦噫、嚏欬，一切失容之事，量過議罰。

一、時祭之外，不得妄祀徼福。凡遇忌辰，當用素衣致祭，不作佛事，象錢寓馬亦併絶之。是日不得飲酒、食肉、聽樂，夜則出宿于外。

一、撥常稔田五十畝，別蓄其租，專充祭祀之費。其田券印「某郡某氏祭田」六字，字號步畝，亦當勒石祠堂之左，俾子孫永遠保守。有言質鬻者，以不孝論。

❶「凡十三則」，原無，今據原書目録及下文體例補。

一、凡遇生朝，父母舅姑存者，酒果三行；亡者，則致恭祠堂，終日追慕。

以上七則出鄭氏之舊本

一、祠堂之設，所以盡報本反始之心，尊祖敬宗之意，實有家名分之守，開業傳世之本也。常須修理完固，洒掃清浄，嚴加鎖閉，非參謁毋擅開入，尤不許將一應閑雜器物於内寄放，及令頭畜類入，俱屬褻瀆，違者不孝。

一、主人晨興，具服詣祠堂大門内，焚香再拜，退而升堂，擊鼓祗揖。

一、按《家禮》，主人、主婦近出，則入大門，瞻禮而行，歸亦如之。經宿而歸，則焚香再拜。遠出經旬以上，則再拜告云：「某將適某所，敢告。」又再拜而行。歸亦如之，但告云：「某今日歸自某所，敢見。」經月而歸，則開中門，立於階下，再拜。升自阼階，焚香告畢，降，復位，再拜。餘人亦然，但不開中門。

一、祠堂行禮之初儀：一通鼓，家衆具服；兩通鼓，詣外門下。如闔門之儀，令子弟一人立於兩行南端之中，俟三通鼓畢，唱云：「祭祀祖宗，務在孝敬，以盡報本之誠。」其或行禮不恭，離席自便，與夫跛倚、欠伸、噦噫、嚏欬，一切失容之事，俱屬不孝不敬。《詩》云「神之格思，不可度思，矧可射思」，戒之慎之！否則家規有罰。畢贊禮唱，敘立，男由左入，女由右入，各就位。

一、時祭行禮：贊禮，敘立，設神主。參神，行兩拜禮。降神，詣盥洗所，詣香棹前，跪，斟酒，俛伏，行兩拜禮，復位。進饌，復位。行初獻禮：詣香棹前，跪，獻帛，俛伏，詣高祖、高妣神位前，斟酒，跪，祭酒，俛伏，少退立，獻肝，行兩拜禮。諸位皆然。詣香棹前，詭，讀祭文，俛伏，復位。行亞獻禮：如初獻儀。侑食，主人斟酒，主婦插匙，退立香棹前，行兩拜禮，復位。闔門主人以下，敘立於門東；主婦以下，敘立於門西。祝三噫歆，啓門，復位。進茶，復位。受胙，詣香棹前，跪，受酒，祭酒，啐酒，祝嘏，主人置酒于席前，俛伏，行兩拜禮。跪，受飯，嘗飯，取酒，啐酒，俛伏，退，立于阼階。祝告利成，復位，行兩拜禮。辭神，行兩拜禮。以祭文同帛焚，納神主。禮畢。

一、齋戒告示，略云：某郡某氏見爲祭祀事。切惟時祭之禮，所以展孝思之心，盡報本之道，内當極其誠敬，外當肅其威儀，同寅協恭，務期感格。古人曰：「有其誠則有其神，無其誠則無其神。」爲此謹遵《文公家禮》，前期三日，主人率衆丈夫致齋于外，主婦率衆婦女致齋于内，沐浴更衣，飲酒不得至亂，食肉不得茹葷，不吊喪，不聽樂。凡凶穢之事，皆不得預。如違，以不孝論。

以上六則新增

家長第二 凡八則

一、家長總治一家大小事務，凡事令子弟分掌，然須謹守禮法，以制其下。其下有事，亦必咨禀而後行，不得私假，不得私與。

一、家長專以至公無私爲本，不狥偏私。如其有失，舉家隨而諫之，然必起敬起孝，毋妨和氣。若其不能任事，次者佐之。

一、爲家長者當以至誠待下。一言不可妄發，一行不可妄爲，庶合古人以身教之之意。臨事之際，毋察察而明，毋昧昧而昏，更須以量容人，常視一家如一身可也。

一、子孫固當竭力以奉尊長，爲尊長者亦不可挾此自尊，攘拳揎袂，忿言穢語，使人無所容身，甚非教養之道。若其有過，反復諭戒之，甚不得已，會衆箠之，以示耻辱。

一、主母之尊，欲使家衆悦服，不可使側室爲之，以亂尊卑。

以上五則出鄭氏之舊本

一、父母者，家人之嚴君也。切宜正其衣冠，尊其瞻視。使儼然人望而畏之。其下皆須嚴恭祗奉，聽於無聲，視於無形，使閨門之内有公府之嚴，方爲禮法之家。雖非父母，時爲家長者，皆當如此。

一、每旦，家長夙興外堂，與家衆分職授事，各量所能。至晚，復升堂，考其勤惰，以定賞罰。

一、古人治家之道，惟以身教爲先。爲家長者，必先躬行仁義，謹守禮法，以率其下。其下有不從化者，不可遽生暴怒，恐傷和氣。但當反躬自責，或傚繆彤掩户以自撾，或傚石奮對案而不食。❶

❶ 「石奮」，原作「右奮」，今據《史記·萬石張叔列傳》改。

其下悔改，即止不治，如果遇頑終化不省，❶然後責罰之。責罰不從，度不可容，陳之於官而放絶之，仍於宗圖上削其名，死生不許入祠堂。三年能改者，復之。

以上三則新增

宗子第三　凡四則

一、宗子上奉祖考，下一宗族，家長當竭力教養。若其不肖，當遵横渠張子之説，擇次賢者易之。

此一則出鄭氏之舊本

一、宗子上爲祖宗之祭主，下爲族人之表儀，其婚配必至二十以上。果能孝義仁恕，方爲擇配。務求端潔孝敬女子，及父母嚴謹素有家法者娶之。毋得妄娶非人，以壞家法。非人，爲奔女、孀婦之類。❷

一、冢子爲諸子之表，冢婦爲諸婦之儀，其責非輕，尤宜自重。孝義勤儉，以身先之；仁恕禮讓，以身率之。如此，則上悦下服，家和户寧，立名天地，垂裕子孫。慎哉慎哉！勉旃毋怠！

一、宗子乃立家之本，必預立之，使家衆知所統守可也。

以上三則新增

---

❶「遇」，疑當作「愚」。

❷「爲」，似當作「謂」。

諸子第四 凡三十九則

一、子孫須恂恂孝友，實有義家氣象。見兄長，坐必起，行必以序，應對必以名，毋以「爾」、「我」，諸婦並同。

一、兄弟相呼，各以其字冠於兄弟之上。如曰某字冠某字弟之類。夫妻亦當以字行，諸婦娣姒相呼並同。

一、子姪年非六十者，不許與伯叔連坐。違者，家長罰之。會膳不拘。

一、卑幼不得抵抗尊長，一日之長皆是。其有出言不遜，制行悖戾者，姑誨之。誨之不悛者，則重箠之。

一、子孫受長上訶責，不論是非，但當俯首默受，毋得分理。

一、子孫飲食，幼者必後於長者。言語亦必有倫，應對賓客，不得雜以俚俗方言。

一、子孫不得謔浪敗度，免巾徒跣。凡諸舉動，不得棹臂跳足，以陷輕偎。見賓客，亦當肅行祗揖，不可參差錯亂。

一、子孫不得目觀非禮之書，其涉戲淫褻之語者，即焚毀之，妖幻符呪之屬並同。

一、子孫毋習吏胥，毋爲僧道，毋狎屠竪，以壞亂心術。當以「仁義」二字銘心鏤骨，庶幾有成。

一、子孫不得惑於邪説，溺於淫祀，以徼福于鬼神。

一、子孫不得修建異端祠宇，粧塑土木形象。

一、子孫不得從事交結，以保助閭里爲名，而恣行己意，遂致輕冒刑憲，隳圮家業，故吾再申言之，切宜刻骨。

一、子孫當以和待鄉曲，我寧容人，毋使人容我。切不可先操忽人之心。若累相凌逼，進進不已者，當理直之。

一、子孫年未三十者，酒不許入脣。壯者惟許少飲，亦不宜沉酗盃酌，喧呶鼓舞，不顧尊長，違者箠之。若奉筵賓客，唯務誠實，不必强人以酒。

一、子孫處事接物，當務誠樸，不可置纖巧之物，務以悦人，以長華麗之習。

一、子孫不得與人眩奇鬭勝，兩不相下。彼以其奢，我以吾儉，吾何害哉！

一、子孫受人贄帛，皆納之公堂，後與回禮。

一、子孫不得無故設席。唯酒食是議，君子耻之。

一、子孫不得私造飲饌，以狥口腹之欲。違者姑誨之，誨之不悛，則責之。産者、病者不拘。

一、家産之成，難如升天，當以儉素是繩是準。唯酒器用銀外，子孫不得别造，以敗我家。

一、俗樂之設，誨淫長奢，切不可令子孫臧獲習肄之，違者家長箠之。

一、增拓産業，彼則出於不得已，吾則欲爲子孫悠久之計。當體究果直幾緡，盡數還足，不可與駔儈交謀，潛萌侵人利己之心。否則，天道好還，縱得之，必失之矣。交券極務分明，不可以物貨逋負相準。或有欠者，後當索價。又不可以秋税暗附他人之籍，使人陪輸官府，積禍非輕。

一、親姻饋送，一年一度。非常弔慶則不拘此。切不可過奢，又不可視貧而加薄，視富而加厚。

一、女子適人，若有外孫彌月之禮，唯首生者與之，餘並不許，但令人以食往慰問之。

一、子孫年十二，於正月朔出就外傅，見燈，不許入中門，入者箠之。

一、棊枰、雙陸、詞曲、蟲鳥之類，皆足以蠱惑心志，廢事敗家，子孫當一切棄絶之。

一、子孫不得養飛鷹獵犬，專事泆游，亦不得恣情取饜，以敗家事。違者以不孝論。

一、吾家既以孝義表門，所習所行，無非積善之事。子孫皆當體此，不得妄肆威福，圖脅人財，侵凌人産，以爲祖宗植德之累。違者以不孝論。

以上二十八則出鄭氏之舊本

一、父母有命善正，速行毋怠。命乖於禮法，則哀告再三，否則非孝。

一、諸子當先意承志，諭父母於道。不幸而父母有過，又當從容諫正，必置父母於無過之地，則爲大孝之道。苟視親有過而不諫，與用言相激而不恤，則爲不孝之甚。抑將爲大孝乎？將爲不孝乎？

一、孝、義、勤、儉謂之四寶。酒、色、財、氣謂之四賊。苟能守其寶而防其賊，則可以立身成家而顯親揚名矣。可不慎乎！

一、父母者，子之天地也。子若欺瞞父母，即欺瞞其天地。褻慢父母，即褻慢其天地。人而欺瞞褻慢天地，莫大之罪也。爲人子者可不深省而切戒之乎？

一、嚴君堂乃家人致恭之所，凡諸升降、出入、進退，必須整齊嚴肅，儼然如神明在上，毋得輕忽褻慢，違者以不孝論。

一、子婦凡受父母、舅姑之賞賜者，必於嚴君堂下先行四拜禮，升堂詣位前跪受，兩手高捧，降置於卓上，復行四拜禮而退。

一、子婦無事，則侍於父母、舅姑之所，容貌必恭，衣冠必整，言語必温，應對必慎。出入起居，必謹扶衛之。不可涕唾、喧呼、戲謔、嘻笑，必父母、舅姑命之坐則坐，命之退則退，違者不孝。

一、卑幼於尊長，晨亦省問，夜亦安置。坐而尊長過之則起。遇尊長於途，則拱手下面，俟立道左，有問則敬對，必俟其過而後徐行。不見尊長，經再宿以上，則四拜賀。冬至正旦，則六拜。朔望則四拜。凡拜數或尊長臨時減而止之，則從尊長之命。

一、小兒稍有知識，則教之以恭敬尊長，如有不知禮法，欺侮尊長者，則嚴訶禁之。其父母故縱而不禁者，家長罰之。

一、「你」、「我」乃尊長稱答卑幼之辭。今人子於父母，婦於舅姑，弟於兄長，妻於夫主，均以「你」、「我」稱答，甚無上下禮體。萬物之靈，切宜深戒！

一、酒以爲人合歡神。禹、武王何惡之深？以其喪德生亂，妨功縻穀故也。聽吾言者，切宜深戒。婦女絶不可飲。

以上十一則新增

諸婦第五凡二十三則

一、諸婦必須安詳恭敬。奉舅姑以孝，事丈夫以禮，待娣姒以和。然無故不出中門，夜行必以燭，無燭則止。如其淫狎，即宜屏放。若有妬忌、長舌者，姑誨之；誨之不悛，則責之；責之不悛，則出之。

一、諸婦媟言無耻及干與閫外事者，當罰拜以媿之。

一、諸婦初來，一月之外，許用便服。

一、諸婦服飾，毋事華靡，但務雅潔，違則罰之，更不許飲酒，年過五十者弗拘。

一、諸婦之家貧富不同，所用器物或有或無，家長量給之，庶使均而無怨。

一、諸婦主饋，十日一輪，年六十者免之。新娶之婦，與假三月。三月之外，即當主饋之時，外則告于祠堂，内則會茶以聞于衆。托故不至者，罰其夫。膳堂所有鎖鑰及器皿之類，主饋次第交之。

一、諸婦工作當聚一處，機梯紡績，各盡所長，非但别其勤惰，且革其私心。

一、諸婦之于母家二親，存，禮得歸寧；無者，不許其有吊慶。勢不可已者，則弗拘。

一、婦人親族有爲僧道者，不許往來。

一、世人生女，往往多致溺没。縱曰女子難嫁，荆釵布裙，有何不可？諸婦違者議罰。

一、女子年及八歲者，不許隨母到外家。餘雖至親之家，亦不許往。違者重罰其母。

一、各房用度雜物，公堂總買而均給之，不可私托鄉族越分競買鮮華之物，以起乖争。

一、莊婦類多無識之人，最能翻鬭是非，若匪高明，鮮有不遭聾瞽，切不可縱其來往。歲時展賀，亦不許入房闈。

一、朔望後一日，令諸生聚揖之時，直説古烈傳，使諸婦聽之。

以上十四則出鄭氏之舊本

一、諸婦輪流直堂者，鷄鳴而起，洒掃室堂，設椅棹，陳盥梳之具。舅姑起，則拂床疊被，侍立左右，以備使令。及夜，則復拂床展被，待舅姑寢，安置而退。

一、諸婦凡受私親之賜，如飲食、衣服、布帛、金銀之類，自尺寸分毫以上，皆當獻于舅姑，無舅姑則獻之家長。用則請而用之，不得私藏，不得私用，違者以私藏貨財論。

一、諸婦升嚴君堂，敢不梳頭洗面、繼腰纏脚、撩衣挽袖、棹臂跳足者，以不敬論。

一、諸婦夫死，有能持節守義而終身不願再嫁者，主父、主母當厚恤養，以全其志，毋使失所。違者必受天殃。

一、諸婦夫死，有願與夫同歸而自死者，當聞于官而厚葬之。所有遺嗣，主父、主母亦厚恤養，毋使失所，否者必受天殃。

一、諸婦夫死，而忘恩背義願適他人者，終身不許來往。如果有子，死後當依《文公家禮》，降服杖期而已。

一、女子自小便加嚴訓，使知三從四德之理、貞静專一之道，務必敦素雅潔，毋事華飾。違者罰其母。

一、女子有作非爲、犯淫狎者，與之刀繩，閉于牛驢房，聽其自死。其母不容者，出之；其父不容者，陳于官而放絶之。仍告于祠堂，于宗圖上削其名，死生不許入祠堂。既放而悔改，容死其女者復之。

一、婦女以柔順爲德，以貞烈爲行，切不可自輕其身，以貽父母之辱。

以上九則新增

男女第六凡六則

一、家中燕享，男女不得互相酬勸，庶幾有别。若家長、舅姑禮宜饋食者，非在此限。

一、男女不共圊溷，不共湢浴，以謹其嫌。春冬十日一浴，夏秋不拘。

一、男女不親授受，禮之常也。諸婦不得用刀鑷工剃面。

以上三則出鄭氏之舊本

一、今人内外筵會，男女同席共飲，互相酬勸，交相授受，甚者相爲戲謔，相爲比鬭，大非人理，有玷華風。吾家男女，七歲以上不同席，不共食，以嚴其别。違者罰其母。

一、今人有翁伯之尊于新婦之手自接小兒，有乖禮體，切宜深戒！

一、今人所以壞男女之禮者，莫甚于嫂叔及大小姑之夫。吾家男女，于此尤宜謹之，否則非禮法之家也。

以上三則新增

旦朔第七凡十則

一、每旦擊鐘二十四聲，家衆俱興。四聲咸盥漱，八聲入有序堂，家長中坐，男女分坐左右，令未冠子弟朗誦男女訓戒之詞。男訓云：「人家之盛衰，皆係乎積善與積惡而已。何謂『積善？』居家則孝弟，處事則仁恕，凡所以濟人者皆是也。何謂『積惡？』持己之勢以自强，尅人之財以自富，凡所以欺心者皆是也。是故能愛子孫者，遺之以善；不愛子孫者，遺之以惡。《傳》曰：『積善之家，必有餘慶。積不善之家，必有餘殃。』天理昭然，各宜深省。」女訓云：「家之和與不和，皆係乎婦人之賢否。何謂『賢？』事舅姑以孝順，奉丈夫以恭敬，待娣姒以温和，接子孫以慈愛，如此之類是也。何謂『否？』不親井臼，不勤織紝，長舌詆尊，淫妬無德，如此之類是也。天道甚近，福善禍淫，爲婦人者，不可不畏。」誦畢，男女起，向家長一揖，復分左右行，會揖而退。九聲，男會膳于同心堂，女會膳于安貞堂，三時並同。其不至者，家長規之。

一、朔望，家長率衆參謁祠堂。畢，出坐堂上，男女分立堂下。擊鼓二十四聲，令子弟一人唱云：

「聽聽聽！　凡爲子者必孝其親，爲妻者必敬其夫，爲兄者必愛其弟，爲弟者必恭其兄。聽聽聽！　毋徇私以妨大義，毋怠惰以荒厥事，毋縱奢侈以干天刑，毋用婦言以間和氣，毋爲横非以擾門庭，毋耽麯蘖以亂厥性。有一于此，既殞爾德，復隳爾胤。睠兹祖訓，實紛廢興。言之再三，爾宜深戒！　聽聽聽！」衆皆一揖，分東西行而坐，復令子姪誦孝弟故實一過，會揖而退。

以上二則出鄭氏之舊本

一、鷄鳴而起，乃子事父母、婦事舅姑之常禮。吾家男女，除六十歲以上、八歲以下之老穉者，質明起行禮，餘皆鷄鳴而起，詣父母、舅姑之所省問，退而各勤其事。待父母、舅姑起，咸會而肅行祇揖之禮。

一、朔望，家長夙興，率衆參謁祠堂。畢，出坐堂上，男女分立堂下，男先再拜，女先四拜。長者進，詣尊者跪，家衆皆跪。長者曰：「子某等伏願膝下備膺五福，保族宜家。」俛伏，興，退，復位。男復再拜，女復四拜。畢，令子姪朗誦毋聽婦言之戒。誦畢，男女升，分坐左右。復令子姪敬誦孝義故實一過。男女降，復分左右，行圓揖而退。

一、朔望，行香贊禮：唱，敘立，設神主。參神，行兩拜禮。降神，詣盥洗所。詣香棹前，跪，焚香，俛伏，行四拜禮。跪，斟酒，灌酒，俛伏，行兩拜禮，復位。主人、主婦同升，主人獻酒，主婦獻茶，退立香案前，行兩拜禮，復位。辭神，行兩拜禮，納神主，禮畢。

一、祭畢而燕，主父、主母升堂，擊鼓六聲，家衆敘立于堂下。先再拜，子弟之長者進立于位前，幼者一人執注立于其右，一人執盞立于其左。獻者跪，家衆皆跪。斟酒，獻于主父、主母位前，叉手祝曰：「祀事既成，❶祖考嘉享。伏願膝下備膺五福，保族宜家。」主父、主母舉酒飲畢，授幼者盞注，反其故處，長者俛伏，家衆亦然。興，退，與家衆皆再拜。主父、主母命坐，皆再拜而坐。❷主父命取注及長子之盞置于前，自斟之，遂命斟諸男子酒。主母命取注及長婦之盞，亦自斟之，遂命斟諸婦女酒。皆徧。主父祝曰：「祝事既成，五福之慶，願與汝曹共之。」衆皆起，敘立如前，俱再拜，就坐。飲訖，遂供饌。畢，然後泛行酒，盡歡而止。

一、每晚，家長升堂，家衆敘立，令未冠子弟朗誦男女之戒曰：「爲男子者，毋聽婦人之言。爲婦人者，毋辱男子之行。男子而聽婦人之言，如讒言破親，私言破義，凡可以離間骨肉者，皆是也。婦人而辱男子之行，如淫狎、竊盜、謔浪、敗度，凡可以致人笑耻者，皆是也。是故男效才良，豈聽婦人之言？女慕貞潔，豈辱男子之行？嗚呼！聽婦人之言者，則爲闒茸之男；辱男子之行者，則爲闒茸之婦。男女同聽，各宜深戒！」誦畢，家衆向長一揖，復分班圓揖。畢，男女以次升，咸温恭道安置而退。

一、每日食時，擊鼓八聲，男女會膳。主父、主母中坐，男女分坐左右。務必端嚴謹慎，毋得戲笑喧

❶「祀」，原作「祝」，今據道光本改。

❷「坐」，原作「生」，今據文義改。

嘩。其舉止亦必齊一，不可先後錯亂。違者罰拜以愧之。

一、每日三度會膳，以鼓齊之。苟聞鼓而不至者，注膳一度。

一、每日會膳之時，家衆坐定，令未冠子弟一人唱云：「父母，所以生吾身也；飲食，所以養吾身也。人能慕父母如饑渴之慕飲食，則孝心終身不怠，又豈可汚身敗度，以辱父母乎？」

以上八則新增

勸懲第八凡七則

一、立勸懲簿，監視掌之，月書功過，以爲善善惡惡之戒。有沮之者，以不孝論。

一、造二牌，一刻「勸」字，一刻「懲」字，一空一截，用紙寫帖，何人有過，何人有功，既上勸懲簿，更上牌中，掛會揖處，二日方取，以示賞罰。

一、監視糾正一家之是非，所以爲齊家之則，而家之盛衰係焉，不可顧忌不言。在上者當犯顔直諫，諫若不從，悦則復諫。在下者當教以人倫大義，不從則責，又不從則撻。

一、子孫倘有私置田業，私積貨財，事迹顯然彰著，衆得言之家長，家長率衆告于祠堂，擊鼓聲罪而榜于壁，更邀其所與親朋告語之，所私即便拘納公堂。有不服者，告官，以不孝論。其有立心無私，積勞于家者，優禮遇之，更於勸懲簿上明記其蹟，以示于後。

以上四則兼末則鄭氏舊本

一、子孫賭博無賴及一應違於禮法之事，家長度不可容，會衆罰拜以愧之。但長一年者，受三十拜。又不悛，則會衆而痛箠之。又不悛，則陳于官而放絶之。仍告于祠堂，於宗圖上削其名。三年能改者，復之。

一、置勸懲文簿，將家衆所爲善惡實跡分明附記，昭于後昆，使爲善者知所顯榮而愈加爲善，爲惡者知所羞辱而不敢爲惡，又將使後世子孫以善爲法，以惡爲戒。慎毋狥偏，妄肆威福。天地祖宗，實共臨之。

一、賞罰之法曰：上非賞罰，則無以爲勸善懲惡之道；下非賞罰，則無以啟向善悖惡之心。是則賞罰者，不惟家長當行，而家衆皆所當知也。今將家衆所爲善惡實跡，分明籍記，每三箇月一考，定爲三等九甲之法，以憑賞罰之。如子婦能孝義，又勤儉而無過者，考上上。能孝義而勤儉不足，亦無過者，考上中。孝義不足而勤儉有餘，亦無過者，考上下。孝義可稱，勤儉可取，而過有十之二三者，考中上。孝義可稱，勤儉頗可，而過有十之四五者，考中中。孝義頗可，勤儉可稱，而過有十之六七者，考中下。孝義頗可，勤儉全無，而過有十之八九者，考下上。孝義全無，勤儉頗可，而有十分之過者，考下中。孝義、勤儉絶無可稱，而又有十分之過，考下下。○上上者，簪花告祠，男則邀親賓享於祠堂，以諭榮之；婦則會茶於祠堂，賞紗綾手帕各一，絹布履材各一，針三十，線五色各十條，臙粉共三兩；更與假三日，俾歸寧父母，以彰其善。上中者，亦簪花告祠堂，男則邀親賓於嚴君堂，以奬勸之；婦則會茶於嚴君堂，賞綾手帕一，絹履材一，針二十，線五色各八條，臙粉二兩，亦與假二日，俾歸寧父母，以嘉之。上下者，不必簪花告祠，男但燕于嚴君堂，以勉勵之；婦亦會茶嚴君堂，賞紗手帕一，布履材一，針十，線五色各六條，臙粉二兩，亦與假一日，近者歸寧父母，遠者不許。中上者，男則賞酒三鍾，飯一盤；婦則會茶，但賞粗布履材一，針一十，綿線、山絲各二兩，餘並不與。中中者，男則賞酒三鍾；婦則不會茶，但賞綿線、山絲各一兩。中下者，免罰。下上者，男則罰半箇月不飲酒食肉；婦則罰舂磨汲水役五日。下中者，男則罰一月不許飲酒食肉；❶婦則罰舂磨汲水役十日。下下者，男則罰一箇半月不許飲酒食肉，加掃除牛下役三日；婦則罰舂磨汲水役半箇月。○若先考上上而再考又上上者，除賞本等外，明日又令次位子孫奉酒拜慶。先考上中而再考上上者，亦除以本等外，次日男則賞酒三盃，飯一盤；婦則又會茶，賞綿線、山絲各一兩。先考上上而再考上中者，以上上賞之。先考下上而再考下中者，以下下罰之。餘倣此。但先考下下而再考又下下者，仍罰本等。○若當罰日内有能奮然遷善改過，立有異行，可以顯親揚名者，即免之。仍記其善，於再考中作數。若當罰而抱怨不服者，除再量情罰法外，每五日加一日，亦記其過，於再考中作數。○當罰日内有遇時祭、俗節，父母、舅姑、夫及本身壽旦者，免之，仍告祠堂。畢，則詣嚴君堂謝之。

以上二則新增

❶「男」，原脱，今據文義補。

習學第九凡十六則

一、子孫爲學，❶須以孝義切切爲務。若一向偏滯詞章，深所不取。此實守家第一事，不可不慎。

一、小兒年五歲者，每朔望參祠講書，及忌日奉祭，可令學禮。入小學者，當預四時之祭，每日早膳後，亦隨衆到書齋祗揖。須直祠堂者，及齋長舉明，否則罰之；其母不容，亦罰之。

一、子孫八歲入小學，十二歲出就外傅，十六歲入大學，聘致明師訓飭，必以孝弟忠信爲主，期底於道。若年二十一歲，其業無所就者，令習治家理財，向學有進者不拘。

一、子弟已冠而習學者，每月十日一輪，挑背已記之書及譜圖家範之類。初次不通，去巾一日；再次不通，則倍之。三次不通，則分紒如未冠時，通則復之。

一、子弟未冠，學業未成，不得食肉。古有是法，非惟有以資於勤苦，抑欲其識虀鹽之味。

一、學禮：凡爲人要識道理，識理法。在家庭事父母，入書院事先生，並要恭敬順從，遵依教誨。與之言則應，教之事則行，毋得怠慢，自任己意。

一、學誦：專心看字，斷句，慢讀，須要字字分明，毋得目視東西，手弄他物。

一、學坐：定坐端身，齊手斂足，毋得偃仰傾側。

❶「一」，原脱，今據本書體例補。

一、學言：樸實語事，毋得妄誕；低細出聲，毋得叫喚。
一、學書：臻志把筆，並要齊整圓净，毋得輕意糊塗。
一、學揖：低頭曲腰，出聲收手，毋得輕率慢易。
一、學行：籠手徐行，毋得棹背跳足。❶
一、學立：拱手立身，毋得跛倚攲斜。

以上八則出真舍人定

一、子弟爲學，必先尊師重友。聖賢之道，切不可有自足之心。
一、子弟爲學，當以聖賢正道自期，不可流於異端。
一、子弟爲學，須將聖經賢傳字字句句於心上理會，務要體之於身，見之於行，不可只做一塲話説。

以上三則新增

冠笄第十 凡六則

一、子弟當冠，須延有德之賓，庶可責以成人之道。其儀式並遵《文公家禮》。
一、子弟年十六歲以上，許行冠禮，須能暗記四書、一經正文，講説大義，方可行之，否則直至二十一

❶ 「背」，疑當作「臂」。

歲。弟若先能，則先冠以媿之。

一、子弟未冠者，不許以字行，不許以弟稱，庶幾合于古人責成人之意。

一、女笄者，母爲選賓行禮，製辭字之。

一、凡爲童子，以事長爲事，紒而不冠，衣而不裳，名而不字，皆所以別成人，教遜弟也。

一、冠禮之設，將責以爲人弟，爲人臣，爲人少者之行，其禮可不重歟！

以上六則新增

婚姻第十一凡九則

一、婚姻乃人道之本，親迎、醮率、奠鴈、授綏之禮，今多違之。今一去時俗之習，其儀式並遵《文公家禮》。

一、婚嫁必須擇温良有家法者，不可慕富貴以虧擇配之義。其家强逆亂、世有惡疾者，毋得與議。違者不孝。詳見《文公家禮》。

一、娶婦須以嗣親爲重，不得享賓，不得用樂，違者罰之。入門四日，壻婦同往婦家行謁見之禮。

一、娶婦三日，婦則見於祠堂，男則於堂中行受家規之禮。先拜四拜，家長以規授之，祝其謹守毋失，復拜四拜而去。

一、女子議親，須謀於衆。其或父母於幼年妄許者，公堂不與粧奩。

一、凡議婚姻，當先察其婿與婦之性行及家法何如。

以上五則出鄭氏之舊本

一、擇配必於男女十四五以上，方見賢愚，否則必有後悔。

一、擇婚姻，但以德行家法，不可溺陰陽非禮之論，尤不可效夷虜論財之道。

一、婚姻但以及時爲貴，不可太遲，不可太蚤。

以上四則新增

喪禮第十二凡六則

一、喪禮久廢，多惑於釋、老之說，今皆絶之。其儀式並遵《文公家禮》。

一、子孫臨喪，當務盡禮，不得惑於陰陽，非禮拘忌，以乖大義。非禮拘忌，如呼注妨損之類。

一、喪事不得用樂，服未缺者，❶不得飲酒食肉，違者不孝。詳見《文公家禮》。

以上三則出鄭氏之舊本

一、喪禮以哀爲本，不可妄行鋪張，祭儀務爲觀美。

一、古者棺七寸，椁稱之。今既依《文公家禮》，用灰隔之制，椁固不用，其棺必須厚三寸以上，塗以

❶「缺」，當作「闋」。

松脂，方爲可用，否則非孝子之心也。

一、葬埋之法，當用趙忠敏公族葬之圖，左昭右穆，以世爲列，不可淆亂。

以上三則新增

推仁第十三凡十四則

一、宗人實共一氣所生，彼病則吾病，彼辱則吾辱，理勢然也。子孫當委曲庇覆，勿使失所，切不可恃勢淩轢，以忝厥祖。更於缺食之際，揆其貧者，月給穀六斗，直至秋成住給。其不能婚姻者，助之。

一、宗人無子，實墜厥祀，當擇親近者爲繼立之，更少資之。

一、宗人苦寒，深當憫惻，其果無衣與絮者，子孫當量力而資助之。

一、宗族之無所歸者，量撥房屋以居之。更勸勿用火葬。無地者，聽埋義塚之中。

一、祖父所建義祠，蓋奉宗族之無後者。立春祭先祖畢，當令子弟設饌祭之，更爲脩理，毋致隳廢壞。

一、里黨或有缺，裁量出穀借之，後催原穀歸還，勿收其息。其無子之家，給助粥穀二斗五升。

一、里黨痒疴疾痛，吾子孫當深念之。彼不自給，況望其饋送我乎？但有一毫相贈，亦不可受，違者必受天殃。

一、展藥市一區，收貯藥材。鄰族疾病，其症章章可驗，如瘧痢癰癤之類，施藥與之，更須診察寒熱虛實，不可慢易。此外不可妄與，恐致悮人。

一、橋圮路淖，子孫倘有餘資，當助脩治，以便行客。或遇隆暑，又當於通衢設湯茗一二處，以濟渴者，自六月朔至八月朔止。

一、立義塚一所，鄉鄰死亡，委無子孫者，與給棺櫝埋之。其鰥寡孤獨，果無以自存者，❶時周給之。

一、拯救宗族里黨一應等物，令監視置推仁簿逐項書之，歲終於家長前會算。其或沽名失實，及執文不肯支者，天必絶之。此吾拳拳真切之言，不可不謹，不可不慎！

以上十一則出鄭氏之舊本

一、牛之耕田，狗之防寇，有功於人，深所當念。吾家所畜牛、狗有三年以上之功者，死則埋之，其調良異常者，不拘三年之例。

一、子弟切不可於山野放火，延燒林木，傷害蟲鳥，有失仁心，違者天必不佑。

一、鄰里鄉黨，有遇水火、賊盜，當盡赴救，不可坐視，否則天必禍之。

以上三則新增

❶ 「以」，原作「一」，今據學海類編本《鄭氏規範》改。

治蠶第十四凡五則

一、每歲畜蠶，主母分給蠶種與諸婦，使之在房畜飼。待成熟時，却就蠶屋上箔，須令子弟直宿，以防風燭。所得之繭，當聚一處抽繅，更須預先抄寫各房所畜多寡之數，照什一之法賞之。

此一則出鄭氏之舊本

一、治蠶，當用古人所定之成法，不可苟且，枉廢人功。詳見《農書》。

一、畜蠶之道，但可量力爲之，不可貪多。

一、蠶室必須乾浄、温暖，不可太熱，不可太涼，否則蠶必不成。

一、諸婦治蠶，必須同心齊力，共成其事，不可相靠。違者家長罰之。

以上四則新增

曹月川先生記

陸文裕公儼山撰

予爲國子司業時，彭幸菴澤以太子太保爲都察院左都御史，欲舉曹端從祀夫子廟廷，以爲本朝理學之冠。予時不敢主張，予亦不甚知其爲人。及來提學山西，始訪求之。端，字正夫，別號月川，澠池人。永樂戊子鄉舉，己丑中副榜，任爲霍州、蒲州學正。後卒，葬霍州高氏原。正統間，蒲坂謝御史琚祀其祠堂，有曰：「聖朝道學大明，崤、澠之間，有月川曹先生出焉。自幼以聖賢爲己任。其言曰：『佛氏以空爲性，非天命之性、人受之中；老氏以虛爲道，非率性之道、人由之路。』嘗著《家規輯略》，釋《太極圖》、《西銘》、《通書》、《存疑録》、《夜行燭》，編《儒家宗統譜》，撰《月川詩圖》，《四書》有詳説，《孝經》有述解，性理有文編。孝親敬長，崇正闢邪。」其稱述如此。又按：彭幸菴西歸時，曾東河南巡撫都憲李梧山先生充嗣曰：「我朝一代文明之盛，經濟之學，莫盛於誠意伯劉公、潛溪宋公。至於道學之傳，則斷自澠池月川曹先生始也。先生少負奇質，知讀書即慕聖賢之學，脩己教人，治家事親，奉先化俗，率自躬行心得以推行之。爲霍、蒲二州學正，三典文衡，四方學者從之甚衆。虚往實歸，各有成就。河東薛文清公最推尊之。先生再典霍庠教也，霍人事先生如父母，既而卒於霍，遂留葬于彼。吾蘭翰林編修卓菴黄先生過澠池，拜其祠而詢其墓所，僉曰在霍。卓菴嘆曰：『狐死正丘首。老先生一代名儒，魂魄獨不思故鄉乎？』遂捐貲屬縣尹，並乃郎琇等移葬澠池。今其子孫有爲省祭官監生者。而其所著書不下千種，藏於家，亦有刊行傳布者。人曰曹先生子孫門祚衰薄，遺書亦恐久而散亡矣。」據所稱許，蓋好學篤信之人，其於斯文道統之所係者，竟何如也！彭東所指卓菴，即黄諫廷臣先生也。

明理學月川曹先生年譜纂

月川先生年譜纂序

道也者，生天、生地、生人而爲三才。夫人之生也，七尺軀耳，而參兩之責顧屬焉，非儒者大言以誇世也。分殊而理則一，效遠而行則近，用廣而體則實。故竅於中和，造端於夫婦，散見於子臣弟友，設施於九經三重，而極於位天地，育萬物，篤恭而天下平。總之，實心實理、實事實效，雖欲息肩弛擔而不可得者。自習静超悟之説興，或謂儒、釋大同，往往崇尚虚無以求見性，其所剖析至於不可思議，然竟如捕風捉影，茫乎未有歸宿，甚有舍立？而言權既流矣，何取於旁行？而猥曰「吾以任吾性也」，駭於鄉，讁於宦，譁於當年，疑於没世，豈盡人情忌修哉？無亦空譚勝，而實體處或有未至也。吾友張有孚氏，既爲《月川先生年譜》，將壽諸梓而問序於悟。悟爲先生鄉人，且其世未遠也，知先生最深。故僭言簡端，俾考先生之譜者，果崇尚虚無者耶？其實心而實效者耶？果捕風捉影，空譚而遺譏者耶？其不息肩弛擔而無媿於三才者耶？人品之真僞，學術之淳漓，道統之邪正，一開卷而知之矣。

萬曆丙午歲上元之吉賜進士第觀吏部政弘農後學王以悟頓首拜譔。

明理學月川曹先生年譜纂上

後學澠池張信民編次
陝州王以悟訂正
七世孫曹繼儒校録

洪武九年丙辰春正月，先生生。

按《家譜》云：其先山西平陽曲沃閻村人，本姓楊氏。五世祖諱嗣，以父命繼舅氏後，因姓曹。嗣生慶，徙垣曲葛伯寨。慶生仲和，徙永寧杜寺溝。仲和生伯達，伯達生敬祖，始徙澠池之窟陀里。敬祖，先生之父也，娶邵氏。先舉二子。至是感修竹之祥，於十有三日午刻而生先生。

洪武十年丁巳，先生年二歲。能識數目方名。

父教以數目方名，一過輒不忘。翌日詢之，無少差。父以穎悟奇之。

洪武十有一年戊午，先生年三歲。氣度端莊。

先生自少特異於人。與群兒立，必拱手正立，不妄戲謔言笑。處必直身端坐，不妄動作指顧。蓋其天性然也。父母曰：「儼然老成人一般。」因命名曰端，後字正夫。

洪武十有二年己未，先生年四歲。能知孝友。

先生自幼知愛敬，飲食必讓父母兄長，然後己用。出入或前或後，必候長者。節序相慶，父母呼宗族，語之曰：「端，吾家孝友人也。」

洪武十有三年庚申，先生年五歲。問《河圖》、《洛書》。

先生從父游學宮，見有觀《河圖》、《洛書》者，問曰：「此星子黑白不同，如何？」其人異之，謂曰：「分陰陽也，白是陽，黑是陰。」顧謂其父曰：「童子可教。」歸，畫圖於地，問父曰：「與書上相似麼？」父甚奇之。

洪武十有四年辛酉，先生年六歲。知拜祖塋。

時拜掃，方陳設，先生詣墓前揖，族人曰：「待行禮。」先生曰：「先作揖，也是恭敬的意思。」族人異之。

洪武十有五年壬戌，先生年七歲。問風、雨、雷、電、雲、霓。

時先生侍父側，見雲生，問曰：「雲從何處起？」見風起，問曰：「風從何處來？」雷鳴，問曰：「雷從何處興？」雨下，問曰：「雨從何處作？」電見，問曰：「電從何處有光？」虹見，問曰：「虹從何處有跡？」凡六問，皆造化所以然。父翌日詣學宮，詢其故，聞者曰：「異哉此子！他日當有大成就。」

洪武十有六年癸亥，先生年八歲。初入里學。

先生問於父曰：「以父事師乎？」曰：「師與父當一般敬。」自是言動必咨稟而行。

洪武十有七年甲子，先生年九歲。初讀《忠》、《孝經》。

先生讀《孝經》曰：「不如是，不成人子。」讀《忠經》曰：「不如是，不成人臣。」父問曰：「忠、孝二經何如？」對曰：「聖人之言自然，賢人之言勉强。」又問曰：「忠、孝二道乎？」對曰：「事君以忠，事親以孝，似二道。然孝也可事君，忠也可事親，實相須也。」父喜曰：「雖老師宿儒，不過如此説話。」○嘗曰：「人生上戴天，下履地，參兩間而立者，不能以忠孝立身，非大丈夫也。」

洪武十有八年乙丑，先生年十歲。初讀四書。

先生讀四書，則知《大學》、《中庸》是做人的様子。《論語》、《孟子》可兼之。嘗賦詩以咏其義，有曰：「聖帝明王同一道，常惺惺法是其要。」

洪武十有九年丙寅，先生年十一歲。初讀《尚書》。

先生讀《書》，即洞其旨要，曰：「治本於道，道本於心，爲一經之綱領。」○嘗曰：「學者因傳以求經，因經以求心，則聖賢之學，帝王之道，皆可得而識矣。」

洪武二十年丁卯，先生年十二歲。初讀《毛詩》。

○嘗曰：「觀《關雎》、《葛覃》、《卷耳》、《樛木》、《芣苢》諸章，可以識性情之正。」

洪武二十有一年戊辰，先生年十三歲。初讀《禮記》。

○嘗曰：「經傳混合，非聖人本意。」又曰：「學者須置身法度之中，一毫不可放肆。故曰『禮樂不可斯須去身』。」

洪武二十有二年己巳，先生年十四歲。初讀《周易》，後作《乾坤二卦解》。○嘗曰：「學者須要天理人欲之間見得分明，方始有益。一毫相雜，則學非其學，而德非其德矣。」

洪武二十有三年庚午，先生年十五歲，初讀《春秋》。

○嘗曰：「褒善貶惡，皆聖人微意也。」後作《程胡二傳解》。

洪武二十有四年辛未，先生年十六歲。初讀《通鑑綱目》、《儀禮》、《周禮》、諸子等書。

○嘗曰：「六經、四書，天下萬世言行之繩墨也，不可不使之先入其心。」至是，又取諸書盡讀之。上自三代，下及近世，諸儒文集，無不遍觀盡識。❶ 曰：「六經、四書之外，諸子百家之言，不讀其書，無以考覽得失而定其賢否，豈增飾文墨而已。雖周公、孔子之聖，猶且朝讀百篇，韋編三絶，況常人乎？」

洪武二十有五年壬申，先生年十七歲。建勤苦齋，搆室以陳經籍。書其户曰：「勤勤勤勤，不勤難爲人上人。苦苦苦苦，不苦如何通今古。」父命扁曰「勤苦齋」。

洪武二十有六年癸酉，先生年十八歲。初入邑庠。

按《文集》云：「余十八歲爲邑庠弟子員。」是實録也。

---

❶ 「遍」，原作「編」，今據文義改。

○自稱百拙生。

洪武二十有七年甲戌，先生年十九歲。夫人陳氏于歸。澠池陳公直，見先生勤學不倦，曰：「世有好學如是者乎？」以其女妻之。○夫人字順夫，賢而有德，洪武辛酉十二月二十日生。奉祖宗，事舅姑，能以古人爲師，先生甚敬禮之。蓋悦其婦道、母儀，皆可法云。

洪武二十有八年乙亥，先生年二十歲。初讀《辨惑編》。

按《辨惑編》序：「余二十歲得是書，如獲重璧，晝夜誦習，力行不怠。雖寢疾出外，未嘗釋手。蓋喜其明正道，闢邪説。粹然一出於正者也。」

○《性理文集成》。○先生見《胡仲子文集》，取其精要若干篇，命曰《性理文集》。曰：「作文必如是方善，不然，雖工無益。」○嘗曰：「孔門游、夏稱文學，亦何嘗秉筆爲詞章也？且如『觀乎天文以察時變，觀乎人文以化成天下』，此豈詞章之文也？故吕與叔有詩曰：『學如元凱方成癖，文似相如殆類俳。獨立孔門無一事，只輸顏子得心齋。』端亦偶成曰：『作文不必巧，載道則爲寶。不載道之文，臧文梲上藻。』言無味而意有在焉。」

洪武二十有九年丙子，先生年二十一歲。辭闢釋教。先生至是，志意堅定，内不溺於章句文辭之習，外不惑於異端邪説之謬，卓然以斯道爲己任。有老僧素諳釋典，鄉人甚敬信之。時先生歸省，鄉人陰令僧詰先生曰：「秀才勤學篤孝，但不信神佛，未善。」先生曰：「事之如何？」僧曰：「佛主輪迴，神主禍福，事則報本。」先生曰：「物本乎天，人本乎祖。人能敬天而不違，尊祖而繼志，是謂報本。若事神佛而言行違禮，何云報本？且佛法自漢明帝始入中國，漢去開闢數千餘年，豈漢以前無輪迴，獨漢以後有輪迴哉？神如關羽、李水等，皆漢世人，豈漢以前無主禍福，獨漢以後有主禍福哉？」僧曰：「輪迴不可逃，惟佛救度之。事佛者升天堂，不事者墮地獄。不可不信。」先生曰：「人，氣聚則生，氣散則死。猶旦晝之必然。安有死而復生爲人，生而復死爲鬼，往來不已，爲輪迴哉？天堂無則已，有則君子登；地獄無則已，有則小人入。如不分君子、小人，苟能事佛，一概升天堂，苟不事佛，一概入地獄，決無此理。且所謂天堂、地獄安在？自古及今，誰見乎？不過僧家設之以嚇愚民爾。使人皆事佛，不夫婦，乾坤內不過百年，無人類矣。佛法將安施？故曰：『我道如依三界説，乾坤不過百年空。』」僧無以對。久之，曰：「禍福不可逃，惟神能佑之，不可不事。」先生曰：「作善降祥，作惡降殃。禍福之來，人爲感之。使人不積善，見禍而諂神求免，神本至公，豈受枉法之贓，而倒禍福之柄乎？夫『積善之家必有餘慶，積不善之家必有餘殃』。天道福善禍淫，鬼神不能移也。如不分積善積惡，苟事神者一概受福，不事者一概受禍，豈有是理？《書》曰：『惠迪吉，從逆凶。』鬼神何與？」僧無以對。曰：「公説神佛皆不足事，歷代何以立教門，崇祀典乎？」先生曰：「佛出西方，本以化導胡人，胡人事之，中國可乎？故韓文公《佛骨表》云：『人其人，火其書，廬其居。』明先王之道以道之。至於神之有功德於民者，其祀典亦不敢僭禮。天子祭天地，諸侯祭山川，大夫祭五祀，士庶人祭其祖先。上得以兼下，下不得以僭上。今一郡一邑，神祀數百，一村一落，神祠數十，家家事天地，人人祭山川，甚者昊天上帝與五嶽及忠臣烈士同坐一室，共饗一祀，悖禮傷教，不可勝言。魯公三望，《春秋》譏之；季氏旅泰山，孔子非之。況庶人乎？古者民不祀非族，神不歆非類，故狄梁公奏黜江南淫祠千餘，爲此故也。彼釋家妄説輪迴，惑世誣民，滅天理矣；抛妻子，離父母，滅人倫矣。雖事神佛，無以救滅理亂倫之罪，況能報本耶？舍中國先王之法，從事夷狄空寂之教，舍劬育罔極之恩，周旋釋氏悖逆之像，謂之忘本可也，豈能報本？如欲報本，棄而幼習，歸而故家，拜父母於堂上，饗祖宗於地下，納室生子，思以繼續宗祀。上則供賦税，下則守禮法，仰以事其父母，俯以畜其妻子，此所謂出幽谷而遷喬木也。報本之道，舍是何以哉？」僧默然良久，曰：「秀才言是也，恨年老不能從學耳。」咨嗟嘆息，以杖擊地者久之。

洪武三十年丁丑，先生年二十二歲。勸兄弟勿析居。

先生兄弟六人，長竑，次翊，次先生，次竚，次靖，次昱。間有欲析居者，先生作書勸之。詳見《夜行燭》。其略云：「兄弟天合，夫婦人合。今有兄弟分居，未聞夫婦分居者，是踈天合而親人合也。非惑與？」因作詩使童子誦之。詩曰：「堪嘆今人這樣愚，親親兄弟各分居。陳褒畜犬猶知義，何乃爲人反不如。」又曰：「舉世誰親兄弟親，原從一氣上分身。今人各自私妻子，不認同胞共乳人。」

洪武三十有一年戊寅，先生年二十三歲。勸族人勿用堪輿術。

有欲用風水營葬者，先生力詆其非，以詩諷之曰：「葬家風水果何由？舉世滔滔苦信求。我道如依風水説，陰陽箇箇做王侯。」

洪武三十有二年己卯，建文元年。先生年二十四歲。勸父勿賽神。

是歲，先生父從里中約，當宰社，先生至，不進飲食，勸止之。且言：「賽神無益，設有利害，願以身當之。」所陳天道人事最詳。大要言：行神賽，從人欲也。罷神賽，從天理也。聖賢千言萬語，只是遏人欲、明天理而已，言甚痛切，從之。

洪武三十有三年庚辰，建文二年。先生年二十五歲。被盜，不訟。

先生二絹置書舍，失之，同舍愕然。先生曰：「人失人得，不足介意。」同舍曰：「訟之，某盜某見也。」先生曰：「訟則其人一生復何自立？二絹微物，而壞人行止，不可。」

〇子琇生。〇六月六日戌時也，字如玉。最賢，言動綽有父風。霍、蒲喪葬，不用浮屠，率請如玉相禮。父母殁，與弟良玉廬墓。屢舉賢良方正孝行，皆不就。撫育季弟美玉，友愛切至。

洪武三十有四年辛巳，建文三年。先生年二十六歲。攝澠儒學事。

〇逮繫縣獄。〇時部使者照刷文卷，以前官卷案不如式，罣誤下獄。先生處之泰然，作詩自遣。有云：「仰天心無愧，俯地意不慚。」未幾而白。

洪武三十有五年壬午，建文四年。先生年二十七歲。請毁淫祠。

時澠淫祠過多，先生上書請毁之。邑令楊某者從其言，即令先生躬詣四鄉，監毁百餘所。爲設里社、里穀壇，使民祈報焉。惟存夏禹、雷公二廟而已。

永樂元年癸未，先生年二十八歲。説《中庸》，庠師悦服之。

有庠師初莅任，命諸生講《中庸》。聞先生發明親切，條分縷析，無不中理，大驚異。翌日，延至家，執其手曰：「公真秀才也！用何工夫至此？我輩止於記誦文辭，涉獵科目耳，未聞講論精微到此地位者。」

先生博學精研，嘗曰：「儒書不博觀，無以探其本末源委之真；異典不涉獵，無以鑒其似是實非之的。」故能講説詳明正大，非俗儒所及。

○子珮生。○正月二十八日子時也，字用玉。性慷慨，能幹，先生以家事委之。

永樂二年甲申，先生年二十九歲。寢疾，拒用巫覡。

○先生疾，家人禱諸鬼神，巫覡以禳之，又以秤稱衣，名曰「取魂」。先生曰：「禍非禳而去，福非禱而至。且人生陰魄陽魂，未嘗相離，譬則形影然。魂氣上升，魄氣下降，魂魄離則死矣。豈有取魂、招魄之理？」巫覡間至疾所，曰：「秀才西王神崇之。」先生曰：「西王何神？」曰：「主生死神也。」先生曰：「爾本無知，妄言禍福。西王是夏禹，平水土，有天下。後人思其功德，立廟城西，俗呼西王爾。王在當時，見罪人，下車而泣。我一書生，何罪之有？」巫曰：「强秀才不信鬼神，終當至死。」先生曰：「吾平生事親事兄未嘗違禮，處家處鄉未嘗越分，無得罪神明者。孔子曰：『丘之禱久矣。』今者疾乃天行之數，人所不免，非鬼神有意害我也。古者異行有誅，異言有禁，今法律亦有師巫邪術之罪。汝輩男女混雜，瀆亂倫理，陽奉神，陰圖財，誑世惑衆，傷風敗俗，罪莫大焉！」巫覡懼服。後先生疾瘥。父兄欲以牲祭天，先生扶杖起，跪曰：「敬鬼神而遠之，可也。何必褻瀆爲？惑於邪説，溺於流俗，聖賢之罪人也。」固止之。

永樂三年乙酉，先生年三十歲。應鄉試，不第。

先生未第，人歸罪造物，先生曰：「學問未充，造物何關？」益勤苦無厭。時直指使按臨，詢諸生賢否，皆推重先生勤學篤孝。嘗作《永思堂記》，直指使覽而異之，曰：「古者劉蕡下第，同類恥之。此人庶幾焉。」諭其父兄，蠲徭役。

永樂四年丙戌，先生年三十一歲。《家規輯略》成。

先生取義門《鄭氏家規》九十餘條，自撰六十餘條，編爲十有四篇，命曰《家規輯略》。白其父，令子弟誦習而守之。序略云：「國有國法，家有家法，人事之常也。治國無法則不能治其國，治家無法則不能治其家。譬則爲方圓者不可以無規矩，爲平直者不可以無準繩。是故善治國家者，必先立法以垂其後。自今觀之，江南第一家義門鄭氏，合千餘口而一家，歷千餘歲而一日，以其賢祖宗立法之嚴，賢子孫守法之謹而致然也。」

○勸彭、鄭二先生勿赴水陸會。○按《拙巢鳴》先生上二先生書云：「切見僧不爲道醮而廢齋，道不爲僧齋而廢醮，是彼各知自重也。爲儒家者，祖天地，宗帝王，師周、孔，將以正人心，扶世道，反爲齋醮而廢禮，是自輕耳。寧無愧乎？且吾儒家之禮，原出於天地，制成於帝王，自周公而上作之者非一人，自周公而下明之者亦非一人矣。具載五經、四書，詳且備焉。彼釋迦、老聃之書，本無齋醮之論，而梁武、宋徽之君，妄爲齋醮之説，故武餓死臺城而徽流落金虜。本欲求福，反爲得禍，奈何世不知戒？踵繆成俗。言至於此，甚可痛也！故朱子曰：『這些邪見，壞世間多少好人，破却世間多少好事。』誠如是言。伏惟先生爲斯文之宗主，其於繼往聖，開來學，正人心，息邪説，存之素矣。兹有僧佯修善事，擅聚邑人，男女混雜，晝夜留連，甚非禮也。端愧無道以正群心，而竊有望於先生也。輒忘固陋，僭申狂愚，冀先生聽之，距其事，俾邑人好怪者不得借爲口實，以蠱人心，則斯文幸甚！風俗幸甚！」二公從之。

永樂五年丁亥，先生年三十二歲。初建家祠成。

初，曹氏祖父從流俗，事淫祠，先生白父請建祠堂，依《文公家禮》以奉先世神主。置祭田二十畝，祭帛取諸蠶桑，爲籍印識，使子孫奉行焉。

○《男女訓誡辭》成。○見《家規輯略》。

○赴垣曲省祖墓。○高祖慶，曾祖仲和，丘壟在焉。

○子琰生。○八月九日午時也，字廷玉。天性淳篤無僞。

永樂六年戊子，先生年三十三歲。春三月，《夜行燭》成。

先生此書，蓋取「夜行以燭」之義，以告其父者。書凡十有五篇，首陳善惡禍福之由，繼以保身正家之要，其間明禮却俗，闢道闢邪，訓子孫，友兄弟，睦宗族，和鄉里，嘉言善行，無所不備。其所以閑先聖之道，破愚俗之見，正人心以息邪説者，誠大有所關也。書成，命曰《夜行燭》。父嘉納而力行之。

〇秋八月，舉於鄉。

翰林博士馬巨江、訓導李居恭所取也，名在第二，爲《詩經》魁。

〇有司表其里，曰「端士里」。

其里本名窟陀，有司察先生言行端正，見道不惑，復以文學魁鄉，故易之。有司吴公，名友信，湖廣人。

永樂七年己丑，先生年三十四歲。春二月，會試南宮，登乙榜第一。〇夏四月，授山西霍州儒學學正。

同列以先生才高，典教鐸恐不樂，先生曰：「不然。某於道未有所得，今得是除，喜其温故尚可知新，庶幾深造於道。《書》曰：『惟斆學半，念終始，典於學。』是言斆與學，各有得也。」

〇與白雲先生同升講席。

霍人李德，字紹賢，白雲其號也。先庠師乏員，請爲賓師。聞先生除，謂諸生曰：「聞新博士年妙才高，我當早退。」即日辭去。先生至，命諸生請同升講席。相與答問論辨，久而愈敬。白雲語諸生曰：「學不厭，教不倦，不遷怒，不貳過，不挾長，不挾貴，曹先生之盛德也。其知古今之宜，達事變之節，尊所聞，行所知，區區莫能及之。倡明道學，繼往開來，必先生也。古人云『經師易得，人師難逢』，今得人師矣，可不自勉！」由是諸生竦動，四方聞風來學者，雲擁川至，文風大振晋陽間矣。

永樂八年庚寅，先生年三十五歲。霍州饑，輒分俸濟諸生之貧者，又勸守發倉賑貧民，郡中多賴之。

○資助滇南官之任。○時有官任滇南，途次霍，凍餒不能行。先生惻然，解衣衣之，備給其餱粮路費。諸生感化，多有資助之者。

○代養邢清母。○貢士邢清赴太學，憂母老闕養，言輒泣下。先生曰：「汝第往勿慮，吾爲若養之。」先生夫人尤加厚待。三年歸省，母子感激不已。邢官歷縣尹，未嘗一日不念先生之德。

○子瑺生。○二月二十四日酉時也，字良玉。性穎悟，强記過人，善屬文，能詩，熟於舉業，以繼述自期。父母殁，與兄如玉廬墓。後官渭源縣尹。

○赴曲沃省祖墓。

永樂九年辛卯，先生年三十六歲。迎親就養。

○治同僚喪。○司訓張睿，遂平人，以疾終。母老子幼，先生爲主其喪，備棺槨，卜葬地，一依《文公家禮》。後歸葬，復資給周備，遣人護送，祀墓而還。

○霍州門人秦昭登鄉試第一。○霍庠高弟也。於先生講論，始疑之，終悦之。《四書詳説》由所請而成。

○是歲，自稱「古愚子」。

永樂十年壬辰，先生年三十七歲。建義祠成。

先生父幼孤，出贅邵氏，資教養焉。邵氏無後，故别立義祠祀之，亦義起也。○初，邵氏與曹氏合祀一祠，其位次，曹居右，邵居左，承父志也。今别建祠分祀，以正經制焉。

○汾西范琮來學。○琮父約，太僕丞。聞先生倡明道學，遣子從學。後登永樂乙未進士，官庶吉士。

○樵者從化。○時霍州有樵者，鬻薪獲米，誤得金釵，明日還其主。或曰：「辛苦得釵，何輕也？」樵者曰：「曹郡博，有道人也。以有道者倡教吾霍，可不知化乎？」先生聞之曰：「十室之邑，必有忠信。」訪其姓名，入郡志。

永樂十有一年癸巳，先生年三十八歲。建養素堂。

○西蜀張澍、張浩來學。○資縣人，父鑑，禮部員外郎。聞先生倡道於霍，遣二子來學。澍蚤卒。浩登宣德庚戌乙科。

○客死於道者，捐財葬之。

先生間出霍城西，有中暑而死者，不知何許人，居汾西，鬻薪於霍，其妻抱子哭其傍。先生問焉，對曰：「夫婦遠離鄉土，以賣柴爲生。今死於道，夫何能葬？妾何能歸乎？」欲鬻其子。先生固止，令取蓆藁葬之，又以布二疋給其婦。婦謝曰：「非逢仁人，吾母子相繼而死。」

永樂十有二年甲午，先生年三十九歲。二親歸澠池。

○保定王綱來學。○祁州人，父坦，官給事中。聞先生風，遣子就學，後中乙科。

○參政張公以「廉静」贈之。

○張公臨霍，察先生學行卓異，執其手曰：「今日乃知曹正夫也。」大書「廉静」二字贈之。當時稱廉静先生者，本此。

○霍州門人郭晟等中鄉舉，六人。

永樂十有三年乙未，先生年四十歲。汾西仇鎮來學。

鎮字仲威，父益，浙江按察使，聞先生傳伊洛之學，遣鎮來學。中乙科，官至膠州知州。

○霍人撤淫祠者數家。服先生之教，舉行家禮。

○誕辰，不受賀。

先生嘗曰：「夫生日者，父憂母苦之日也。人子親在，則當設酒殽，拜父母；親歿，宜倍恭祠堂，終日哀慕。子在親歿，安忍召賓客作樂乎？唐太宗生日不受章奏，況其下者哉？」

永樂十有四年丙申，先生年四十一歲。赴曲沃及垣曲省墓。

○還澠池省親。

先生至家，言語謙和，禮貌恭肅。出入不騎乘，温温恂恂，未嘗以賢知先人。鄉黨媚戚相謂曰：「異常人遠矣！」

○高文質速化。○霍州鄉貢士文昌之兄也。與同輩觀樂，中途返，曰：「此行曹先生得無知乎？

如知，何面目相見？ 縱不知，終當自愧。」不往。 歸，謂人曰：「觀曹先生書籍，聽曹先生説話，饑可以忘食，寒可以忘衣，可輕其身從流俗乎？」

永樂十有五年丁酉，先生年四十二歲。 山西請爲執事。

○誡子孫安分。

先生嘗謂子孫曰：「人之處世，貴乎守己安分。 夫安則無人欲陷溺之危，守則無亡身敗家之失。即此便不貧窮，即此便是富貴。 不可奸狡取便宜也。」因作詩以諭之云：「越奸越狡越貧窮，奸狡原來天不容。 富貴若從奸狡得，世間癡漢吸西風。」

○孫鐸生。 ○如玉子。

○霍州門人劉勝等中鄉舉，五人。

永樂十有六年戊戌，先生年四十三歲。

春正月，母邵氏卒。 奔喪澠池。 既窆，廬於墓所。 二十有四日訃至，被髪跣足，號泣不輟，明日遂行。 水漿不入口者三日。 途中苫塊水飲，見者洒涕。 徒步抵家，形容憔悴，柴毁骨立，杖而後起。吊祭者哭迎，哭送，無少怠。 喪葬一如《文公家禮》，不狥風水齋醮，四方觀者幾千人。 既葬，廬於墓所，不食菜果鹽醯，負土成丘，植栢成林。 靈雀巢於樹，雉兔狎遊其間，鄉黨異之。

○冬十有一月，先生父亦卒。

是月初十日也。 喪葬一如前。 倚廬墓所，四方學者愈衆。 有司旌之，先生辭曰：「人子當爲事，非有加也。第恐力行未至，遺笑耳，敢希名高乎！」

永樂十有七年己亥，先生年四十四歲。廬於墓所。

○新安游藝來學。○字文博。丁酉鄉貢士，春闈不第，就墓次而稟學焉。

○闢邢端修五嶽廟。

大使邢端重修五嶽廟成，請先生撰告文。先生辭而闢之。大略言：「天子祭天地及天下名山大川，諸侯祭境内山川，大夫祭五祀，士、庶人祭其祖先，此定分也。所謂五嶽，諸侯亦不得合祭。東嶽泰山在魯封内，惟魯侯得以祭之。西嶽華山在秦封内，惟秦伯得以祭之。南嶽衡山在楚封内，惟楚子得以祭之。北嶽恒山在齊封内，惟齊侯得以祭之。中嶽嵩山在鄭封内，惟鄭伯得以祭之。今官不至侯、伯，職不比子、男，乃合五嶽兼祭之，僭分越禮，莫此爲甚。」言最激切，端慚謝。

永樂十有八年庚子，先生年四十五歲，廬於墓所。

○霍州諸生詣闕疏請先生復任。

先生制未闋，諸生思其德，故有此請。吏部以制未終，不報。朝廷由是知名。

○友人設齋醮，請先生祖先姓名奉之，先生隱其姓名，不赴。

澠池有仕而家居者，命羽流設醮，僧流設齋，請先生三代名字供奉，亦敬賢之誠意也。先生答以偶忘其名字爾。再三請求，終不赴。異日，其人猶不樂。先生曰：「佛本無設齋之説，梁武帝始啟之，其後餓死臺城。老氏本無設醮之説，宋徽宗始啟之，其後困死金虜。欲求冥福，乃得實禍，覆轍可鑒也！」其人又不然。先生曰：「渠假棒頭之威，取不義之財，不能修省，諂求鬼神，己不循禮，而又誣他人。吾家自上世以來，皆尚清白，安貧賤，是以不赴也。」其人大慚。後語人曰：「曹公之言是也，吾終自惶恐。」

○戴振來學。○字文舉，澠庠生，稟學墓次中。是年鄉舉，官懷仁縣尹。今入鄉賢。

永樂十有九年辛丑，先生年四十六歲。廬於墓所。

○三月服闋。○夏，赴河南府，折群吏不信鬼神之問。

先生至府，群吏素聞先生名，未識其面，聚觀之，問曰：「舉世崇信鬼神，先生獨不事，何也？」先生曰：「且如府太守清廉，列郡畏服，有人執金帛，導以金鼓，欲賂太守免差稅，如何？」群吏愕然曰：「如此將討死。」先生曰：「今人諂求鬼神，使神而果神耶？亦將討死。使非其人，安用事爲？設一人犯盜，一人殺人，上司追求至緊，二人各挾珍寶，暮夜請求免罪，太守可受而放之乎？今人不務爲善，臣不忠，子不孝，弟不遜，婦不順，積惡有罪，天理不容。乃諂媚鬼神，倖求非望，在鄉廣建淫祠，惑誘鄉人；在家裝圖神像，朝夕奉獻。苟無災禍，曰『事神所致也』，苟或不免，曰『所事不恭也』。惟知倚於鬼神，而修身爲善，初不暇計。神本正直，安受人間枉法乎？」群吏嘆服不已。

○秋，赴京師。

先生内外艱既除，赴吏部試，以「包茅三傑」、「諸葛孔明有儒者氣象」等題，甚嘉奬之，出示同事者爲矜式。

永樂二十年壬寅，先生年四十七歲。

○春，補蒲州儒學學正。○司訓周先生曰：「曹正夫，有道君子也。學博行高，有古人風，其接引後學，即胡安定亦不過此。」

○修治學垣，不避太歲。○時蒲學垣傾圮，先生命工修築。門人某曰：「太歲在東，未可修理。」先生曰：「東家之西，乃西家之東。太歲何在？爾欲避之乎？夫太歲，天上歲星也，豈人間家家户户皆有一太歲耶？」命亟修之。

○修理公廨，不避土旺。

先生修理公廨，有言土旺者。先生曰：「旺土不用，反用衰土乎？且土旺不動土，水日不飲水乎？火日不吹火乎？金日不煉金乎？木日不析薪乎？五行在天地間，木旺於春七十二日，火旺於夏七十二日，金旺於秋七十二日，水旺於冬七十二日。惟土無專氣，無定位，故四季之末，各旺一十八日，四季總得七十二日，是五行各旺七十二日，而成一歲功也。五行一理而已，土旺猶金、木、水、火之旺也。今於金、木、水、火之旺皆不畏避，獨於土旺深避之，何惑之甚也！」聞者嘆服。

○同僚友劉、周二先生，避暑僧舍，論坐次。

時送門人張翼喪，暑氣方熾，過僧舍避之。謝琚背佛像設座，先生曰：「只東西列坐。」二先生問其故，先生曰：「昔程伊川遊僧舍，一後生置座背佛像設之，亦如謝生也。伊川令列坐，門人問曰：『先生平日闢佛、老，今何敬也？』伊川曰：『平日所闢者，道也；今日所敬者，人也。且佛亦人耳，想在當時，亦賢於衆人者，故闢其道而敬其人。』」二先生嘆服。

○謝琚尊教闢邪。○琚，字德潤，先生高弟。琚在齠齓時，家有淫祀神像及佛、老書，亦嘗尊信之。弱冠，先生典教蒲庠，一見悦之，與語斯道，始知淫祠像宜毁，佛、老書宜棄，悉取其像與書火之。惟先生之教是尊是信。先生嘗以「勇於從善，見義敢爲」稱之。

○馮祥從化。○祥，字文禎，蒲人。聞先生明正道，距邪説，毁淫祀，行家禮，以身爲教，奮然從之，踐履篤行，惟恐不及。

○哀張縉喪。○先生蒞任數日，門人張縉卒。乃率諸生吊，再拜。同列曰：「過禮也。」先生曰：「師生原有答拜之禮，何過之有？」

○謁二賢祠。○二賢，伯夷、叔齊也。蒲州二賢鄉，首陽山在焉。上有祠墓，先生過而謁之。有詩曰：「夷齊氣完天地塞，夷齊性全天地帥。真箇富貴不能淫，真箇威武不能折。遜國逃兮諫伐餓，千古孰能比清節。首陽埋骨化塵埃，宇宙聲光昭日月。兩丘土近三千年，猶自森森列貞栢。栢兮栢兮參天青，歲寒幾度經霜雪。還有二子在時心，肯隨桃李媚春色。首陽山下知德多，世世蒸嘗永不絶。」

○鄉貢士衡政、史彬、楊珪、張福來學。

○蒲人撤淫祀者數家。

永樂二十有一年癸卯，先生年四十八歲。

○樊先生揖梓潼，先生正言誨之。先生間遊萬泉，偕樊先生行，過梓潼祠。樊先生肅揖，先生曰：「何諂也？」樊先生曰：「斯文宗主，不可不敬。」先生曰：「梓潼主斯文，孔子主何事？」

○諸生有繼母訟其不孝者，以道諭之。諸生有繼母誣其不孝，告之。先生鳴鼓召諸生，曰：「爾有母不能善事，豈非過歟？」生以「繼母不慈，誣訟」爲對。先生曰：「天下無不是的父母。王祥卧冰，伯奇履霜，閔損單衣，薛包洒掃，事繼母也。以繼母而不肯敬事，視爾父爲何人？愛親者不敢惡於人，敬親者不敢慢於人，况繼母乎？吾早失怙恃，不得終身奉養，追慕何能及？」因流涕不已。諸生感激垂淚，不能仰視。由是母子悔過而歸。

○營史璘葬事。○璘，門人中號穎悟者。先生爲主其喪。以儒禮葬之，挽辭深以斯文不幸爲惜。

○諸生有欲作佛事葬親者，以道正之。諸生有親死，欲作佛事。先生責之曰：「僧死不用道，道死不用僧。儒家讀周、孔書，死而用釋、老之薦，豈非惑歟！」生曰：「超度父母，人子悲切之至情。」先生曰：「親死而禱浮屠，是不以親爲君子，而爲積惡有罪之小人也。何待其親之不厚哉？借使親實積惡有罪，豈賂浮屠所能免？」生曰：「舉世皆然，不信佛事，則以爲不慈不孝，恐致鄉人非謗。」先生曰：「一鄉溺於流俗，是不讀書的人。子讀儒書，明儒禮，不以違禮爲非，而以違俗爲非，可謂執德信道之士乎？一鄉皆然，子能特立獨行，卓然不爲流俗所染，舉行周、孔之禮，則鄉人孰不轉謗爲譽而矜式哉？」因命子如玉與王惠相之，一依《文公家禮》。境内士大夫聞風，相率觀禮。約曰：「喪葬以禮，祭祀以時，毋爲曹氏之罪人。得罪曹先生，則得罪聖賢矣。各當自勉！」

〇主僚友喪。〇時訓導周敏，河南新野人，在京師，其妻適卒。先生爲主其喪，二子欲用浮屠，先生曰：「彼圖衣食，瀆亂天理，果何益於死者乎？其以禮葬之毋惑！」其妾不肯服衰，先生責以大義，逼服之。周歸大悅，曰：「篤朋友之義，嚴妻妾之分，斥釋、老之教，一舉而三善備焉。」

〇復謁二賢祠。

〇霍州門人高彧等中鄉舉，四人。

〇蒲州門人謝琚等中鄉舉，十人。

永樂二十有二年甲辰，先生年四十九歲。

〇白水劉贇來學。〇字德秀，鄉貢士也。會試不第，聞先生之風而來學。

〇西安知府郭晟問政，先生以「公廉」告之。

晟，字巨成，霍州高弟，擢西安府同知，道蒲而問政。先生答曰：「其公廉乎！古人云：『吏不畏吾嚴而畏吾廉；民不服吾能而服吾公。』公則民不敢慢，廉則民不敢欺。」郭公佩其言，歷九載，以公廉稱，後兵部尚書王公某薦爲西安知府。

○醫療王鑑母。○太學生王鑑母李氏，夏四月患癰疽，家貧不能醫。先生爲之請醫士楊深胗視月餘，其疾愈。鑑曰：「不惟活我母於瀕危之際，即今日膺貢於京，得以齒儁造列譽髦，皆其惠也。」

○門人有欲從淫祀者，先生以大義責之。諸生某，其母詣解州壽亭侯社，請隨行。先生鳴鼓召諸生，曰：「妄行淫祀，諂求鬼神，非吾徒也。」生曰：「母心欲之。」先生曰：「汝平日但少諭父母以道之義爾。汝母離閨門，從淫祀，當明大義，以死諫之。既不能諫，又從而助之，可謂孝乎？孔子曰：『父有諍子，則身不陷於不義。』」生曰：「時關、陝、江、浙不遠千里赴會，何獨愚生？」先生曰：「彼無知之人，不知禮而妄行者。汝業儒有年，詎可混同流俗乎？且關雲長剛明正直，無少私曲，生爲侯王，死爲明神，安肯饗民間婦女褻瀆哉？不然，是貪饕飲食之鬼，非所以爲關王也。且雲長有功於蜀，蜀人祀之，宜也；天下祀之，非宜也。荆州祀之，宜也；他郡祀之，非宜也。解州祀之，宜也；蒲州祀之，非宜也。守土祀之，宜也；民間祀之，非宜也。聖朝祀典，古今忠臣烈士，春秋祭祀，各有名分。府得祭者，州不敢與；州得祭者，縣不敢與。況民間乎？況婦女乎？於古則違禮，於今則違法，而以阿意曲從，越禮犯分爲事，可謂讀書學禮人乎？《禮》曰：『婦人無故不出閨門。』又曰：『婦人不下堂送客。』又曰：『婦人既嫁，不百里奔喪。』今汝母不然，出閨門矣，下堂矣，出百里矣，猶不當諍，謂之孝，可乎？」其人愧謝不往。

○冬，報政，因還澠池省先塋，改葬弟昱。

先是，昱卒，家人拘於禁忌，葬不備禮。先生爲改葬之，素服九日，不飲酒食肉。

○凡考妣忌日，終日哀慕，未嘗飲食言笑，接見賓客，倍恭祠堂而已。○凡九族之喪，先生聞訃，必依制行之，素服素食，未嘗少間。

洪熙元年乙巳，先生年五十歲。

○春，先生考績吏部，霍、蒲二州學者上章争留之。復補霍州儒學學正。

時霍、蒲諸生謀曰：「胡安定教授蘇、湖，人才濟濟，咸稱師道得人。今月川先生興學育才，傳道受業，賢於蘇、湖遠甚，豈可失之？」各走詣闕，上章求先生。時以霍奏先至，遂補霍州。

○謁司馬文正公祠。

○河間趙本來學。○字致用，寧津人，登乙科進士。

○拙巢成。○先生所築臺屋以「拙巢」名，志謙也。薛文清公官大理少卿，時爲之記曰：「自七情熾而混沌鑿，人之横奔兢騖者，非私智無所爲尚，由是巧僞日滋，而斯道日隱矣。濂溪周元公，挺生南服，悼末流之若兹，一刮群巧，作《拙賦》以見意。當時豪傑若程若張，相與翕然尊尚之，而斯道大明。嗚呼盛哉！廣文曹均正夫，世家河南之澠池，自少讀書，即有求道之志，遂由關洛以上遡濂溪，因以『拙巢』名其讀書之室，蓋取元公賦意以自勉也。其後均名薦書，典郡鐸，所至必以是扁其寓室，以示不忘其初之志。今年秋，均自蒲庠來河津，因語以名巢之意，且屬余記。余謂：

『頽乎順處，不撓其初，不汩其和，使大本完而七情節，此衆所謂迂僻遲鈍而拙於事者也。抑不知順事厥天，不以小智害之，而可爲終身之安宅也。舞智籠物，騁詐軋人，機變層出，莫測端倪，此衆所謂辨敏儇捷而工於計者也。然詐窮智屈，自嬰其弊，豈可一朝安其身哉？今曹均慕元公之學，而以拙名巢，其可謂能擇所處而知所戒矣。則其進道之心，又何窮極哉？雖然，余亦拙者徒也，他日儻獲登均之巢，尚當闢混沌以廣均之居室，疏七情以通均之户牖，與均舉酒而誦元公之賦，已而忘言相對，身巢兩忘，復不知巧拙爲何物也。是爲記。』」〇他日又題《拙巢詩》曰：「經營渾不擾靈虚，獨占瀟然太古居。四面好風吹户牖，滿天明月静琴書。心閑斗室渠渠大，望遠雲山點點踈。不是元公當日賦，可能相與化爲徒。」

宣德元年丙午，先生年五十一歲，《四書詳説》成。

凡三十六卷，永樂初《註解》已成，今序之，其略云：「永樂中，端正霍學，爲諸生説四書，一尊朱子成説。先舉一章大旨，而後分經以布其註，衍義以詳其説。然其間朱子以爲易曉而不盡釋者，初學之士或難之，端用父師先正成説之精當者補之，將以盡詳約而便初學焉。時秦解元輩，遂好録而傳誦之。暨端終制，起調蒲州學，蒲中士大夫又已傳之矣。端見而驚且懼，竊欲放許魯齋先生故事，收而火之，不可得矣。乃取一、二册校之，脱誤不勝枚舉。至洪熙改元，霍州奏保復任，得諸生所藏之説，比之外傳，差少脱誤，遂從而正之，越月方畢。夫四書者，孔、曾、思、孟之書，所以發六經之精義，明千聖之心法也。語其要，分之則《論語》曰仁，《大學》曰敬，《中庸》曰誠，《孟子》

曰仁義。合之則帝王精一執中之旨而已矣。蓋載道之器，亦聖心之糟粕也。始則靠之以尋道，終當棄之以尋真，不可徒誦説焉。」

○典試陝西。○得儁許璞等三十人。

先生初至，與同列語曰：「取士要在公平，譬如蓋屋，用一朽木，必棄一良材。」間有以書干謁者，先生辭以詩曰：「天道原來秉至公，受天明命列人中。掄材若不依天道，王法雖容天不容。」其人慚愧，至是無復以書干之者。

○試院與同列論太極。

先生在試院，有同列言「先有無極，而後有太極」者。先生曰：「只此一句，便見所見之差，流於老莊之説，如此則於不相離之言，實不相蒙。與老子『道生一』而後生二，莊子『道在太極之先』之説同歸於謬，豈周子之意哉？夫周子所謂『無極而太極』，無謂無形象，無聲氣，無方所；『極』謂至極，理之別名也。太者，大無以加之謂。天地間凡有形象、聲氣、方所者，皆不甚大，如此極者，雖無聲氣，而有形象、方所焉。惟理則無形象之可見，無聲氣之可聞，無方所之可指，而實充塞天地，貫徹古今，大孰加焉？故周子言『無極而太極』，是言無極之中，而有至極之理。朱子曰：『上天之載，無聲無臭，而實爲造化之樞紐，品彙之根抵也。』」同列見其發明詳盡，豁然有悟。

○赴澠池省先塋。○校藝而迴。

○蒲州門人荆恭等中鄉舉，二人。

宣德二年丁未，先生年五十二歲。

○《通書述解》成。○門人請解之。既成，四方學者争先傳誦。其篇中論孔、顏之樂，有云：「周子每令程子尋仲尼、顏子樂處，所樂何事，欲學者深思而實體之，不可但以言語解會而已。今端竊謂孔、顏之樂者，仁也，非是樂這仁，仁中自有其樂耳。且孔子安仁，而樂在其中。顏子不違仁，而不改其樂。安仁者，天然自有之仁；而樂在其中者，天然自有之樂也。不違仁者，守之之仁；而不改其樂者，守之之樂也。《語》曰『仁者不憂』，不憂，非樂而何？周、程、朱子不直説破，欲學者自得之。」

○太原彭延年、考城樊希文來學。

延年父彭宗古，先生師也。延年中癸卯鄉試，至是承父命而來。希文父官山西參政，遣子來學。

○冬十月朔，鄉飲，與鄉老解明倫之義。

衆賓請曰：「天下學校，皆榜明倫，敢請其義？」先生曰：「明倫者，申明五常之道以教人也。人倫有五：君臣有義、父子有親、夫婦有序、長幼有别、朋友有信是也。孟子曰『人倫明於上，小民親於下』，蓋謂此耳。師以是教，弟子以是學，詎止讀書作文取功名乎？」明日，取文公小學明倫事語，大書東西壁間，俾有所觀感而興起云。復撰《明倫堂記》榜於上。

○子璐生。○十有一月亥時也。字美玉，方數歲，隨先生宴，州大夫賜果，有告以地下包者，對曰：「如何有地下？只天下地上。」滿座驚異，因號爲「地上童子」。

○撰《童子箴》。

先生因人以「地上童子」稱其子，作箴勉之曰：「敦威儀，慎行止。正心術，保身體。孝父母，友兄弟。睦宗族，和鄉里。遠小人，親君子。事誠明，一終始。不他求，得於此。」

宣德三年戊申，先生年五十三歲。

○春三月，《太極圖述解》成。

其序略云：「太極者，象數未形、其理已具之稱，形器已具而其理無朕之目。是生兩儀，則太極固太極，兩儀生四象，則兩儀爲太極；四象生八卦，則四象爲太極。推而至於六十四卦，生之者皆太極焉。蓋孔子而後，論太極者皆以氣言，老子『道生一』而後乃生二，莊子師之，曰『道在太極之先』。曰一、曰太極，皆指作天、地、人三者形氣已具而混淪未判之名。道爲一之母，在太極之先，而不知道即太極，太極即道。以通行而言，則曰道；以極致而言，則曰極；以不雜而言，則曰一。夫豈有二耶？《列子》『混淪』之云，《漢志》『含三爲一』之説，所指皆同。微周子啟千載不傳之秘，則孰知太極之爲理而非氣也哉？且理語不能顯，默不能藏，固非圖之可形，説之可狀，只心會之何如耳。二程得周子之圖之説，而終身不以示人，非秘之無可傳之人也。是後有增周説首句曰『自無極而爲太極』，則亦老、莊之流；有謂『太極上不當加無極二字』者，則又不知周子『理不離乎陰陽、不雜乎陰陽之旨矣。亦惟朱子克究厥旨，遂尊以爲經而註解之，真至當歸一之説也。至於《語録》，或出講究未定之前，或出應答倉卒之際，百得之中，不無一失，非朱子之成書也。近世儒者多不之講，間有講焉，非舍朱説而用他説，則信《語録》而疑註解，所謂『棄良玉而取頑石，掇碎鐵而擲成器』，良可惜也！端弱冠業儒，漸脱流俗，放異端。自强而後，因故所學而潛心玩理，竊患爲成書病如前所云者，乃於講授之餘，大書周説而分布朱解。倘朱解之中有未易曉者，輒以所聞釋之，名曰《述解》，後附以《氣化》、《形化》、《死生》、《輪迴》、《辨戾》詩、讚文，以俟夫同志。」

○《氣化》詩：太一分兮作兩儀，陰陽變合化工施。生人生物都無種，此是乾坤氣化時。

○《形化》詩：乾坤氣化既成形，男女雌雄牝牡名。自是生生有形化，其中氣化自流行。

○《死生》詩：陰陽二氣聚時生，到底陰陽散時死。生死陰陽聚散爲，古今造化只如此。

○《輪迴》詩：空家不解死生由，妄説輪迴亂大猷。不有天民先覺老，孰開我後繼前修。

○《太極圖説讚》：

「濂溪夫子，卓乎先覺。上承洙泗，下開河洛。建圖立説，理明辭約。示我廣居，抽關啟鑰。有條有要，有本有末。斂歸一心，放彌六合。月白風清，鳶飛魚躍。舜、禹得之，崇高卑若。孔、顔得之，困極而樂。舍此而爲，異端俗學。造端之初，胡不思度？毫釐之差，千里之錯。」

○《太極辨戾》文略云：「先賢之解《太極圖説》，固將以發明周子之微辭，用釋後生之疑惑，然而有人各一説者焉，有一人之説而自相齟齬者焉。且周子謂『太極動而生陽，静而生陰』，則陰陽之理，由乎太極之動静。而朱子之解極明備矣。其曰『有太極，則一動一静而兩儀分；有陰陽，則一變一合而五行具。』尤不異焉。又觀《語録》，却謂『太極不自會動静，乘陰陽之動静而動静』，遂謂『理之乘氣，猶人之乘馬，馬之一出一入，而人亦與之一出一入』。以喻氣之一動一静，而理亦與之一動一静。若然，則人爲死人，而不足爲萬物之靈；理爲死理，而不足爲萬物之原。理何足尚，而人何足貴哉？今有活人騎馬，則其出入、行止、疾徐，一由乎人馭之何如爾。活理亦然。不之察者，信此則疑彼矣，信彼則疑此矣。經年累歲，無所折衷。故爲《辨戾》，以告夫同志君子。」

○秋七月，《存疑録》成。

《序》二：《存疑録》，録先知先覺之微辭奥義而存之，以釋疑焉而已矣。端自幼業農，弱而學儒，苦爲流俗異端所困。後數年方漸脱之、放之，而至於一正之歸，然尚爲科舉之學縻之。自强以來，潛心理學，初若駕孤舟而泛烟海，渺茫瀰漫，澒洞浩瀚，莫知涯涘，恍忽艱甚者久之。逮知命而後，方聞天下無性外之物，而性無不在焉。性即理也，理之别名曰太極，曰太乙，曰至誠，曰至善，曰大德，曰大中，隨意取名不同，而道則一而已。六經、四書之後，闡明開示，至當歸一之論，惟濂、洛、關、建大儒，真得孔、孟宗旨，傳帝王之心法，發天地之精藴。端竊尊之信之，而老拙於記，則日忘所能者多，而懼得罪於聖門焉。雖老且病，敢倦於勤？是以於講授之餘，信手録其説之萬一，首太極以闡造化之源，次陰陽以明造化之流，而後列其成象成形，有涯有涘，或動或静，在幽在明，之久之暫，之所以然與其所當然之故。及夫道統之傳，異端之辨，以實造化之理之氣之無窮，則吾道一以貫之無遺焉。故萬物之靈而曰人者，後天地生而知天地之始，先天地殁而知天地之終。然而在所録者，不能無重復。不在所録者，又豈無精要者？蓋無夫子删述之筆焉。故爾尚冀有道而成人之美者，爲之節文焉。

〇自稱「伊洛後學」。〇伊洛之間，二程生焉。先生晚年見道分明，自稱「伊洛後學」，❶真可謂兄兩程之教而弟之矣。

〇孫鑑生。〇如玉之子。

宣德四年己酉，先生年五十四歲。

〇中牟單信來學。

〇《西銘述解》成。〇因門人之請而成。《序》略云：「大意明理一而分殊。文公註之明且備焉，然學者或未得其説，端爲分經布註以解之。」

〇秋八月，復典試陝西。〇得儁惠温等，亦三十人。先生在試院，既定高下，束其卷，大書曰：「至公無私，鬼神鑑察。」藩臬大臣無不嘆服。同列王紹《送别》詩曰：「妍媸盡在文衡下，賢否難逃藻鑑明。」其爲當時推重如此。

〇送别滻、灞，與門人論詩文。

〇西安太守郭巨成暨謝琚相從於滻、灞之間，談詩馬上，郭曰：「古人云：『吟成五字句，用破一片

---

❶「後」，原脱，今據上文補。

心。』」琚曰：「古人云：『吟成五字句，心從天外歸。』」先生應曰：「可惜一片心，用在五字上。」蓋恐學者溺於詩文，不務義理，故發此。須臾曰：「古人文人自是文人，詩人自是詩人，儒者自是儒者。今人欲兼之，是以不能工也。賢輩文無求奇，詩無求巧，以奇巧而爲詩文，則必穿鑿謬妄，而不得其實者多矣。不若平實簡淡爲可尚也。」

○詣澠池省墓。○校藝而迴。

○霍、蒲門人中鄉舉，共三人。○史濡、張義，霍人；王惠，蒲人也。

宣德五年庚戌，先生年五十五歲。

○秋七月，建頒書閣成。○凡聖朝所頒諸書，珍藏閣上，其下書太極、先天、後天等圖於四壁，而與四方來學者日講授於其中。至若《化龍圖》則有説，《函三爲一》則有辨焉。

○宗藩以識荆重先生。○晋定王道經霍州，獨留先生，喜曰：「某今日幸得識荆，願聆微言爾。」時先生疾，王以己服藥贈之。先生以詩謝，王賡其韻焉。

○冬十二月，《儒家宗統譜》成。

○其《序》略曰：「《儒家宗統譜》，是儒家之真源正派也。蓋真源乃天、地、人之所自出，正派乃皇、帝、王之所相承，所以參天地而立人極者焉。然其大目則曰三綱、曰五常，❶而其大要則曰一中

---

❶「常」，原作「帝」，形近而誤，今正。

而已。三皇儒而皇，五帝儒而帝，三王儒而王。皐、夔、稷、契、伊、傅、周、召儒而相，孔子儒而師，然則孔門，一帝王之教耳；帝王，一天地之道耳。儒家者，所以相天地，宗帝王，師聖賢。心，公天下萬世之心也；道，公天下萬世之道也。朱子謂：『釋氏出於自私之厭，老子出於自私之巧。』夫彼豈可與此同年而語哉？端固愚陋，恍然於源之真，派之正，似有見焉。於圖而譜之，用以存疑。然不敢自私，將俾願爲儒家之精到者一覽，知真源正派之所在，則亦庶乎迷津之一指云耳。」

○孫鋭生。○廷玉之子。

宣德六年辛亥，先生年五十六歲。

○作《月川圖詩》，因自號曰「月川子」，學者遂稱爲「月川先生」。

○先生得《太極圖》之精旨，故爲《川月交輝圖》喻其妙。其圖天上一月，川中九月，蓋取月映川水之意爾。其詩曰：「天月一輪映萬川，萬川各有月團圓。有時川竭爲平地，依舊一輪月在天。」起句喻統體之太極，承句喻各具之太極，轉句喻萬感之俱寂，合句喻一理之常存。畫圖於頒書閣下，日吟咏其間。其洞徹斯道之妙如此。

○邠州趙新二子來學。

○新爲户部侍郎，遣子宗善、宗吉來學。

○《性理論》成。○山西藩府委先生同沈侍御校郡邑士，半歲，爲忘勢交。凡經史疑難，性理奥旨，陰陽所以交代，天地所以高深，日月星辰所以照曜，雷風雨露所以興作，山川所以流峙，草木所以生長，問答至忘寢食，侍御無不嘉納。其於性理奧處，必欲先生立論明之。集成，侍御題其首曰《性理論》。

〇山西藩臬不以屬禮待。

〇先生道德聞望，素爲人所景仰。時按察司張公政憲體雖肅，而一見先生，甚與之款洽，不拘以屬禮，謂先生曰：「我編一賢人録，以先生居首。」因聯轡，馬上贈以詩曰：「景仰聲光久，相逢始有因。文章濂洛胄，德行閔顔鄰。心地明如月，襟懷藹若春。圖書探討處，筆下豈無神。」既歸，欲薦先生，未幾而歿。

宣德七年壬子，先生年五十七歲。

〇夏六月，《孝經述解》成。

〇先生取唐玄宗、許魯齋二解，述其精當者，分經布註解之。其未瑩者，釋以己意，名曰《孝經述解》。序略云：「性有五常而仁爲首，仁兼萬善而孝爲先。蓋仁者，孝所由生；而孝者，仁所由行者也。是故君子莫大乎盡性，盡性莫大乎爲仁，爲仁莫大乎行孝。行孝之至，則推無不準，感無不通。」又曰：「孝云者，至德要道之總名也；經云者，持世立教之大典也。❶然則《孝經》者，其六經之精義奧旨歟！」

---

❶「持」，原作「出」，今據四庫本改。

○八月，復典試陝西。○得儁趙俊等復三十人。

○試院與同列論配響。

○先生謂：「先聖廟：曾點、顔路、伯魚，皆父也，坐於兩廡；顔子、曾子、子思，皆子也，坐於殿庭。」同列曰：「以傳道言。」先生曰：「道，何道也？既非老子之道，又非佛氏之道。儒家之道，不過明人倫而已。父坐廊廡之下，子坐殿庭之上，何在乎明人倫也？此唐家之謬，歷代踵而行之耳。」同列曰：「然則宜何如？」先生曰：「合於殿庭之東另設一祠，以孔子父叔梁紇居中，以顔路、曾點、伯魚敘坐左右，庶幾理當。」

○先生據經答疑難。

○先生典試將歸，西安太守顧公煜等送滻、灞之間，相從數十里，與先生談論，無不嘉納。因舉孟子「天時不如地利，地利不如人和」至「環而攻之」爲問。先生答曰：「朱子《集註》：『環，圍也。』言四面攻圍，曠日持久，必有值天時之善者。此天時不如地利也。趙岐古註：『環者，筮而用之，軍師之名也。』按《周禮・春官・簭人》，❶『九曰巫環』。簭，音也。以簭環知吉凶也。環而攻之，筮而行之也。攻之則筮吉，故曰必有得天時者矣，得天時之吉，則必勝可也。雖得天時之吉，而不能克之者，非天時之吉不如地利之善乎？」

❶「人」，原脱，今據《周禮・春官》補。

〇又舉孟子「言無實不祥，不祥之實，蔽賢者當之」爲問。先生答曰：「只將無實之『實』作『賢』字讀便通。蓋世不絶聖，國不絶賢，故曰『十室之邑，必有忠信』。如孟子在齊，淳於髡言：『無賢者也，有則髡必識之』，本有言無以蔽之，是不祥也。故曰：『言無賢不祥。』蔽賢出於娼嫉之私，妨賢病國，私意横起，上不欲正其君，下不欲福其民，不祥之氣固已充溢於中矣。且天生賢人，以爲民也。彼違天而蔽賢，妨賢而病國，不祥孰甚焉？」歸，太守謂同列曰：「曹先生真道學！」

〇赴澠池省墓。

〇霍州門人米厩中鄉舉。

〇孫欽生。〇廷玉之子。

宣德八年癸丑，先生年五十八歲。

〇春三月辛巳，夫人陳氏卒。

〇二十八日也，享年五十有三，葬霍城東南二里許高氏之原。其子琇、璟廬墓。先生祭文略曰：

「惟嬪敬我祖宗，孝我父母，和我宗族，慈我兒女。於我一身，豈曰小補！」

宣德九年甲寅，先生年五十九歲。

〇夏六月丁丑，先生卒於霍。

〇月朔之明日也。先是，州大夫入問疾，曰：「諸大夫能寬一分，則民受一分之賜，吾無遺恨矣。」諸生入問疾，曰：「賢輩尊所聞，行所知，吾無遺患矣。」已而召諸子，語之曰：「吾平生不喜佛老，不悦齋醮，惡其害道亂正也。我死，爾曹當以我葬考妣之禮葬我，毋我污也。」諸子不勝欷歔。先生正衣冠而永訣矣。

○庚寅，葬霍城東。

○月之望日也。先生葬陳夫人於此，故就葬焉。子琇、璟廬於墓所。

○先生墓誌銘成。

○門人蒲坂謝琚誌先生墓，略云：「先生讀書，自朝至夕，手不停披；自暮達旦，心無外慕。冬不爐，夏不扇，不飲酒，不啜茶，蓋其性然也。既壯，博通五經，師聖友賢，履德身道，内不溺於章句文辭之習，外不惑於異端邪説之謬，卓然以斯道爲己任。登永樂戊子鄉試第二。明年試春官，中乙榜第一。釋褐，授霍州學正。始至，詢郡中有學行者，得李白雲，同升講席，久而愈敬。壬寅，調蒲州學正。始至，察境内有學行者，獲王士希。往來交遊，久而彌親。二州諸生無不悦服。其文風丕振，化雨弘敷，由先生而化者甚衆。四方學者聞風嚮慕，覿德心醉。西蜀、山東、陝西、河南、直隸、太原，相繼來學者又幾百人。鄒魯河洛之教，復見於今日。師道得人，先生一人而已。銘曰：『曹本楊姓，繼舅氏後。世有偉人，以昌厥胄。周流寰海，跋涉經營。始遷垣曲，繼轉永寧。直至澠池，家業始定。篤生賢哲，斯文是任。心醉六經，博古通今。忠清和易，灑落誠明。居仁由義，立忠行孝，振鐸霍、蒲，倡明斯道。著書立言，學有淵源。開來繼往，同歸聖賢。迺闢異端，迺距邪説。扶持風教，文人巨伯。迺典文衡，迺選俊英。掄校無私，正大公平。聖代真儒，天明先覺。上承鄒魯，下續濂洛。年甫耳順，兩楹奠餘。嗚呼已矣，傳者誰歟！』」

○謝琚曰：「先生志浄人欲，心涵天理，克己復禮之言未嘗忘於口。」

○「先生修己教人，動合禮法。一言一行，皆有規矩；一動一静，盡合準繩。」

○「先生修己，明善誠身，無所不至，未嘗不安舒自得也。手容恭，足容重，頭容直，氣容肅，此其爲人所欽也。」

○「先生教人，講論精切，言言根諸性靈，心術未嘗以賢知先人。若夫不挾長，不挾貴，不挾故，尤人所難及者。」

○「先生自少喜談人善，惡稱人惡。有稱人善者，喜動顔色，問其顛末，記念不忘，樂善之誠也。見有稱人惡者，則佯若不聞，或舉他言以沮之，終身不以語人，忠厚之至也。」

○「先生接人温和，不較短長，不計貨利，一以誠心與之。故賢者慕焉，愚者化焉。雖婦人女子，走卒樵夫，皆知稱先生名，而德先生德。其德化之感人深矣。」

○「先生教授霍、蒲，未嘗分毫倦怠。雖隆冬盛暑，不冠帶不見諸生，有所叩問，輒據事理答之，雖夜必興，雖食必輟。其俯而就之如此。」

○「先生之學，自格物致知而推及於治平之大，自洒掃應對而推及夫位育之至。窮理以盡性，明善以誠身，道學君子也。士大夫見其詩，則曰工於詩者也；見其文，則曰工於文者也；見其講論經書，則曰明於理性者也；見其著書立言，則曰志於道德者也；見其譚論人物，則曰考究精詳者也；見其闢邪攘異，則曰志意堅定者也。合六者而並觀之，則曰博學而無所成名者也。然則先生其一貫者乎！」

○「先生平生衣取蔽體，食取充口，目不觀非聖之書，口不談非聖之言，未嘗一日間也。夜分乃寢，雞鳴而起，諸子侍立左右，肅恭不怠，則是子孫化也；夫人高年，參謁必跪，則是室家化也；兄愛弟恭，和順親睦，則是兄弟化也；諸婦皆知禮義，饋獻整潔，無故不窺中門，出入必壅蔽其面，則是婦女化也；鈴下蒼頭，皆知廉耻，趨事赴工，不大聲色，則是僕隸化也。是故君子以至誠爲貴，至誠則無不化，此皆人所共見者。」

○「先生足所履者，聖賢之跡；身所處者，聖賢之道。從容乎仁義之府，周旋乎禮法之場，循規而蹈矩，立忠而行孝。濂、洛、關、閩之後，道學之傳，心法之微，先生一人而已。」

明理學月川曹先生年譜纂下

後學澠池張信民編次
陝州王以悟訂正
七世孫曹繼儒校録

宣德十年乙卯，霍州建先生祠。

○太守李興、節判范禎率諸生共成之，建於大成殿後，庠門内之東。門人謝琚記，其略云：「先生殁，霍州士大夫相謂曰：『先生有德有言，有名有實。教授霍、蒲，移風易俗。著書立言，倡明道學。四方君子，識與不識，皆樂道之。今殁，吾儕讀其書，傳其學，可不建祠以祀乎？』遂相率創建，春秋享祀焉。蓋月川夫子上承往聖之統，下繼群賢之學，正家有規，勸家有書，以忠孝立家，以仁義淑人，薄於責人而厚於責己，豐於祭養而約於自奉。講明經史，足以繼絶學於千載；排斥佛老，足以袪異端於百代。所謂聖代之真儒，天民之先覺者也。」

○立行實碑。○長史陳琦撰文。○作迎祀軒。○如玉、良玉廬墓，公卿大夫吊祭者雲集，因構軒數楹迎之。○謝琚祀先生畢，與如玉、良玉同墓次三宿，其昆弟哭無間，始陪哭，終勸止。諸子哀服苴杖，未嘗離身。蔬食水飲，不食菜果醯鹽，專意讀《喪禮》、治喪事，真儒者之家法也。〇墓所蕭然無壁，所有器用，露置田中，無遺失者。時饑荒，盜賊蜂起，搶擾村落，人民不能安枕，獨不過墓次。咸曰：「此見先生之德，諸子之孝，感人深矣。」

〇薛文清公祭先生。公時爲監察御史。〇祭文略曰：「嗚呼！先生志慕高遠，心趨正學。昔得交遊，言酬意合。胡云再來，而已殂落！旅次之物，有菲一酌。靈其不昧，來鑒懇確！」

〇《拙巢鳴》成。〇先生存日，諸子彙集先生手藁，成帙以獻，先生題曰《拙巢鳴》。至是始成書。

正統元年丙辰，蒲州建先生祠。

〇太守延安劉公、臨清胡公，率諸生撤梓潼祠而祀先生。謝琚爲之記。其略云：「釋、老之教流布於天下，而莫覺其非也。先生曰：『佛氏以空爲性，則非天命之性、人受之中、民秉之懿。老氏以無爲道，則非率性之道、人由之路、日用之常矣。』豈非覺其非而距之者與？親在，則養志悦色，必盡其心，而父母安其孝；親歿，則五味不入口，寢苫枕塊，祥物來應，而鬼神享其誠。建祠以祀先，建義祠以奉外族，作詩勸兄弟之同居，立言戒男女之不義；詣縣請毀淫祠，移書止修神廟，力詆巫覡之非，直斥神佛之妄；貧不能赴任者助之，客死於道者葬之，勸賑全活甚衆，論學一郡皆化。此其尊聞行知爲可法也。」

〇薛文清公復謁先生墓，讚先生畫像。公時大理少卿。其讚曰：「質純氣清，理明心定。篤信好古，距邪崇正。有德有言，以淑後人。美哉君子，光輝日新。」

○《月川先生文集》成。○所載悉方嶽大臣贊美先生詩文，洎祭挽之辭彙集成帙者。
○長子如玉舉賢良方正，未就。○霍州節判范禎舉之，以父喪未闋，不就。
正統二年丁巳，復以如玉孝行奏之。
○霍太守李公興、節判范公禎，景仰先生不置，復爲此奏。○女歸王隆。○澠池人，其父忠，官副使，先生故人也。
正統三年戊午，陝西刊《太極圖説述解》。
西安郡守郭公晟，捐俸鋟梓。○孫鋭生，○用玉子。孫鉞生，○良玉子。○孫鏈生，○廷玉子。
○湖廣刻《夜行燭》成。
都司李銘刻行，惜十去其三，非先生全書。
正統四年己未，孫鏞生，○廷玉子。
正統五年庚申，曾孫本生，○如玉之孫。
○宋翰林琮撰《年譜序》。○略云：「先生倡明斯道，以教諸生，遠邇英俊，聞其風皆來學。其著書立言，扶植風教，斥排異端，毁去淫祠，有功於先聖先賢，極力以成己成物。至若典文衡，得實才，資實用，莫非爲忠之要道也。惜乎五十有九而終官舍正寢。其藩臬重臣，洎郡邑學校祭挽之辭，悉如河、洛、關、閩之尊周、程、張、朱也。霍、蒲立祠，肖像以事之。非賢人君子，曷克臻是！」
正統六年辛酉，蘇州刻《四書詳説》成。

侍御曹公傳録之，郡守況公刊行。其正訛謬者，則侍郎周公也。

○澠池建先生祠成。○澠池，先生故里也。鄉人後學沐其教，未能親炙其門。適河南僉憲姑蘇張公敬按澠，訪境内人物，言先生賢，命建祠。邑内春秋祀饗。邑侯胡公復，臨淮人，判簿鄧敏、幕賓胡忠、教諭湯自新，董事而襄成者也。

正統七年壬戌，國子學正天台鮑公相撰《年譜序》。

《序》略云：「予觀先生心術之正大，學問之高明，與夫躬行實踐著書立言、啟迪後學而任斯道之重，誠所謂濂洛數君子藴性命道德之妙，而爲君子儒者。其聲光氣韻雖不可復接，而先生之嘉言懿行，貽惠後學，班班具在。今讀其書，閱其譜，皆有所觀感而興起，不啻親遊先生之門，親受先生之業者。是先生之亡，猶不亡也。」

○山東僉憲番陽辛公榮撰《年譜序》。

《序》略云：「先生資稟異人，聰明超邁，心術端正，威儀整肅。衣服飲食必合於禮，人倫日用皆盡其道。觀其闢異端，距邪説，毅然以斯道爲己任者，誠有古人之風。其生也，遠近爲門弟子者皆知取法；其殁也，爲方嶽大臣者咸知哀悼。嗟夫！如先生者，其羽翼斯道，能明而能行之者與！」

正統十有一年丙寅，黄翰林捐貲移葬先生。

先生寓葬霍州東南二里高氏之原。是年，黄卓菴諫官編修，壬戌探花，蘭縣人。過澠池，謁先生祠，詢其墓所，僉曰在霍。卓菴嘆曰：「老先生一代名儒，其魂魄獨不思故鄉乎？」遂捐貲，屬迺郎琇等，洎邑令移葬。

正統十有二年丁卯。

○春二月，子琇等歸葬先生於澠池。

邑令洎琇等，承卓菴之命，自霍而歸葬先生於澠池窟陀里。郡守邑令洎各學並祭。有云：「德侔安定，道接周、程。遷歸故里，精魄咸寧。」又云：「爲斯文之倚仗，發道學之光熒。襟懷灑落，霽月光風。五子仁孝，移葬南征。」

正統十有三年戊辰，夏五月，門人監察御史霍州史濡祭先生。○祭文略云：「惟師爲昭代之真儒，閑先聖之正學。某等受誨兮抽關啟鑰，沐德兮天高海闊，躬臨墓下兮特敬酬酌。」

正統十有四年己巳，夏四月，翰林院編修黄卓菴諫祭先生。○祭文云：「先生之學問文章，高出一世；性理道學，遠超諸儒。發先賢所未發，爲義理所當爲。踐履造聖賢之域，立言破百家之疑。屢典教於蒲、霍，可追風於洛伊。化習俗於鄉里，扶世教於明時。喜吾道之能振，慶後學之有師。胡斯文之不幸，竟一疾而弗醫？嗟予生之實晚，恨未侍乎講帷。恒誦其詩，讀其書，景仰其爲人，而想像夫令儀。兹敬拜於墓次，冀神靈之有知。」

成化元年乙酉，春三月，澠池重修先生祠。○邑令王公賓，滄州人，修葺祠宇，繪先生像，勒石紀其事。

正德十有六年辛巳，澠池建正學坊。

大司馬彭幸菴澤遺書河南巡撫李梧山充嗣，略曰：「我朝一代文明之盛，經濟之學，莫盛於誠意伯劉公、潛溪宋公。至於道學之傳，❶則斷自澠池月川曹先生始也。先生少負奇質，知讀書即慕聖賢之學。修己教人，治家事親，奉先化俗，率自躬行心得以推行之。爲霍、蒲二州學正，三典陝西文衡，四方學者從之甚衆。虚往實歸，各有成就。河東薛文清公最推尊之。先生再典霍庠教也，霍人事先生如父母，既而卒於霍，遂留葬於彼。吾蘭卓菴黄先生爲之返葬澠池。其所著書，不下千種，藏於家，亦有刊行傳布者。但其門祚甚衰薄，遺書恐久而散失，使先賢所傳足以承先聖而開來學者，泯歿無聞。吾黨知而不行，殊不若不知之爲愈也。宜於澠池建一正學坊，以表章之，而盡録其所遺書，一體編次校正，發河南府，分責賢守令俱稽所費而刊行之，亦斯文之幸也。某獨舉二先生者，一謂魯齋先生。又平日所真知而實慕之者也。」

嘉靖二年癸未，《皇明通紀》載先生爲本朝理學之冠。〇按《通紀》云：「山西霍州學正曹端，卒於官，字正夫，河南澠池人。篤尚理學，教人務躬行實踐，日事著述，有《太極圖説》等書行於世。座下足兩磚處皆穿，專静之功居多。事父母孝志愉色，遭喪五味不入口，寢苫枕塊，終始不易。不用浮屠、巫覡。在霍庠十餘年，士子皆服從其教。循循雅飭，一於禮義，郡人亦皆薰陶而化。方

---

❶「道學」，原作「學道」，今據四庫本乙正。

嶽重職不敢以屬禮待，至郡必敬謁之。後調蒲州學正，霍州弟子上章留之，蒲庠弟子亦上章爭之。霍州先上得允，竟終於霍。一郡人罷市巷哭，童子亦悲泣，其德化之感人如此。學者稱月川先生。」

陳建斷曰：「按曹月川學行如此，而楊方震《理學録》乃遺焉，豈微其爲校官耶？正德中，大司馬彭幸菴稱其爲本朝理學之冠，欲舉從祀孔子廟庭，嘗致書河南李巡曰：『我朝一代文明之盛，經濟之學，莫盛於誠意伯劉公、潛溪宋公。至於道學之傳，則斷自澠池月川曹先生始。』尚論君子，宜考於斯。」

嘉靖三年甲申，澠池重刻《太極圖》、《西銘》述解成。

邑令天雄陳公綬刻行，《序》略云：「先生母邵氏，感修竹之祥而生先生於里第，以故骨甚清而節甚完。年十八，游黌舍，得《辨惑編》而篤信之，自謂寢食未嘗離手，而出外未嘗離身。蓋擇術之正，已定於幼學之時。及壯，博通五經。其正霍庠也，進諸生於講下，而示以正學之方。尊孔氏，黜異端，一言一行，不離於正道，而淑己淑人，皆有乎正規。故霍之人淪骨洽髓，翕然化之。服闋，調蒲，而蒲之人亦翕然化之。喜其來而悲其晚，亦無以異於霍也。二庠當考績，群然抗疏於上，欲得先生爲終身依歸，遂還先生於霍。而教孚遠近，不言而化。師徒一時相與之盛，宛然有鄒魯之餘風也。後卒於霍，四方奔喪者不可勝紀。而以文祭吊於家者，至於累年而不絶。當道者舉崇德報功之典，祀先生於鄉，而霍、蒲人亦争祀之，並繪像焉。道德文章，生榮死哀，寧不在兹也耶？陝右大司馬彭公過澠池，首問先生家世及其子孫，極口稱揚，見於《寄梧山先生》一書，且以今正學直歸之先生。嗚呼！彭公一代偉人，最慎許可，而獨重乎先生，蓋真有見於此也。」

嘉靖二十有四年乙巳，山西重刻《太極》、《西銘》述解成。

戴公梗，澠池人，時爲僉憲，捐俸而成。

嘉靖二十有八年己酉，澠池刻《孝經述解》成。

僉憲劉公按澠，謁先生祠，付署篆牛公孟耕而成者。時鐫刻《遺藁》與《程胡傳》，及《乾坤二卦解》合併爲一，今二解失矣，可嘅夫！

嘉靖三十有三年甲寅，春正月，澠池重修祠像成。

邑令潘公應科，每朔望謁拜祠前，顧瞻嘆曰：「傾圮若兹，非所以報德而崇賢也。」命修祠繪像，祭曰：「道德萃身，文章經世。教育英才，濟濟出類。發聖道之淵微，開後學之聾聵。塑生像於黌宫，念恩德之弗墜。」

萬曆二年甲戌，冬十有二月，澠池重刻《夜行燭》成。

學諭宋公承殷校刻，陝州守新都方公揚序云：「君子有自體之功，有體人之道。自體以昭昭，體人以其昭昭，此謂格物，此謂明明德於天下。兹學也，所稱大人之學也。宋儒後，統之不絶也如綫矣。天啟皇明，以聖學理天下，一時真儒輩出。而月川曹先生，生觀其書，崇信六籍，雅志典禮，旁説曲諭，而一稟於正經。至稱其先人，質行嗜學，卓然有聞，寔自是編伊始。則先生之道，由身而家，可謂得其大者。先生之志，見於名書，倘所謂『以其昭昭使人昭昭』，非耶？夫燭之明也，薪之屬也，至其所以明者，火之傳也。薪有時而窮，燭有時而跋，而火之真體則無時而不傳。噫！火傳於爲燭，道傳於爲書，存書所以存道也。泥其迹而不求其道，先生之志荒矣。故先生嘗曰：『始當靠之以尋道，終當棄之以尋真。』確言哉！」

萬曆四年丙子，澠池重修正學坊，立神道碑。

邑令侯公奭，山東人，率學博弟子員共舉之。

萬曆六年戊寅，重刻先生《年譜》成。

學博德平唐會菴文輝，校其訛壞而成者。其序云：「閱先生譜，見其明道淑人，闢邪崇正，自少至老，彰彰炳炳，真所謂迴狂瀾而中砥柱者。其有裨於斯道，夫豈小小哉？昔孟子息邪説、距詖行、放淫詞於異端群起之時，月川卓立於吾道湮微之日，其道同，其心一也。」

萬曆九年辛巳，舉先生從祀孔廟。

兵部侍郎李公禎，時爲光禄寺丞，單疏題請，因議王、胡、陳從祀未定，不報。後纂《真儒考》，以先生居首，詳其歷履而爲之論曰：「曹先生産伊洛之鄉，篤信好學，力行不怠。其教人也，專於敦本，發人心志，其感人也爲獨深。著述皆可羽翼六經，裨益治道，矻矻然排斥異端，終始不回，令學者率由正路，此其功爲尤懋焉。故薛河東先生雅服其人，而海内薦紳大夫多推宗之不置云。」又贊曰：「人胡不言，躬行者貴。仕而道行，何必大位？抱經遡始，設科待來。闢邪閑聖，功百世哉。」

萬曆十有五年丁亥，查修先生專祠，并搜刻遺書。

督學李公化龍檄云：「照得河洛爲天地之中，從古道學淵源之處，故學正澠池月川曹先生，修行明經，安貧樂道，士服其教，俗漸於淳，世仰高風，人推正學。一方正氣所鍾，百代人文攸賴。宜加崇奉，以範後來。即查曹先生曾入鄉賢否？曾建專祠否？如已經建立，即今有無傾圮否？應加修飭，以傳久遠。并查生平著述鐫刻，以範來後。作速呈來，以憑轉報。」

萬曆十有六年戊子，湖廣重刻先生《家規輯略》成。

時慶陽李公爲巡撫，捐俸而成。

萬曆十有八年庚寅，夏六月，先生《録粹》成。

吏部文選郎新安雲浦孟先生化鯉所編註者也。其序曰：「蓋宋濂洛諸儒明鄒魯之學，入我朝，得白沙、姚江而大明。然先白沙、姚江以此學鳴天下，有兩先生焉。河東薛文清，河南曹月川也。月川先生生洪武永宣之際，嗜古篤行，明道淑人，當世翕然宗仰若山斗。彭少保幸菴謂我朝道學之傳，斷自先生始，確論哉。先生科第、仕宦、生卒皆先文清，文清嘗稱先生『自少讀書，即有求道之志。遂由關洛以遡濂溪』，且曰『理明心定，有德有言』，蓋學同行同，而又推重如此。乃今文清得請從祀，而先生闕然。祀與否，於先生無加損，然世道人心繫之矣。或曰：『先生篤行君子也，所著書羽翼朱傳，舉業爾。』昔程子作字甚敬，曰『即此是學』。先生學以一敬爲主，舉業即德業也。且訓經曰傳，翼傳即所以翼經，而況先生學本六經，又非專爲舉業者乎？今夫躬行君子，聖人以爲難可少哉。又況國初志學者鮮，而先生獨以斯道爲己任，其言精融宏透，雖稍遜白沙、姚江，然篤行初無二轍。今距先生幾二百年，其孫子及里中後進數十人，猶相與恪遵遺訓，聯會親摩，究明此學，啟佑之功又大。先生著述甚多，曩宛平李尹蔭欲重刻，不果。又數年，馬子行坤輩，與先生七世孫繼儒，來新安論學，鯉輒忘其愚陋，敬摘先生言之粹者，編次鋟梓，俾論世者知先生之學，不詭於鄒、魯、濂、洛，而併序其從祀之後於文清，無亦竊附彭少保之意歟？少保向者云云，蓋寓書河南撫臺梧山李公表章先生者也。」

○鄒南皐元標序《録粹》，略云：「先生篤行沉修，黯然醇儒，直遡濂洛而開我朝道統之原。録中云『心非血氣之謂』，先生之見卓矣。即此隻辭，亦足以抉世儒之一膜也夫！」

○弘農後學王惺所以悟跋云：「子曰『文莫吾猶人也。躬行君子，則吾未之有得。』夫躬行豈易言哉？近言之，則一事一節亦謂躬行；遠言之，則終身體之不能盡。淺言之，則繩趨尺步、曲謹自全者亦謂躬行；深言之，則堯舜之病諸、禹之拜昌言、湯之殞淵、文之望道未見、武之不泄不忘、周公之待旦、孔子之不修不講不徙不改何有未能者，皆不外此。自道學不明，世往往薄躬行爲無奇。其上者溺情訓詁，藉口翼道；下者以文人援玄虛要渺之説，自列於儒林，而求聞於後。令人讀其書，似有以衍堯、舜、禹、湯、文、武之傳，發周孔之秘，至究生平操履，多不滿於月旦，此吾道之蠹耳。其所以主張宇宙，挽回氣化，維持人心，統承往聖而啟佑後學者，獨賴有躬行斯道之人，殆吾鄉月川曹先生與！先生生洪武永宣間，淳龐樸茂，好古力行，毅然以斯道爲任。其所著述，一本於鄒、魯、濂、洛，當世翕然宗之。乃論先生者，以著述儕之舉業，又僅僅稱篤行君子，蓋淺近言之矣。嗚呼！向使實詣不足，縱所見解高入無際，細入無倫，知道者將與之乎？況先生以敬爲主，以無欲爲功，其言曰：『學聖之事，主於一心。』曰：『事事都於心上做工夫，是入孔門底大路。』曰：『學欲至乎聖人之道，須從太極上立根脚。』立論千萬言，出於自得者爲多。今其遺書俱在也，試繹之，舉業乎否耶？昔韓昌黎之學，見於《原道》一篇，其餘用力深處，不離乎文字之工，至今誦《示兒》詩章，尚涉流俗氣習，未能純然於道，然且山斗在望，異世而俎豆之，亦其學絶道喪，倔起之難也。先生生當國初，士鮮知學，能裒然自樹，非聖人之道不志，非周、程諸子之説不從，言行合一，始終不二，固以難已。嗣後白沙、陽明諸賢相繼而興，堯、舜、禹、湯、文、武、周、孔以來之道，遂昭然大明，非先生其誰倡之？方之昌黎，又逕庭焉。然則躬行可易言哉？固宜孔子所重，在此不在彼也。吾師雲浦先生，摘先生言之粹者，編註鋟梓，蓋亦孔子所重之意，而不肖悟僭妄云云者，蓋亦吾師雲浦先生意也。」

○秋八月，先生《理學印證要覽》成。

刑部主事廬陵曠公驥，時署澠庠事，所編輯者也。其《序》曰：「夫學一也，而以理學稱者，謂其本諸身心，直竟性靈，與訓詁詞章之學異也。自孔、孟既没，世遠教湮，刑名術數之徒，紛沓支離，爲斯道裂，殊無可道。由秦而漢，儒家譚經校藝，非不誦法孔子，然樹標幟，開門竇，祇爲訓詁詞章者流。迨有宋諸賢，殫精潛修，領受真詮，上接孔子道脉於千載之下，於是始以理學稱。我明追其踪者，若薛若王諸先生，彬彬輩出，爲寓内人士宗師。迺《通紀》所載，則謂自澠池曹月川始。蓋予於先生，竊嚮慕久矣。顧未獲誦其詩，讀其書，尚論其世也。丙戌夏，奉命諭澠池。至則造先生之廬，拜先生之像，謁先生之墓，而昕夕課士之暇，又得與其孫繼儒，洎鄉之後進馬子行坤、上官子位、張子信民輩，細覈先生歷履，與諸著作，所謂誦詩讀書論世者，蓋一時獲焉。繇是知先生之理學，直仲伯薛、王諸先生，均之追踪宋賢，上接孔子道脉。然薛、王諸先生，咸後先從祀孔子，而先生猶然未與，何也？豈振之無其人乎？抑視先生爲訓詁詞章已乎？蓋先生敦孝友，崇仁讓，貴義賤利，秉正黜邪，悉本自心性，措諸躬行，令感者德且化。至諸著作，如《太極》、《西銘》述解等書，大都析天人性命之藴，用羽翼聖真，闡示來喆，要匪字比句櫛爲也。則先生之學，果訓詁詞章已耶？當時學士大夫，無亦未誦其詩，讀其書，尚論其世，故雖景先生芳躅，或未有深知之者。今予幸深知矣，奈力弗能振，而其言罔足爲世信也。乃以世有嘉言懿行，❶民歌士誦，載在篇釋，汗渺寥逖。欲一觀諸要難。爰取群書，摘其議論文詞之大而精者，目爲格言；紀録贊記之詳而切者，目爲頌言。剖分二卷，類成一帙，合而命之曰《理學證印》，壽諸鋟梓，將以竢議從祀者要覽焉。嗟夫！寸臠安足以盡大鼎，而據大鼎者，即寸臠可以概其味；一斑安足以盡

❶「世有」，前所載本序作「先生之」。

文豹，而窺文豹者，即一斑可以概其美。是録也，其先生之寸臠一斑乎？若夫大鼎文豹之全，則自有先生群書在。」

○湖廣重刻《録粹》成。

亦撫臺李公克菴所刻行者。

○曹正夫先生《年譜》成。○山西提學僉事洧川范公守己撮要而成者。《序》云：

「國朝理學，以先生爲稱首。蓋洪永間，氣龐化醇，學士大夫不事理學譚説，而行多純懿。第經生業起，人務筌蹄，不復知有身心事矣。先生崛起其間，力刻陳言，務研性命之精，以上遡濂、洛、關、閩，指要其功，顧不偉與！嗣是而後，薛文清、王文成、陳、胡諸子乃振其響，其説閎肆汪洋，至不可究詰。而先生之名，反爲所掩，何者？位卑而徒寡，亡能抗其門牆而躋之述作之列，以故所自爲書，不一再世，泯滅亡存，後人何所按索，而窺其月映萬川之胸次哉？余生也晚，慕先生之爲人，欲搜其所謂《太極圖》、《通書》、《西銘》各述解，《四書詳説》、《存疑録》及《夜行燭》、《拙巢鳴》等書，一一揚確而廣其傳，不可得也。嘅嘆者久之，乃撮其行藏著之譜，以寓景行高山之思云。後欲知先生者，或亦幸此篇之不泯爾。」

後又過霍州，有感爲詩，曰：「一代真儒翼聖編，書成不數子雲玄。行藏文學匡衡老，事業談經戴德傳。十載青衿沾化雨，百年絳帳憶歌絃。祇今俎豆諸生禮，未許前賢讓後賢。」蓋先生爲我朝理學之倡，薛、王、陳、胡皆其繼響者。四公從祀俎豆，而先生猶然未與，故末句及之。

萬曆十有九年辛卯，撫臺吴公表先生間，修祠墓，蠲徭役。

公名自新，直隸祁門人。移檄云：「照得中州文獻名邦，忠賢接武。即如本朝諸公，或謀猷勳烈，足以尊主庇民；或學行文章，足以師世範俗。後先相望，聲績方新，所當表章，以倡風教。即將單開故學正曹公諱端，各該祠墓有無修葺完備，或有損壞，動支官銀，刻期修理。仍置木扁一面，中書『理學名賢』四字。其或門祚衰薄，子孫寥落者，有司特加優恤，蠲免本身差徭，以示本院崇獎忠賢之意。」

萬曆二十年壬辰，按臺周公請建專祠，祀先生於大梁。

公名孔教，江西臨川人。奏疏云：「職聞事有宜緩而急，若輕而重者，名教是也。名教莫重於道德，國與天地所恃以立，猶元氣之流行，不容一日息者。今國家多事之秋，人心澆漓之會，崇德表賢，尤爲急務。職以菲才，承乏中州，中州固道德之鄉也。職於攬轡之暇，不勝執鞭之思。謹按有宋以來諸儒，皆學士所謂有道仁人也。近過其故里，子孫式微，祠宇荒翳，或祀或否，即祀俎豆不備，有司且以簿書期會爲故事矣，甚可嘆也！我國家操此爲礪世磨鈍之具謂何？中州人士之以道德稱者，自元儒許衡没，六百餘年，❶有曹學正者，名端，澠池人。弱冠博通五經，雅慕伊洛之學，儒者宗之。永樂中鄉舉，授山西霍學正。在霍十年，其造士務踐履，士服其教，如七十子

❶「六百餘年」，有誤。案：許衡去世距曹端生只有九十五年。

之服孔子。已而改蒲，其得士如霍。會端考績，霍、蒲諸士走詣闕争留之。所著有《孝經述解》等書行於世。論者以爲國朝理學之倡，宜亟詔有司，專祀大梁，庶四海九州咸仰皇上崇儒重道之意，雖微必録，雖久必伸，豈惟消叛逆之心，亦且爲風俗之勸矣。」

山西刻《明職録》成。

寧陵吕公新吾坤巡撫三晋時所著也。内「明教職」一款云：「昔澠池曹月川先生某曾爲霍州學正，規言矩行，崇德尚賢，士皆滌心礪志，恥其生平，期年之間，意氣交孚而聲容半似。後調蒲州學正，兩學諸生咸詣闕争留。嗟嗟月川何脩得此。彼其深沉有養，澹泊無營，故親炙者悦服，觀感者愧訟，非科條所約而話言所詔也。今也科條且廢而話言不聞，師生相與君子恥道之矣。後河南方伯易公得是編，嘉其簡直，因重梓於大梁公署。」

〇《理學名賢嘉言善行著》成。

新安雲浦孟先生所輯。舉我朝名賢言行歷履有所考據者，彙而成書。先生居其首。

〇《諸儒要録》成。

亦雲浦孟先生所著。撮先生言之要者，與宋四大儒之言彙爲一帙，凡四卷。

〇陕西鹺臺孫公題先生祠扁，曰「一代真儒」。

〇《諸儒述概》擬先生爲周元公。

國子學録吴公瑞登纂《諸儒述概》成，首詳述先生歷履，復爲之贊曰：「先生存殁，皆先文清。大率以躬行實踐爲實，不立門户，獨宗程、朱，專闢佛、老。蓋道有邪正，不歸此則歸彼也。先生時，道學雖未顯著，而佛老亦未浸淫，然已深惡而明斥之。自是而後，宗佛、老者什九，而程、朱則詆之爲俗學。凡高明之士，悉驅而納之陷穽。噫！明道兄弟猶謂十孟子已不能勝，今時又異矣。如富鄭公一二宰好佛，且明言而不諱，尚易爲力，至於今陽爲儒而陰爲佛，能不惑於此者，止文清敬軒暨先生幾君子耳。文清謂先生『求道由關、洛以遡濂溪』，夫濂溪者，宋之元也，然則謂先生爲今之元亦可。文清從祀廟庭，而先生爲國朝正學之始，則議祀典者，當不可緩矣！」

《皇明繩武編》著先生德化之速。

是編亦學録吴公瑞登所纂。斷曰：「臣按：世之口談儒而行不儒者，非真儒也；行似儒而心不儒者，非真儒也。好立門户而敢排先儒者，是儒之寇；能淑乎己而不能淑乎人，是儒之郛。曹端卓然自得於周、程、張、朱之中。而超然於佛、老虚空之外，其在家也，諭親於道，而化佛爲儒。其在官也，訓士以道，而蒲、霍争奏。至於助喪葬，賑饑荒，絶巫覡，毁淫祠，綽綽乎真道學也。較之薛瑄，臣以爲次焉。而居仁化人不能如是速也。大司馬彭澤稱爲本朝理學之冠。欲請從祀孔子而未及，臣以爲端無忝焉，當事者幸疏奏之！」

萬曆二十有一年癸巳，拓大先生祠宇。

按臺陳公名登雲，直隸唐山人。移檄云：「曹先生祠止一間，亦太狹隘，非所以妥先賢而勵後進也。當爲拓大。」因命扁曰「理學冠冕」。

○澠池重刻《家規輯略》、《太極圖》、《西銘》述解。

邑侯田公可久，高平人，捐俸而成者。

萬曆二十有二年甲午，先生《語録》成。

署澠教諭事貴陽越公應捷所輯，蓋合併薛、曹二先生語，捐俸而成者。

○山東重刻《真儒考》成。

吏部稽勳郎中趙公邦清知滕縣時捐俸刻成。

萬曆二十有三年乙未，申請先生從祀。

申云：「爲理學真儒，公論久定，乞請從祀廟庭，以昭盛化，以勵士風事。準本縣知縣石允珍，關稱卑職，陝西西安府同州人，密邇晉之霍、蒲二州，總角學伊、吾時，輒聞二州學正曹端聲聞籍甚，業翕然宗仰，欲北面稱弟子不可得。迨移官澠池，蓋端之梓里云。謁款鄉賢中，膜拜成禮。徐而詢其子孫，蒐其遺藁，得所爲《家規輯略》、《夜行燭》、《年譜》等書，於是喟然嘆曰：曹先生之見理明，操行篤，若此兩州雖有專祠，但照本官識見，高明學術正大，事事敦本尚實，不襲虛名；言言祛浮還醇，根極理奥。冥心探古，尋微言於静中；揮毫著書，覺群迷以大寤。庭闈孝養，備極絳帳，師儒推先。一時理學薛文清稱其『理明心定』等語，居然推遜。而彭司馬又謂『國朝理學，始自月川』，確乎可憑。脱非嘉言懿行，大有可師，何爲衆口一詞，毫無異議？伏乞台臺，光顯人文，翼扶世道，以曹端之合祀大梁者，進而祀於孔廟，以熙朝之配享文清者，推而饗及曹端，則數百年之人情，一旦頓愜，而兆億姓之觀感，兢奮靡窮矣。竊念卑職人微言輕，無足取信，尚望大人君子極力推轂，首倡義舉，斯文幸甚！卑職幸甚！」

刑廳董公批：「本朝理學，始於月川先生。其繼往開來，功當與周濂溪並從祀，久缺非所以表章真儒也。據議，大有裨於士習民風，仰候院道詳行。」

巡鹽楊公批：「天壤不敝，繇道明也。國朝道脉，月川先生當爲盟主。彭司馬移書議饗，置之不行，豈皆薄校官耶？聞諸先哲，月川學行出吴康齋右，至今竟不得與俎豆，可嘆可嘆！事係奏請通詳兩院行繳。」

巡道崔公批：「國朝理學，羽翼道統，躬行粹白，醇乎其醇者，曹月川、薛敬軒兩夫子也。從祀廟庭，俎豆生色，此該縣義舉，候兩院詳行。」

按臺陳公批：「曹月川，我朝理學薛文清之外，一人而已。當此士鶩卮言，人鮮實行之際，亟宜表章鴻儒，以示指南。提學道查議妥繳。」

○澠池重刻先生《通書述解》成。

亦邑侯石公所刻布者。

萬曆二十有四年丙申，改建先生祠。

邑令石公允珍所建，雲浦孟先生撰記并書。曰：「月川曹先生，倡聖學於永、宣之際。澠池，其故里也，而祠僅一楹。石侯顧嘆曰：『湫隘若此，非有司者責乎？』會按臺侍御陳公移檄拓大。於是卜地東郊，中創三楹，繪肖以像，周繚以垣，規制略備矣。將復修翼室，而侯且有留都之擢，乃以前田侯得請於按臺三十二金，封識官庫，俟相繼者完所未備而潤色之。而前役則皆侯捐俸以成，用意亦良殷矣。於是偕學博諸生過新安，以狀屬愚爲記。愚惟先生之生也，家邦胥化，悦服於霍、蒲人士，方嶽重臣之禮敬之也，不敢遇以屬寮。其殁也，或曰『百代真儒』，曰『本朝理學冠冕』，迄今二百年。君子淑其緒，小人頌其休。而疏請從祀、争刻遺書者，踵相望也。豈先生有求於天下後世之人，天下後世有私於先生哉？蓋先生崛起兵戈擾攘之餘，首取六經八子書，深繹而實踐之，而聖學賴之以倡。夫學惟實也，故愈久愈光；愈久愈光，故實學愈重於天下，而世之推尊先生也愈遠而愈益盛。且斯祠之作，凡登降堂階者，能無有感而興起乎？此又侯與侍御風勵後學意也，寧獨以崇前賢？而愚因是竊有慨者三。孔、孟演虞庭之傳又千餘年，而周、程續之曰『太極』，曰『識仁』，蓋得一貫集義之學之宗者。此學不明，即終身從事，恐不免於義襲冥行。愚觀先生以太極爲主宰而求至乎聖人之道，以參天地惟此心而謂心非血氣。兩言者，濂洛遺旨也。乃或但稱實學而不察其宗，徒據門人諸纂爲隲評，而不究聖門之所以評人物也，要亦未爲定論。聖門四科，顔不違仁，尚矣；其次若冉若閔，孝敬自足取信，至伯牛獨以疾見惜，而齊、魯《論語》、六經，舉無片言隻行可考，乃儼然廟庭，七十子且多讓而坐下，此何以説也？先生念念實理，孝敬尤人欽服，令得聖人而事之，當居德行之科。又況敷政作人，博貫編削，視無可考見者稍殊。如謂彼爲夫子所取，則先生天下深服篤信，誠非阿私所好者，而從祀尚格其請，吾又慨議禮家參對盈庭，國是卒無從定也。叔季道微，即一節義一孝廉之褒表，每視豐約爲幽明，不則亦必藉有氣力者爲之推挽。先生祀典，坐是濡遲。曩愚敘《録粹》，謂是於先生無加損，然世道人心繫之，能無慨乎？愚也感學政之衰，深嘉侍御兩侯斯舉，又幸先生久而益彰，而後之有感而興者，宜益信此學之必貴務實也。特爲記之，且以俟議禮者考焉。」侍御名登雲，唐山人，丁丑進士。田侯名可久，高平人。石侯名允珍，同州人。並鄉進士。

○檄請備牲祀先生。

石侯申云：「爲議備祀典，以垂經久事。準本縣知縣石關稱：本縣鄉賢霍州故學正曹端，學貫天人，道傳伊洛，成己成物，有德有言。正統間建祠黌序之右，堇堇一楹，時久傾圮。近蒙巡按河南御史陳公批準改建，該田知縣議，動官銀三十二兩。工未托始，旋以憂去。允珍疎庸，承乏兹土，覩往哲之高踪，欣遺澤之未泯。崇奉一念，不敢後於常人，乃捐俸金，鳩工易材，廓外築屋三楹，繪肖以像。雖未稱閎麗，庶幾瞻仰之有地也。其原議銀三十二兩，仍貯縣庫，充拓增飾，以俟後之君子。又思崇廟貌，所以謹明禋也。本縣條鞭書册，開載本官於春秋丁祭之内，止以少牢，殊爲未備，要非所以展明禋者。今欲創議增設，無論災民難以重困，即條議頒刊日久，增減旋生，駭人耳目。查得本縣額設走遞青衣九十名，每名工食銀七兩二錢，名數頗多，奔走從容。合無量裁一名，徵銀在官，春秋各動銀三兩陸錢，置辦猪羊祭品帛酒，在新建祠内致祭。庶儒先饗血食之賜，而百姓無加派之擾矣。」

按臺涂公批云：「鄉官曹端祭祀，在於該縣青衣九十名，裁去一名，徵銀照例備辦。其田知縣原議銀三十二兩，照舊貯庫，以備補修之用。」

萬曆二十有五年丁酉，復建先生祠。

邑侯新城王公曙峯之都所建。申云：「澠池縣爲查復先賢故址，創建祠宇，以正祀典，以風文教事。照得本縣理學曹端，心術正大，學問高明，篤信好古，距邪閑正，羽翼經傳，成就人才。上足以繼鄒魯之正脉，下足以續濂洛之真傳，不但表正一方，真可風起百世者也。都末學鮮修，傾慕先賢，素切仰止。兹幸官於先賢之鄉，得以聆先生之遺教，讀先生之遺書，方知海内稱先生與薛文清先生齊名，真爲確論。第文清從祀廟庭，先生不獲同舉，已屬缺典。本縣到任之日，正當八月丁祭，詢及先生祀所在本學櫺星門内戟門之右，小房二楹。戟門之左亦小房二楹，爲晦菴朱夫子，春秋各獻少牢。卑職惑焉。問之學官弟子員，稱説曹夫子禮當從祀，未經題允，故立祠於戟門之外。又以先生不可獨祀，再立晦菴祠陪祀焉。卑縣益用大惑。夫曹先生爲本朝理學之冠，其從祀可否，尚俟題請，暫且祀於鄉可矣。晦菴先生既以從祀廟庭，復降而祀於戟門之外，極爲褻瀆。不惟曹先生之神不安，揆之天理，質諸人心，俱屬不妥。卑縣訪先生之後，有七世孫生員曹繼儒者，稱先生之故廬在縣治東百步許，坐北向南，前闊七步，中闊七步，爲二門；進中闊十步，爲祠基。後闊十步，長四十二步，向緣家貧，賣與民范周，得價銀三十兩。周亦知義者，並未起蓋房屋，以待回贖，而曹氏竟不能贖也。卑縣率同本學師生，躬往踏驗，見其地勢明朗寬平，不止可建祠堂，足堪創立書院。闔學師生稱善，曹繼儒深以復先生之故址爲慶。民人范周亦願回贖，並不疑難等情。卑縣查得本縣庫内有先任田知縣申允馬快餘銀三十二兩，專供先生修理祠宇之費。合無將前銀内動支三十兩，容范周領出，準作宅價，贖回前地。其餘銀二兩，容卑縣捐俸添補，爲先生建一祠宇，將學宫祠像移塑在内，春秋崇祀，仍量建號房十數間，以備諸生講習。上以妥先生之靈，下以慰先生之後。庶諸生之仰止有地，後學之瞻法無窮矣。其學宫原設有晦菴祠宇，至無名義，合無容本縣撤去，獨以從祀廟庭爲主，庶神心安而人心亦安。舊曹先生宅右有坊二楹，題曰『正學坊』，後侯知縣更易字扁爲『曹公第』，似不若原扁明白正大。而坊正當門衝，不便觀行，且年久毀敝，應當修理。本縣闔學師生俱稱轉作門坊爲便，仍題『正學坊』，於以招揭人心，俾知趨法。卑縣雖迴避在即，不忍坐視地方褻瀆先賢，拂亂祀典，願遵明示，急完前工，庶不負生平仰止之意云。」

巡道李公批云：「曹先生理學名儒，爲遠邇所宗仰久矣。惟是祀於文廟戟門之外，雖若敬之，實褻之也。況夫以晦菴先生配焉，尤屬非理。據議，庶幾可以崇重先儒，風勵後學，功意良俱，美哉！依議行。」

守道李公批云：「月川先生立德立言，爲國初理學倡首，未議從祀，尚屬缺典。乃列於黌宫戟門之外，而又以朱夫子配祀焉，奚所取義哉？據議創建祠宇，持祀里中，以示崇重，於義甚妥。該縣筮仕即有此舉，真興起斯文之美政也。依議行。」

山西巡按吴公批云：「曹先生理學名儒，未獲從祀，久屬缺典。該縣筮仕先生之里，慨然爲復故址，建祠崇祀，深於文教有裨。但稱創建書院，恐所費不貲，仰河南府查議報奪。」

巡按御史涂公批云：「曹月川先生之學，篤信謹守，所著有《夜行燭》等書，與宋儒之説相表裏，且本朝理學，薛、曹二先生實開其端。薛先生既已從祀，曹先生尚候題請。其精心篤行，非後儒所能及也。祀之於鄉，以風動後進可也。扁額宜改題『曹先生祠』，餘俱如議行。」

巡撫御史鍾公批云：「曹先生聖賢之徒，斯文之表也。未經從祀，而尚祀黌宫，既不在先儒之列，又不在鄉賢之科，於義未安。且朱夫子已從祀矣，而又陪曹公，豈禮之所有哉？據議，復舊址以祀先生，廣號房以待後昆，於神人胥悦，義禮咸當矣。俱依行。仍查堪動官銀三十兩，置祠田以供祠用，取田契租額繳。」後置祠田九十六畝，以其半辦祭祀，以其半歸曹氏子孫收掌，爲修葺之用。

王公撰上梁文：「伏以道脉綿長，弘規奠萬年鞏固；文風興起，傑構肇千古維新。士民子來，佇見功成不日；神祇默祐，可信卜吉允臧，經始惟虔，祭告匪懈。竊惟治亂相尋，有聖人出以主握道統，則斯文不墜；晦明互代，有賢人出以羽翼經傳，斯大義常新。自孔、孟垂訓以來，由諸儒紹明而後，胡元僭亂，大道淪夷。我聖祖芟闢洪荒，滌新宇宙，干戈甫定，禮樂復興。正道統絶續之關，爲人心夢覺之會。匪借先覺，誰挽淳風。惟時月川曹先生，鍾靈以毓，應運而興。蚤歲莊嚴，瞻視起居之不苟；窮年勤苦，經傳子史之靡遺。非徒博採旁搜，實克躬行力踐。存心則光明正大，行己則孝友謙恭。不越人倫日用之常，直窺性命淵微之奥。遡真反始，會太極動静之根；崇正除邪，接一中授受之統。通籍乙榜，筮仕賢關，訪耆喆以交遊，心存夾助；樂英才以造就，士不獨成。翕然遠近歸心，美哉霍、蒲俱化。當天造草昧之日，而修文教以興太平；當民心惶惑之秋，而定中正以立人極。維持世運，有斡旋天地之機；鼓暢皇風，有挽回氣化之妙。歷述功德，載考典儀，不但享祀一鄉，真可血食萬世者也。夫何感德雖切於人心，而大典未定於朝宁？鄉賢未足以崇報，而祠事尚紊於學宫。致使末學執事，望祠宇而生悲；問禮諸生，臨俎豆而增嘆。蓋祠宇在學宫戟門之右，名義何關？而聯並以晦菴夫子之尊，褻瀆尤甚。乃謀之縉紳及士庶，僉曰非宜。故請之道府及院司，爰命改作。訪求遺址，正當國中，經營地基，允協輿論。筮日卜吉，鳩工聚材。正宇巍峩，妥神主于座右；房扉整肅，聚高弟於門牆。正闢禮門。閑之惟則，直通義路，示我周行。更坊牌以横前，扁曰『正學』；創講堂以枕後，題曰『惺心』。不止崇祀妥神，抑且觀文成化。振二百年久缺之令典，足快人心；創千萬世不朽之弘模，尚祈靈貺。彩梁高舉，鄙句新裁。

「梁之東，洛水泱泱洙泗同。千里相通維一脉，風雲不起海波融。

「梁之西，秦川一望暮雲低。高賢事業今何在？濟濟霍、蒲化兩齊。

「梁之南，鬱鬱叠翠拱雲嵐。及門饒有龜山輩，滿座春風樂正酣。

「梁之北，黄河遥望龍門客。千層桃浪一雷過，五色文章華上國。

「梁之上，房氏聯輝呈瑞象。郎官列宿映微光，共播文明高萬丈。

「梁之下，榱題輝煌真渠厦。爐煙細細絳帷清，萬方羅拜頻酬斝。

「伏願上梁之後，道化興隆，人才萃聚，以嗣以續。來裔勿替于象賢，不愆不忘；先德永羡夫繩武，主鬯得托。衍道脉于無疆，敷教有基；暢文風於無斁，聯襟出入。粹然賢人君子之徒，同心發明卓哉日用常行之要。淫詞邪説，不争道而馳；孝子忠臣，常接踵而見。道化與元化俱久，文運與國運同熙。共服遺庥，永綏純嘏！」

王公祭先生曰：「博學務實，距邪崇正。伊洛嫡傳，霍、蒲交頌。教延奕世，統承先聖。理學倡首，吾儒印證。」

督學邯鄲張公我續譔祠記，曰：「《周禮》：大司徒治學政，祭重瞽宗。展禽亦言『古者法施於民則祀之』，而又曰『祀及前喆，令德之人，所以爲民質也。匪是族也，不在祀典』。蓋其嚴哉！澠西澠池，新創正學書院，爲崇祀前學正曹月川先生建也。先生諱端，字正夫，月川其號云。以洪武丙辰生於澠池窟陀里，少即凝重孝友，不習兒嬉。稍長，博極載籍，而尤嘗精十三經、《鑑綱》、《性理》之書，篤志好修，力闢邪説，肩正道，日有孜孜，不少懈惑焉。已用文學起家，成永樂戊子鄉魁，聯擢乙榜進士第一，遂署霍學正。霍人士宗師之，瞿然顧化。教益行，四方從遊者麇至。居霍九載，宅内外艱，號慕情深，慎追禮備，廬墓六年。復除蒲學正，其訓蒲也如訓霍時，户外屨益滿矣。已考天官，以最聞，兩州士子交章伏闕，争願得先生爲師。卒于霍。凡三典試闈中，所取悉知名士，人歸藻鑑。沐其誨者，處爲真儒，出爲名卿，岂岂而是。留霍又十年而坳。坳之日，學者如失怙恃，霍、蒲、澠各建祠祀之。生平所著，有《太極圖》、《孝經》、《西銘》、《通書》等述解，《家規輯略》、《夜行燭》等書，咏《學》、《庸》、《語》、《孟》，勸同居，贊夷齊等詩，闢佛、老、僧、巫、淫祠、妖神等辨論，纚纚數千言，壹軌於正大。香火鼎列，若可報功德矣。而識者尤恨未得從祀於宫牆。何以故？❶昭代理學名家，俎豆賢人之間，如薛、胡、陳、王數君子，皆遘文教休明之際，而先生適丁初運，學脉湮而幾絶，大道揭而未朗之時，而乃能挺拔流俗，擔荷斯文，言行動儀古初，步趨壹準規萬，❷終始粹然，表裡無璺，己物兼成，體用合轍。近遡濂雒之淵源，以遠尋鄒魯一綫之緒，俾前有紹而後有因，則功尤偉而德尤卓也。觀其晚年自號「伊洛後學」，❸則固已兄兩程之教而弟之矣。夫其開河東，肇餘干，方駕新會，並軌姚江，即龕奉澤宫，庸爲瞽宗亦宜，而奈何獨闕乎？歲景申，余奉璽書，視中州學政，澠在一隅，行部所不到，然顧瞻嵩少，褢仰高蹤，方嘆先生厚其功而薄其報，而澠令王君之都，適以先生書院請，洒然若有當於余之心也，亟可其議。蓋舊祠處戟門西偏，湫隘弗稱，故議新；左方配以晦翁，重瀆無謂，故議撤。遺業鬻之民間，鞠爲荒甋黍麥，可傷，故議贖。堵舍聚以俊彦，居肆樂群，嚮往有基，故議增。名之祠，混而小；稱以

❶「何以故」，道光本「頌言」所録本文無此三字。

❷「萬」，道光本「頌言」所録本文作「矩」。

❸「晚」，原作「輓」，今據文義改。

正學，尊以書院，大而公，故議更。王令真好德崇賢者與！興文造士者與！三越月而告成事，請文勒石垂永久。余惟亘清寧而不朽者理，曠今昔而相感者心。學而不根諸心，楮葉也；心而弗證諸理，寐途也。將旦暮改色而天地四方易位矣。先生惟印契於理，寧極於心，如月斯皎，如川斯澄，撥雺霧，剷荆榛，躋賢關，闖聖域，故能令聞言者裏腹，覯德者醉心。當年倚爲摹範，百世聞風猶興，不翅山水之高深也！爾諸士獨無所爲心若理者乎？正而毋邪，殖而毋落，毋羨人而失之己，鶩名而寂其聲。毋墜先生之懿訓，奉爲身世之章程。又由先生而上宗夫道州、洛水與考亭，必闕數仞闕里之畈，飽七篇仁義之經，則此心潔潔浄浄，微風之不波；此理空空明明，皓魄之無雲。將百川學海而至於海，月麗中天萬川皆映矣。是可增輝於先生，而先生爲一方之瞽宗，不庶幾於陪宮牆之末席乎哉！余慶前修之令德獲闡，而又嘉王令之作人意甚殷也，遂樂記之。爾正學諸士勿忘吾諗！」

〇創修先生拙巢成。

雲浦孟先生緣邑侯王公復先生之故址，因思先生每以「拙巢」名讀書之室，今即其處，遂捐貲屬邑正學會後學張大蘊、王明治等，洎其孫繼儒建亭祠，後題曰「拙巢」，以志先生不忘其初之志云。

萬曆二十有六年戊戌秋。

〇鹺臺命修葺先生家祠墳墓，并優恤子孫。

曹縣吴公楷過澠，謁先生祠，命邑侯龔公本修之，仍捐貲以恤其孫，禁止塋祠毋得牧放樵採。

萬曆二十有七年己亥夏，祠田歸曹氏世守。

汝寧節推熊公尚文申允按臺袁公給之，以充修葺之用。

○金陵重刻《真儒考》成。

户部主事石公允珍重刻之者。

萬曆二十有八年庚子。

按臺洎督學檄取先生行實傳。

萬曆二十有九年辛丑。

○趙吏部繪先生像，事于家。

真寧趙公邦清過澠，瞻拜先生畫像，命工繪之，敬事惟謹。已而柬其孫曰：「宇宙所賴以不毀，世教所賴以不墜，人民所賴以不入於禽獸者，恃有此真儒心學之一脉。此一脉也，無論時之古今，地之遠近，其聲應氣求，有親如骨肉弟兄者。月川先生，不佞自童蒙時仰而慕之，若泰山，若景星，一讀其書，嘗思想見其人，想見其居止，想見其子若孫。不意今歲道經澠池，得拜先生真像及先生之嫡傳子孫，❶又幸貴父母任君然諾信如四時，惠我月川先生大像，拜而懸之於壁，父師儼然在目，真是山川增輝！ 訂證《年譜》，並作一序，必顯致之，不敢説謊得罪於月川先生。」

---

❶「嫡」，原作「敵」，形近而誤，今正。

○按臺洎督學復檄取先生行實傳。

萬曆三十年壬寅。

○按臺繪修先生真儒坊。

侍御楊公光訓，渭南人，過澠，命邑侯任公載德修葺之者。修成，侍御扁其額曰「真儒坊」。

萬曆三十有一年癸卯。

○文翰林表先生祠，并題「拙巢」。

三水文公在兹，過澠謁先生祠，謂任侯曰：「讀先生諸著述，則大擴夙昔怀抱？」扁其祠曰「淵源濂洛」，題拙巢曰「月川先生事心處」。任侯亦題祠額曰「明時道統」。

萬曆三十有四年丙午，《皇明正學語録》成。○吏部稽勳郎中趙公乾所邦清，讀先生書，歎曰：「誦先生言，大都與宋濂、洛、關、閩相發明，而從祀尚格其請，抑未得先生之竅要乎？」因於群書中録要成書而刻之。既又柬其孫繼儒曰：「辛丑秋初，道過仁里，得瞻芝宇，仰見門下樸静端約，依然曹夫子之家範。即此便是學，即此便是道，即此便是講學實驗，即此便是克肖之孫。彼貴家公子，脂粉油膩，華藻靡麗，一見即起正人憎惡，十步之外即聞有腥穢氣，是固貴家公子氣習之不善，抑亦先人富貴氣味薰染之不善也。愚一見門下徹骨清素，是以深喜。深喜門下得家學之正傳；深喜曹夫子澤流之遠，得此佳孫；深喜一派真傳久而彌光，如松栢之種，歷四時、更萬古而不改柯易葉。不然，丘方山、尤西川、孟雲浦老長官，郭方壺、王惺所、張抱初父母，皆曹夫子杏壇左右前後不百里之人，其修之身、修之家、修之政事，卓然正大光明，講學之會，今猶不輟，此非曹夫子澤流之遠，更二百年而不磨，何以如是？嗚呼！使天下十五省皆講學之人，閭閻小民必不爲盜，薦紳士夫必不貪贓。愚以爲曹夫子今日第一著慮，亟求從祀孔子廟庭爲急，議謚次之。夫國初混於俗元夷狄之習，士鮮知學。曹夫子生於洪武、永、宣之間，獨以斯道爲己任，事親以孝，守己以正，著述羽翼六經，力攻佛、老之謬。少保彭幸菴謂『國朝道學之傳，斷自先生始』，河東薛文清嘗稱先生『自少讀書，即有求道之志。理明心定，有德有言』。遂由關洛以遡濂溪，霍、蒲諸生爭詣闕借留。方嶽重臣不遇以屬禮，開關啟鑰，是曹夫子爲我朝道學之宗，薛、王、陳、胡，皆聞風而興起者也。四公從祀俎豆，曹夫子猶然未與，此當事者之責。❶幸今貴邑陳父母，乃愚至厚同年，實大小兒任賢業師，樂道揚善，尤高愚一頭地。愚寄一字，求陳年兄作一好申文，力請從祀，兩院必首肯，亟題成此大事。《年譜》賴張抱初父母編次，極其精當，無俟愚再訂，但前序既有王惺所一序，再求寧陵吕新吾先生一前序續之，務求真正圖書刻之。後序既有張抱初父母一序，愚再作一後序續之，兩院題請，必入曹夫子之著述。愚又在家於三十四年冬刻曹夫子《正學語録》一本，特呈門下一覽，用心收拾，倘有檄取以備題請者，始封送之。《真儒考》二本，是山東刻成者，一並呈覽。匆忙，不盡所欲言。」

❶ 「責」，原作「貴」，今據文義改。

萬曆三十有九年辛亥。

〇邑令簫公籍查先生正裔孫年八歲以上、十二以下者，得十三名。曹瑾、曹瑜、曹悛德、曹邦才、曹邦瑞、曹瓊、曹燦然、曹大綬、曹復興、曹重熙、曹裔延、曹繼統、曹琛，擇師生員張有聲，於先生祠中作養讀書。仍將該祠祭田令先生族人輪種，每年稞銀貳兩伍錢，歸縣置辦春秋二祭。稞租穀麥壹拾陸石，給奉祀生員曹繼祖肆石，爲補修祠堂併朔望香燭之費，給裔孫曹瑾等十三名陸石，生員張有聲貳石，爲紙筆之資。餘肆石存貯該祠，以備印刷遺書紙劄等項應用。

月川曹先生年譜纂跋

月川先生知名海内，舊矣。洎余從雲浦孟先生游，聞復推重不置，嘗持《年譜》示余曰：曹先生篤志嗜修，倔起一時，其表章固由蒲版謝先生力，然今昔殊時，煩簡互異。近得洧川范先生《撮要》一帙，言約意精，更爲確當。余間取兩書讀之，良然。於是仰體先師之意，忘其譾陋，芟繁衍，録精當，大都祖謝先生之核而裁酌，壹稟於范先生之精，蓋博收而約取之者也。及檢所珍藏，又得邇時名公札記，取其能見先生之大者，總彙爲一，命曰《年譜纂》。繕寫既成，旋印證於弘農王幼真丈，載加參訂，因付剞劂，以質正於達觀者。於雩！遺軌臚列，景行謂何？蘄以善繼先師，則有曹先生嘉言懿行在，願與同志者勗之！

萬曆丙午歲夏孟之吉同邑後學張信民敬書於南安退思軒。

《儒藏》精華編選刊

已出書目

白虎通德論
誠齋集
春秋本義
春秋集傳大全
春秋左氏傳賈服注輯述
春秋左氏傳舊注疏證
春秋左傳讀
道南源委
桴亭先生文集
復初齋文集
廣雅疏證

龜山先生語録
郭店楚墓竹簡十二種校釋
國語正義
涇野先生文集
康齋先生文集
孔子家語　曾子注釋
李文公集
論語全解
毛詩後箋
毛詩稽古編
孟子正義
孟子注疏
閩中理學淵源考
木鐘集
群經平議

三魚堂文集　外集
上海博物館藏楚竹書十九種校釋
尚書集注音疏
尚書全解
詩本義
詩經世本古義
詩毛氏傳疏
詩三家義集疏
書疑　東坡書傳　尚書表注
書傳大全
四書集編
四書蒙引
四書纂疏
宋名臣言行録
孫明復先生小集　春秋尊王發微

文定集
五峰集　胡子知言
小學集註
孝經大全
孝經注解　温公易説　司馬氏書儀　家範
孿經室集
伊川擊壤集
儀禮集釋
儀禮圖
儀禮章句
易漢學
游定夫先生集
御選明臣奏議
周易口義　洪範口義
周易姚氏學